Pour paraître le 1er Février 1853.

RECUEIL GÉNÉRAL
DE LA
JURISPRUDENCE
ALGÉRIENNE

Publié sous la Direction de

M. BRANTHOMME,

AVOCAT.

Prospectus.

Au moment où l'œuvre de la colonisation algérienne étend de plus en plus ses progrès, la création d'un Recueil destiné à reproduire et par conséquent à fixer la jurisprudence de la Cour impériale d'Alger et des tribunaux d'Afrique, nous a paru être le complément nécessaire des institutions fondées jusqu'à ce jour dans un but d'utilité publique. Tout subit autour de nous une transformation manifeste. Longtemps débattu dans les sens les plus divers, par les opinions et par les systèmes, le but que la France poursuit en Algérie est aujourd'hui fixé. Déjà l'activité individuelle y concourt ; ce qui n'était d'abord qu'un besoin né des circonstances, et sous la pression de malheurs récents, est devenu de sa part l'objet d'un calcul et d'une ambition légitimes ; les transactions qui s'opèrent depuis quelques années n'ont plus le caractère de ces opérations hasardeuses qui signalèrent le début de la conquête et la première époque de notre occupation.

Le domaine de la propriété foncière s'étend : le cercle dans lequel se développent l'agriculture et le commerce européens, s'agrandit sous la protection d'une sécurité chaque jour plus complète ; les individus se fixent ; l'industrie privée se fonde ; des centres de populations civiles sont créés ; des tribunaux de paix sont institués ; en un mot, rien n'est négligé de ce qui peut être pour le pays un élément de prospérité et de vie.

La justice, dont l'action toujours nécessaire, l'est surtout aux sociétés naissantes, ne doit point rester étrangère à ce mouvement de progrès ; son devoir, au contraire, est de s'y associer et de le suivre ; c'est ce qu'a pensé l'honorable magistrat sous l'inspiration duquel nous avons conçu l'idée du *Recueil général de la Jurisprudence algérienne.*

On comprend, en effet, qu'à mesure que les rapports des hommes entre eux s'élèvent et se multiplient par l'importance et le nombre des transactions privées, il soit nécessaire que les décisions des tribunaux qui interviennent pour expliquer la loi qui les règle, soient rendues avec cette rigueur de forme et cette inflexibilité de principes qui honorent la magistrature et commandent le respect toujours dû à ses arrêts.

Malheureusement, nous chercherions en vain, dans les solutions présentées par nos tribunaux d'Algérie, une suite de décisions propres à former, sur les points controversés de notre droit, une jurisprudence constante. Ces différences d'interprétation auraient, en se prolongeant, des inconvénients graves : elles substitueraient à l'uniformité, qui est le caractère vital des décisions judiciaires, une incertitude qui laisse toujours les justiciables dans des anxiétés pénibles, parce qu'elle s'oppose à ce qu'ils puissent juger sans passion de la légitimité de leurs droits.

Notre but, en fondant le *Recueil général de la Jurisprudence algérienne,* est de nous associer aux louables efforts tentés par des magistrats pleins de mérite et de zèle pour remédier à cet état de choses en leur prêtant l'appui d'une publicité sérieuse. La publicité, nul ne l'ignore, est, à ce point de vue, l'élément le plus actif et le moyen, à coup sûr, le plus rapide, d'atteindre à cette fixité que, sans elle, on se flatterait vainement d'obtenir. Par elle, l'enceinte du Palais s'élargit ; les débats judiciaires acquièrent plus d'importance et de solennité ; c'est elle qui fait rentrer, dans le domaine général de la critique, des décisions qui, bien que toujours rendues avec conviction et conscience, sont néanmoins ainsi, de la part du juge, l'objet d'un examen plus sévère et d'une plus rigoureuse attention. Toujours respectueuse pour les personnes, elle discute les opinions et les idées, elle les compare et les critique, elle oppose les systèmes les uns aux autres, elle rapproche les jugements et les arrêts, elle met en lumière les objections et les résout : elle crée entre les membres de la magistrature d'un même pays des rapports fréquents et étroits, elle établit entre eux une communauté de vues, de pensées, d'opinions judiciaires; elle fonde enfin la jnrisprudence. Ces résultats dont la France apprécie depuis si longtemps les immenses avantages, l'Algérie les réclame et les sollicite.

Privé, la plupart du temps, de l'appui de ses collègues, le magistrat d'Algérie, dont la compétence et les attributions s'étendent dans certains cas si loin, se trouve le plus souvent isolé : les difficultés qui l'arrêtent, il doit seul les apprécier et les vaincre. Aidé dans l'examen des questions qui se rattachent au droit général, par la solution qu'il puise dans les Recueils de nos Cours impériales, il manque d'une base certaine d'appréciation, quand il est appelé à statuer sur des questions relatives à notre droit spécial ou à la législation musulmane. Quelquefois même, il est, par la nature de ses fonctions particulières, dans l'impossibilité presque absolue de connaître à fond cette loi qu'il est appelé seul à interpréter. Le *Recueil général de la Jurisprudence algérienne* devra donc s'attacher à bien déterminer les fonctions des juges de paix et des commandants militaires en tant que magistrats civils, et à bien apprécier la nature des cas sur lesquels ils sont le plus souvent appelés à statuer.

Nous n'atteindrions qu'imparfaitement le but que nous nous sommes proposé, si nous nous bornions aux études dont nous venons de parler, et si nous nous renfermions dans la sphère exclusive des décisions judiciaires. La situation qui nous est faite exige, de notre part, une variété de travaux se rattachant par leur nature aux formes si complexes et si multiples de la législation algérienne. Notre action, d'ailleurs, n'a-t-elle pas, par la force même des choses, un but beaucoup plus large que celui pour lequel ont été fondés les Recueils des Cours impériales de France ?

La loi française n'est pas, en effet, la seule que nous devions connaître ; ses principes ne sont pas les seuls que nous devions appliquer. A côté de nous, il y a toute une civilisation différente de la nôtre par ses mœurs, ses lois, ses usages, ses traditions, ses maximes, l'organisation de ses tribunaux, et sur la *justice* de laquelle nos ordonnances accordent aux tribunaux français une très grande influence. En outre, les traités sur cette matière sont rares, les traductions difficiles à se procurer, les données incertaines. Et cependant une tendance d'assimilation se prononce, un rapprochement, évident pour tous, s'opère au contact de notre civilisation entre les vainqueurs et les vaincus. L'Arabe, chose surprenante au premier abord, accepte volontiers, sinon avec empressement, la juridiction de nos tribunaux civils, parce qu'il y trouve des garanties plus sérieuses et une protection plus efficace. De là, par conséquent, la nécessité, pour les magistrats que la confiance du gouvernement appelle en Algérie, de pénétrer dans les arcanes de la législation musulmane, d'en rechercher l'esprit et le caractère, d'en comparer les principes et d'en suivre au sein de la société les conséquences pratiques. C'est surtout, qu'on le remarque bien, par la supériorité morale de nos lois que nous attirerons à nous ce peuple enlacé dans le réseau de ses subtilités légales.

Aussi sera-ce surtout, parmi les arrêts qui statueront sur des contestations entre musulmans, que nous puiserons la partie proprement dite judiciaire de notre œuvre. Nos études porteront principalement sur les notions relatives à la législation musulmane, sur son histoire, sur son caractère, sur ses rapports avec notre législation, sur les prescriptions de ses dogmes légaux comparées aux larges dispositions de notre droit français. On verra par là la différence et quelquefois l'analogie de ces deux législations, issues de deux principes diamétralement opposés.

Nous avons indiqué le but que nous voulons atteindre et la pensée dont nous poursuivons la réalisation. Soutenus, dans l'accomplissement de notre œuvre, par les encouragements de la magistrature algérienne, nous entrons résolument dans la voie que nous nous sommes tracée.

Puisse le public bienveillant auquel nous nous adressons, apprécier le mérite et l'utilité de nos efforts, et son concours ne nous point faire défaut !

H. BRANTHOMME.

Le **Recueil général de la Jurisprudence algérienne** se compose de trois parties divisées ainsi qu'il suit :

1re PARTIE. — *Arrêts de la Cour de cassation, de la Cour impériale d'Alger et jugements des tribunaux de l'Algérie. — Décisions importantes des conseils de préfecture de l'Algérie.*

2e PARTIE. — *Études sur la législation locale et sur les rapports de notre droit avec le droit musulman et les coutumes israélites.*

3e PARTIE. — *Lois, décrets et actes du pouvoir local avec les rapports dont les lois sont précédées.*

Des Notices Bibliographiques achèveront de remplir le cadre que nous nous sommes tracé.

CONDITIONS DE LA SOUSCRIPTION.

Le **Recueil général de la Jurisprudence algérienne** paraîtra tous les mois par livraison de 3 feuilles grand in-8°, et formera, au bout de l'année, un volume de 576 pages.

Prix de l'abonnement : **15** fr. par an pour Alger, et **18** fr. pour les départements de l'Algérie et de la France.

Toute demande d'abonnement doit être adressée *franco*,

à M. **BRANTHOMME**, avocat à Alger,

et doit être accompagnée d'un mandat sur la poste du montant du prix de la souscription.

Alger. — Imp. GUEYMARD, rue de l'Etat-Major, 37.

RECUEIL GÉNÉRAL
DE LA JURISPRUDENCE
ALGÉRIENNE.

ALGER. — TYPOGRAPHIE GUEYMARD, RUE DE L'ÉTAT-MAJOR, 37.

RECUEIL GÉNÉRAL

DE LA

JURISPRUDENCE

ALGÉRIENNE

Publié sous la Direction de

M. BRANTHOMME,

AVOCAT.

TOME PREMIER.

ALGER,

37, RUE DE L'ÉTAT-MAJOR, 37.

1853.

A nos Lecteurs.

Lorsque nous nous sommes décidé à fonder un Recueil destiné à reproduire la jurisprudence de la Cour impériale et des Tribunaux de l'Algérie, nous ne nous sommes point fait illusion sur les difficultés de l'œuvre que nous allions entreprendre ; nous savions déjà qu'à côté des sympathiques encouragements que nous recueillerions, l'annonce de notre publication soulèverait des objections fondées, selon les uns, sur le peu d'utilité qui en résultera pour le bien de la justice ; selon les autres, sur la lacune qu'elle laissera, malgré tout, subsister. Il serait, on le comprend, fastidieux pour nous de reprendre ces objections une à une, et de les discuter séparément. — Nous les résumerons et nous essaierons d'y répondre.

Votre œuvre, nous dit-on, promet d'être utile, mais le sera-t-elle? Trouverez-vous, parmi les membres du corps judiciaire de l'Algérie, un concours suffisant? Serez-vous compris, et cette fixité de la jurisprudence, objet de vos efforts, parviendrez-vous à l'atteindre? Ne lutterez-vous pas contre une force supérieure à la vôtre et contre des impossibilités qui ne s'effacent jamais qu'à la longue?

Ce serait évidemment faire injure à tout ce que le corps judiciaire de l'Algérie renferme d'hommes consciencieux et capables, que de nous arrêter longtemps à une semblable objection. Oui, nous sommes convaincus que la Cour impériale peut avoir une jurisprudence dans le vrai sens de ce mot; oui, nous croyons que lorsque ses arrêts seront rapportés et discutés et que les tribunaux inférieurs pourront, à l'aide de la publicité qui les répandra partout, s'associer dans leurs décisions ultérieures à l'esprit qui les aura dictés, il y aura une uniformité qui naîtra d'elle-même du contact et du rapprochement des idées. Et comment n'en serait-il pas ainsi, lorsque nous voyons, dans une sphère plus haute et plus générale, quels sont, au point de vue de la fixité des principes légaux, les immenses résultats qu'a produit l'action régulatrice de la Cour suprême?

Quant à ces prétendues impossibilités dont on nous parle, nous savons ce que l'on veut entendre par là; mais nous savons aussi qu'avec une volonté qui ne se rebute pas, et une activité sans relâche, on parvient aisément à les écarter ou à les détruire.

Ce qui serait vraiment utile, nous dit-on encore, et ce que vous ne promettez pas de faire, ce serait une codification des lois de l'Algérie, ainsi que des ordonnances et des décrets qui la régissent, en écartant tout ce qui aurait été abrogé par des dispositions subséquentes, et en indiquant, les divers sens attachés à chacune de leurs prescriptions par les décisions judiciaires rendues à la suite des contestations nées de l'obscurité ou du défaut de précision du texte.

Cette objection ne peut évidemment nous atteindre, car en constatant l'utilité d'une œuvre dont nous sommes les premiers à reconnaître toute la valeur, elle ne prouve pas que celle que nous fondons aujourd'hui et qui, ainsi que nous le démontrerons, se rattache par certains côtés à la première, ne puisse offrir par elle-même, sans dépasser les limites que nous lui avons assignées, un résultat profitable pour tous.

Nous avons cherché à faire apprécier ailleurs ce qu'elle présentait d'utilité pratique et d'avantages réels, nous n'y reviendrons pas; mais nous croyons cependant devoir éclaircir quelques points que la forme nécessairement générale et rapide de notre Prospectus ne nous avait permis que d'indiquer.

Tout le monde est d'accord aujourd'hui sur les inconvénients attachés au maintien des tribunaux indigènes et à l'organisation actuelle de la justice musulmane, au moins dans les parties de territoire qui dépendent de l'administration civile. Les musulmans eux-mêmes sollicitent, pour vider leurs différends, l'entrée de nos prétoires. La justice française, — cette justice qui, cependant, est celle du vainqueur,— les séduit par son caractère d'impartialité et de modération; elle les subjugue par cet esprit de haute raison qui, ayant en vue l'équité, en soumet cependant l'application à des formules exactes et à des prescriptions rigoureuses. Ce droit, accueilli par la plupart des divers

États de l'Europe comme l'expression la plus parfaite de la règle à laquelle se rattachent d'ordinaire les transactions civiles, pénètre dans le cœur de la législation musulmane. Laissez-le se développer librement, et vous verrez le coup qu'il aura bientôt porté à la loi du Prophète. La France, en permettant aux habitants de l'Algérie le libre exercice de leur religion et de leurs lois, a sagement agi ; ce qu'elle a fait, elle devait le faire. En stipulant l'acte de capitulation du 5 juillet 1830, elle savait que l'influence de la supériorité morale de ses institutions, la création de besoins nouveaux, les modifications apportées par la conquête à la vie sociale des individus, ne tarderaient pas à affaiblir l'attachement des peuples qu'elle soumettait pour leurs anciens usages et le respect inné chez le musulman pour tout ce qui tient à la loi qui régit l'Islamisme. C'est, en effet, le propre de la civilisation, ainsi que le fait observer un grand esprit (*), de vaincre peu à peu, et par sa seule puissance, les éléments les plus rebelles et les volontés en apparence les plus obstinées. Ce phénomène que nous avons vu se produire en Gaule à la chute de l'empire romain, il nous est donné aujourd'hui de le contempler d'une manière plus saisissante peut-être, puisqu'il s'opère entre une législation née du progrès des mœurs et du développement des idées et un ensemble de prescriptions légales fondées sur le principe de l'immutabilité et de la tradition religieuses.

Ces faits, qu'on essaierait en vain de nier, donneront probablement lieu à de graves modifications dans l'organisation des tribunaux indigènes. Nul doute que, dans un temps plus ou moins rapproché, les magistrats français ne

(*) M. Villemain, *Tableau de la Littérature au moyen-âge*.

soient appelés à appliquer entre les musulmans les dispositions de leurs lois qu'il ne serait point prudent d'abroger encore.

Des motifs de haute convenance et des considérations d'intérêt politique ont déjà fait substituer aux pénalités voulues par la loi musulmane, en matière de contraventions, de délits et de crimes, les prescriptions et les formes du droit pénal français. Dans le droit civil, si la réforme a été moins radicale, c'est qu'elle s'est opérée dans une sphère où l'action publique s'efface pour faire place au libre mouvement des intérêts individuels; mais elle s'y est fait sentir néanmoins d'une manière très heureuse. Ainsi, la seule présence d'un Européen ou même d'un israélite indigène dans une instance fait rentrer le litige sous l'application de la loi française. L'aliénation des biens constitués en habous, (*) au profit d'un Européen ou d'un israélite, est validée; grave dérogation à l'un des principes les plus fondamentaux de la loi musulmane! Une dérogation, non moins grave peut-être, a été portée aux règles de la juridiction et de la compétence. L'art. 5 de l'ordonnance du 28 février 1841 en permettant à la partie qui se croit lésée par un jugement du cadi siégeant en midjelès, d'appeler devant la Cour de ce jugement, dans les seuls cas néanmoins où la contestation ne serait jugée qu'en premier ressort par les tribunaux de 1re instance, a détruit l'infaillibilité du juge musulman, anéanti son prestige et placé le vrai sens de la loi dans l'interprétation qui découle des décisions de la Cour impériale. A voir l'empressement avec lequel les Maures et les Arabes usent de cette

(*) C'est-à-dire des biens immobilisés suivant les formes de la loi musulmane.

faculté, on peut affirmer qu'ils accepteraient avec reconnaissance une réforme plus radicale et plus complète.

Il y a, dans ce dernier fait, un enseignement grave qu'il ne serait ni sensé ni patriotique de méconnaître. Le rapprochement des deux races, — ce problème tant de fois agité et que l'on a cru impossible à cause des divergences de religion et de loi,— s'accomplira, qu'on ne s'y trompe pas, par le point qui semblait tout d'abord devoir les séparer pour toujours.

Dans la perspective des changements que nous signalons et qui modifieront l'état de choses actuel, l'étude comparée de ces deux législations est donc une chose utile pour tous ceux qui ont à cœur le progrès de notre cause, ou qui peuvent être appelés, par la volonté du législateur, à les interpréter et à les appliquer l'une et l'autre.

A un autre point de vue, la question, qui se rattache à l'organisation des juges de paix et à leur compétence, présente encore en Algérie un très haut intérêt. Les juges de paix occupent, on le sait, dans la magistrtaure algérienne une position exceptionnelle. Les limites de leur compétence sont généralement plus élevées, celles de leur ressort plus étendues qu'en France. Magistrats uniques, revêtus d'un pouvoir que ne connaissent point les magistrats de paix de la Métropole, ils n'ont point comme eux la facilité des communications ni les éléments qui peuvent servir à asseoir une opinion ou à la contrôler. Nous leur viendrons en aide en résumant pour eux les principes des matières qui rentrent dans leurs attributions, et en rapportant celles de leurs décisions qui soulèveront et jugeront un point de droit contesté.

Accompli dans ce sens, notre travail n'aura pas seulement pour but de faciliter aux juges de paix une tâche que le nombre toujours croissant des affaires rend chaque jour plus pénible ; il s'adressera également à une classe de magistrats qui, dans les territoires militaires, exercent les mêmes fonctions que les juges de paix remplissent généralement (*) dans les territoires civils. Pour eux, nos instructions seront plus élémentaires encore, car nous savons tout ce qu'il leur faut de patience et de laborieux efforts pour s'astreindre à l'exercice d'un ministère auquel ils ne sont point préparés par des études spéciales.

La jurisprudence de la Cour de cassation et celle du Conseil d'État occuperont dans le Recueil une place importante et y seront textuellement rapportées.

Nous nous attacherons aussi à la discussion et aux commentaires des lois qui régissent l'Algérie ; nous étudierons les rapports qu'elles ont entre elles ; nous dirons comment elles se complètent et en quoi elles se modifient.

La législation relative à la population israélite est, sous beaucoup de rapports, insuffisante ou obscure : nous nous en occuperons en traitant de la grave et neuve question de l'assimilation définitive ou restreinte.

Et ainsi se trouvera rempli le cadre que nous nous sommes tracé ; réduit à ces limites, le champ de nos études est encore assez vaste. Nous ne pouvons ni ne devons l'agrandir. Ce n'est point un livre que nous faisons, — qu'on le sache bien, — ce sont des matériaux que nous réunissons pour

---

(*) Nous disons généralement parce qu'il y a encore des territoires civils où les fonctions de juge de paix sont maintenues dans les attributions des commissaires civils. Nous citerons notamment, dans la province d'Alger, Miliana et Cherchell.

parvenir à asseoir d'une manière définitive, dans ce pays, le grand principe de la fixité des décisions légales.

H. Branthomme.

RECUEIL GÉNÉRAL
DE LA
JURISPRUDENCE
ALGÉRIENNE.

JURISPRUDENCE ANCIENNE (*).

COUR IMPÉRIALE D'ALGER.

Société commerciale. — Arbitrage forcé. — Clause compromissoire. — Délai pour le dépôt de la sentence arbitrale. — Tribunal de commerce. — Compétence.

Le tribunal de commerce est incompétent pour statuer sur le délai fixé par les parties dans un compromis (relatif dans l'espèce à une question d'arbitrage forcé) pour la rédaction et le dépôt de la sentence.

GUILLEMAIN C. MÉNAGER ET ROUX.

ARRÊT.

LA COUR; — Considérant que, sans examiner si le Tribunal de commerce avait ou non pouvoir de statuer sur la récusation proposée par l'un des arbitres, il est hors de doute qu'il ne lui appartenait pas d'abréger les délais fixés par les parties dans le compromis pour la rédaction et le dépôt de la sentence;

(*) Nous nous proposons de publier, sous cette rubrique, les arrêts de principe rendus par la Cour impériale d'Alger depuis le mois de juillet 1841, époque de sa création, jusqu'au moment où nous commençons à reproduire sa jurisprudence moderne. Ce travail, signalé depuis longtemps comme une œuvre qui manquait parmi nous, précédera pendant quelque temps le résumé de la jurisprudence contemporaine. Nous espérons avoir terminé avant peu cette revue rétrospective de nos annales judiciaires. Cette première partie de notre tâche accomplie, la seconde prendra un intérêt d'autant plus grand que nous indiquerons, au-dessous de chaque arrêt nouveau, ceux qui auront été rendus antérieurement dans le même sens, ou qui consacreront une opinion contraire. En recourant à la livraison que les mentionnera et à laquelle nous aurons toujours soin de renvoyer, il sera facile d'en comparer les dispositions et d'en critiquer les motifs.

Mais considérant que ce délai était de trois mois, durant lesquels les arbitres étaient les maîtres de mettre le sceau à leur travail, et qu'il n'apparaît pas qu'ils aient été privés des éléments nécessaires pour asseoir leur conviction ;

Qu'ainsi, la sentence a été rendue dans les limites des pouvoirs des arbitres;

Que dès-lors il n'est résulté aucun préjudice du jugement qui a ordonné le dépôt de la sentence ;

PAR CES MOTIFS, déclare Guillemain père non recevable faute d'intérêt et le déboute de son appel.

Chambre civile, du 8 juillet 1841. — MM Dubard, présid.; D'Averton, avoc.-gén.; Quinquin et Bastide, avoc. déf.

Concession.— Obligations du concessionnaire. — Démolitions. — Dégâts.— Responsabilité.

Toute concession de la part de l'administration du domaine est faite aux risques et périls du concessionnaire qui doit calculer à l'avance les chances favorables ou défavorables de son entreprise; d'où il suit que tout individu qui, en démolissant un immeuble qui ne lui a été concédé qu'à la condition de reconstruire d'après un alignement donné par l'administration, a occasionné des dégradations à l'immeuble voisin, est responsable envers le propriétaire de l'immeuble du dommage par lui souffert et pour ce fait doit être condamné à des dommages-intérêts.

Dlle ANNETTE MARTEL C. SOLIMAN-BEN-OMAR.

ARRÊT.

LA COUR ; — Considérant que sans s'arrêter à l'intérêt que Soliman pouvait avoir à amener la suppression d'une partie de la maison d'Annette Martel, et à la manière dont les travaux de démolition ont été conduits, soit par lui-même dans le principe, soit par ceux qui, plus tard, dans l'intérêt de toutes parties, ont été chargés de leur opération, il est constant et il résulte des rapports d'expert faits devant le tribunal de première instance que les dégradations survenues à la maison d'Annette Martel sont le fait de Soliman ;

Qu'il ne dépendait pas de l'administration de ne pas ordonner la démolition de cette maison ainsi dégradée, et qui menaçait la sécurité publique, et que dès-lors la démolition d'une partie de la maison de la demoiselle Martel est une suite immédiate et directe des faits dommageables reprochés à Soliman ;

Considérant que celui-ci ne peut alléguer que les dégradations causées par lui à la maison, ont été le résultat nécessaire de la démolition des bâtiments qui lui avaient été concédés, et de leur reconstruction d'après les ordres et l'alignement donnés par l'administration; que toute concession de la part du domaine est faite, sauf les droits des tiers, aux risques et avantages des concessionnaires, qui doivent calculer à l'avance les chances favorables ou défavorables de leur entreprise ;

Que dès-lors il y a lieu d'accorder des dommages-intérêts à Annette Martel.

Chambre civile, du 15 juillet 1841. — MM. Dubard, présid. ; D'Averton, avoc.-gén. — Assess. av. conf., Montagne et Urtis, avoc. déf.

Jugement. — Acquiescement. — Opinion émise dans un considérant. — Appel. — Recevabilité

Le simple motif que dans un considérant d'un jugement contre lequel d'ailleurs on n'articule aucun grief, le juge de première instance a émis une opinion qui peut devenir contraire aux intérêts de l'une des parties ne donne point ouverture à la voie de l'appel.

DIAZ DE LÉON C. BOURGOIN ET BOCCARA.

ARRÊT.

LA COUR ; — Considérant que le sieur Diaz de Léon n'articule aucun grief contre le jugement lui-même et les condamnations prononcées contre lui, qu'il se plaint seulement que, dans un considérant du jugement, le juge a émis une opinion qui pourrait devenir contraire à ses intérêts ;

Qu'un pareil motif ne peut ouvrir la voie de l'appel ;

Déclare Diaz de Léon non recevable.

Chambre civile, du 15 juillet 1841. — MM. Dubard, présid. ; D'Averton, avoc.-gén. ; Quinquin, Florens et Bastide, avoc. déf.

Arbitrage forcé. — Sentence. — Nullité d'un des chefs. — Conséquences.

La nullité d'un des chefs de la sentence arbitrale, n'entraîne la nullité de la sentence toute entière qu'en matière d'arbitrage volontaire.

Le principe de la connexité de tous les chefs et de l'indivisibilité de la sentence ne peut recevoir son application quand il s'agit d'un arbitrage forcé.

En matière d'arbitrage forcé on doit considérer chaque chef d'une sentence comme autant de sentences différentes.

CALIXTE PÉLISSIER C. MARC BACCUET.

ARRÊT.

LA COUR ; — Considérant qu'en matière d'arbitrage volontaire il est admissible qu'aux termes de l'art. 1028 du Code de procédure civile, la nullité d'un des chefs de la sentence entraîne la nullité de tous les autres, soit que les arbitres fussent obligés de décider d'après la rigueur du droit, soit qu'ils eussent reçu des parties le pouvoir de juger comme amiables compositeurs.

Qu'on peut dire, dans le premier cas, que les parties sont censées ne s'être soumises à l'arbitrage, que pour faire statuer en même temps sur toutes les contestations qui les divisaient, et que par suite, il y aurait injustice et violation de la volonté d'où procédait le pouvoir des arbitres, si les parties, jugées sur quelques points seulement, étaient obligées de recourir à la justice ordinaire, pour faire statuer sur les autres; que, dans le second cas, il est évident que les différents chefs de la sentence peuvent être le résultat de concessions mutuelles de la part des arbitres, et qu'à ce titre ces différents chefs doivent être réputés transactionnels et dépendant les uns des autres; qu'on conçoit que, d'après ces motifs, il ait été jugé, qu'en matière d'arbitrage, tous les chefs sont connexes et la sentence indivisible, mais que ce principe n'a d'application qu'en cas d'arbitrage volontaire;

Considérant que dans l'espèce il s'agit d'arbitrage forcé; que dans ce cas les arbitres tiennent leurs pouvoirs, non de la volonté des parties, mais de la loi, et remplacent le tribunal de commerce, que leur décision reste ainsi placée sous l'empire de la règle générale d'après laquelle les différents chefs d'un jugement sont indépendants les uns des autres et essentiellement divisibles; que cela est si vrai, qu'il a été dit au tribunal, lors des discussions sur le Code de procédure, qu'en cas d'arbitrage forcé la sentence contenait autant de sentences différentes que de chefs; d'où il suit que, dans le cas précité, la nullité sur un chef ne saurait entraîner la nullité de tous les autres.

Faisant droit à l'opposition formée par la partie de M. Urtis envers le jugement par défaut du tribunal supérieur d'Alger, en date du 8 juin dernier, et remettant les parties au même et semblable état qu'elles étaient avant ce jugement;

Réserve néanmoins audit Pélissier tous ses droits relativement à l'appel par lui relevé de la sentence arbitrale, suivant exploit du 2 novembre 1840; tous droits, moyens et exceptions contraires étant réservés à Baccuet.

Chambre civile. — 20 juillet 1841. — MM. Dubard, présid.; d'Averton, avoc.-gén.; De Ménerville et Urtis, avoc.-déf.

Tribunal civil. — Demande en nullité d'écrou. — Contrainte par corps. — Fixation de délai. — Compétence. — Chose jugée. — Renonciation.

Aux termes de l'art. 472 Cod. proc. civ., le tribunal de 1re instance est compétent pour statuer sur une demande en nullité d'écrou, opérée en vertu d'une décision arbitrale, laquelle a prononcé la contrainte par corps.

Il est encore compétent pour fixer le délai pendant lequel pourra s'exercer la contrainte par corps lorsque les juges arbitres ont omis de le déterminer dans leur sentence.

Quelques soient les termes d'un jugement, la chose jugée s'étend à tout ce qui fait l'objet du litige, soit principalement, soit accessoirement.

En conséquence, il y a chose jugée relativement à la durée de la contrainte par corps, prononcée dans une sentence arbitrale contre un individu non qualifié commerçant, lorsque cette sentence a été confirmée en appel.

L'exception de la chose jugée ne peut être suppléée de droit par le juge, les parties pouvant y renoncer.

GARROS C. ROUX FILS.

ARRÊT.

LA COUR; — Sur la question de savoir si le premier juge était compétent relativement à la demande en nullité d'écrou,

Considérant qu'à cet égard l'art. 472 du Code de procédure civile, était pour lui attributif de juridiction.

Sur la question de savoir s'il était compétent rélativement à la demande tendant à faire fixer la durée de la contrainte par corps.

Considérant qu'en admettant que l'omission de prononcer sur la durée de la contrainte par corps reprochée à la sentence arbitrale, peut être réparée par un jugement ultérieur, c'était devant le juge de première instance, dont l'arbitre avait momentanément tenu la place, que cette demande en réparation de l'omission faite devait être portée;

Que dès lors le juge de première instance était encore compétent.

Considérant que la cause est en état et qu'il y a lieu d'évoquer le fond,

Considérant que l'emprisonnement a eu lieu en vertu d'une sentence confirmée sur appel, et qui prononçait la contrainte par corps contre Garros, que dès lors l'emprisonnement a été régulièrement effectué;

Sur la demande en fixation de la durée de la contrainte par corps, fixation omise par la sentence dont il s'agit :

Considérant que, quelques soient les termes d'un jugement, la chose jugée s'étend à tout ce qui a fait l'objet du litige, soit principalement, soit accessoirement, qu'il est clair que toute contestation relative à la contrainte par corps en matière civile, soulève nécessairement, depuis la loi du 1er avril 1832, la question de savoir si la durée de la contrainte devait ou non être fixée; — qu'il suit, qu'aux termes de la sentence dont il s'agit, et dans laquelle le sieur Garros n'a pas été qualifié comme commerçant, il y a chose jugée relativement à la durée de la contrainte qu'elle prononce;

Considérant toutefois que l'exception de la chose jugée ne peut être suppléée par le juge, que les parties peuvent y renoncer, et que des pièces du procès il ressort que le sieur Roux y a formellement renoncé puisqu'il a consenti dans ses conclusions à ce que la justice, conformément à la demande de Garros, fixât la durée de la contrainte ;

La Cour, faisant droit sur l'appel, émendant, met ce dont est appel au néant, évoquant, déclare Garros mal fondé dans sa demande en nullité d'écrou, et sur le second chef, fixe la durée de la contrainte par corps à deux ans.

Chambre civile, 20 août 1841. — MM. Dubard, présid.; de Brix, av.-gén.; Ecoiffier et Urtis, avoc.-déf.

Démence. — Notoriété publique. — Défaut de consentement. — Transport. — Nullité.

Le consentement est une condition essentielle à la validité du contrat. — En conséquence, est nul tout acte de transport fait par un individu lorqu'il est de notoriété publique et qu'il est prouvé qu'il était atteint d'aliénation mentale au moment de la signature du contrat, bien que cette démence n'ait point été juridiquement constatée avant le décès de l'individu.

Les héritiers ou ayant-cause de ce dernier sont en droit d'invoquer la nullité de l'acte, même après le décès de leur auteur.

BELLOIR C. Vᵉ POICHOT ET AUTRES.

ARRÊT.

LA COUR; — Considérant qu'à l'époque où le transport dont s'agit fût constaté, Poichot était dans un état notoire de démence ;

Que si son interdiction n'a été ni prouvée ni demandée avant son décès, il n'implique pas de là, que l'acte par lui souscrit soit valable ;

Qu'en effet, la loi exige, pour la validité d'un acte, le consentement des parties contractantes, consentement que Poichot n'a pas pu donner, puisque, au 21 mars 1839, il était atteint d'aliénation mentale ;

Adoptant au surplus les motifs du premier juge,

Dit qu'il a été bien jugé, mal et sans griefs appelé, ordonne que ce dont est appel sortira son plein et entier effet.

Chambre civile.— 16 septembre 1841. — MM. Giacobbi, présid.; de Brix, av.-gén ; Tioch et Ecoiffier, av. déf.

Saisie immobilière. — Diminutions de garanties. — Contrainte par corps.

Le fait, qu'un individu a été saisi dans ses propriétés par plusieurs créanciers, constitue une diminution de garantie envers les autres créanciers non saisissants.

Par suite ces derniers sont en droit de demander que la contrainte par corps soit prononcée à leur profit contre le débiteur saisi.

DÉCROISILLES C. MAZADE.

ARRÊT.

LA COUR; — Adoptant les motifs des premiers juges,

Et attendu que le sieur Décroisilles a été saisi dans ses propriétés par divers créanciers qui poursuivent judiciairement la vente de ses immeubles, ce qui diminue les garanties du sieur Mazade pour obtenir de son débiteur le paiement des sommes qui lui sont dues et justifie suffisamment sa demande en obtention de la contrainte par corps contre le sieur Décroisilles;

Dit qu'il a été bien jugé, mal et sans griefs appelé; ordonne que ce dont est appel sortira son plein et entier effet, et que l'exécution des condamnations prononcées pourra être poursuivie même par la voie de la contrainte par corps.

Chambre civile. — 5 octobre 1841. — MM. Dubard, présid.; de Brix, av.-gén.; Quinquin, av. déf.

Intervention. — Intérêt. — Recevabilité.

Les actions naissant de l'intérêt qu'ont les parties, a le droit d'intervenir dans une instance ayant pour cause la division d'un immeuble, tout individu qui a fait à cet immeuble des dépenses considérables; le droit de veiller à ce que la division de l'immeuble ne soit pas faite en faute de ses droits, ne saurait lui être contesté.

RICHAUD C. LAUJOULÉ ET AUTRES.

ARRÊT.

LA COUR; — Attendu que les actions naissent de l'intérêt qu'ont les parties;

Que Richaud ayant fait des dépenses considérables à l'immeuble dont il s'agit, il a intérêt à veiller à ce que la division qui en est demandée ne soit pas faite en fraude de ses droits, que dès lors son intervention est fondée; — Par ces motifs, rejette l'exception, maintient Richaud en cause et ordonne qu'il soit plaidé au fond.

Chambre civile. — 14 octobre 1841. — MM. Dubard, présid.; de Brix, av.-gén.; Ecoiffier, Florens, Urtis, Lussac, av. déf.

1° Inventaire. — Signification du mot *Mémoire*. — 2° Meubles. Privilége. — Droit de préférence. — 3° Vente. — Prix. — Validité. — Opposition. — Déchéance. — Acquéreur. — Substitution de droits. — Intention d'acquérir. — Chose d'autrui. — Usurpation. — Restitution. — Dommages-intérêts.

L'indication pour mémoire portée sur un inventaire dressé à l'effet de parvenir à la vente d'objets mobiliers et placée en regard de l'énonciation d'un article, prouve que cet article n'est point compris parmi les objets destinés à être vendus.

Les priviléges sur les meubles ne donnent lieu qu'à un droit de préférence.

Tout acquéreur d'un meuble, qu'il en ait ou non payé le prix, peut valablement en transférer la propriété à autrui.

Quiconque ayant un privilége sur un objet mobilier ne forme pas opposi-

tion dans la quinzaine de la publication de la cession qui en est consentie, doit être considéré comme renonçant à ses droits. (Arrêté du 19 déc. 1831.)

Pour qu'il puisse y avoir substitution des droits d'un vendeur à un acquéreur, l'intention d'acquérir si elle n'est point formellement énoncée, doit ressortir des termes du contrat.

Le fait de s'être emparé de la chose d'autrui ne prouve pas qu'on ait voulu s'en rendre acquéreur, il peut seulement obliger l'usurpateur à la restitution de la chose avec dommages-intérêts.

LOCRÉ, JULES BOUFFEY ET PICOT C. BRESSIANO.

ARRÊT.

LA COUR; — Attendu que par le traité intervenu entre Belcourt et ses créanciers, représentés par Locré, Bouffey et Picot, le premier a transféré à ceux-ci la propriété des objets composant son entreprise de transports,

Que dans l'inventaire constatant la désignation et la prise de ces objets, l'on remarque que la voiture dont s'agit au procès n'y figure que pour mémoire,

Que cette énonciation démontre assez que les parties contractantes entendaient l'exclure de leur traité;

Attendu d'ailleurs qu'elles l'y auraient comprise, que cette circonstance n'aurait pas conféré à Bressiano le droit de poursuivre les acquéreurs d'icelle, puisque les meubles n'ont pas de suite dans des mains tierces;

Que Belcourt, acquéreur et propriétaire de cette voiture, qu'il en eut ou non payé le prix, pouvait valablement en transférer la propriété à autrui;

Attendu que, conformément aux termes de l'arrêté du 19 décembre 1831, les acquéreurs de l'établissement de Belcourt, ont fait publié la cession qui leur en a été faite;

Que cette publication est prescrite pour provoquer les créanciers porteurs de créances privilégiées sur les objets composant les fonds de commerce, à former des oppositions afin de faire valoir leur privilége;

Que, dans l'espèce, Bressiano, créancier privilégié, sur l'objet par lui vendu n'a fait aucune diligence pour faire valoir son privilége, d'où il faut induire nécessairement qu'il n'a pas entendu que ledit objet fût compris dans le traité du 10 mars 1841;

Attendu qu'il n'est pas vrai de dire, en fait, qu'à l'égard de cette voiture, les créanciers de Belcourt ont pris son lieu et place;

Que le contraire résulte de l'acte du 10 mars et de la conduite qu'ils ont tenu postérieurement;

Qu'en effet, dans l'acte, ils ont eu soin d'exclure la voiture du matériel qui leur était cédé, et que postérieurement au lieu de s'emparer en fait du dit mobilier, ils ont continué à le laisser entre les mains de Belcourt pour continuer son exploitation et lui fournir les moyens de se libérer envers eux.

Qu'aucun acte, qu'aucune circonstance de la cause ne manifeste qu'à un instant quelconque les appelants aient voulu se rendre acquéreurs de la voiture en question;

Et attendu, en droit, que pour qu'il y eût eu substitution des appelants à Belcourt, comme acquéreur de la voiture, il aurait fallu qu'ils eussent manifesté l'intention de l'acquérir, puisqu'il ne peut exister de contrat sans consentement;

Que le fait de s'être emparé de la chose d'autrui n'avait pu les en rendre acquéreurs, mais les obliger seulement à la restitution avec dommages-intérêts, s'il y avait lieu.

Chambre civile. — 19 octobre 1841. — MM. Dubard, prés. ; Paulinier, ministère public; Montagne et Urtis, avoc.-déf.

JURISPRUDENCE MODERNE.

COUR IMPÉRIALE D'ALGER.

Transaction entre indigènes et Européens. — Acte sous-seing privé. — Validité.

L'art. 1er de l'arrêté du 9 Juin 1831 en ordonnant que toutes les transactions sous-seing privés entre Européens et indigènes devront, à peine de nullité, être écrites dans les langues des contractants, a t-il entendu par ces termes que la langue arabe devait être considérée comme la langue que tout indigène, israélite ou musulman, doit nécessairement employer ?

La langue arabe étant admise comme la langue dont tout indigène doit se servir, s'ensuit-il que les israélites qui écrivent toujours la langue arabe en caractères hébraïques, soient astreints, dans ce cas, à se servir de caractères arabes? (Rés. affirm. (1).

(1) Je crains bien que la Cour n'ait été séduite par le côté équitable et moral de la cause, et qu'elle n'ait interprété pour ce motif l'arrêté du 9 juin 1831 dans un sens qui n'ait certes pas celui qui ressort de la lecture de cet arrêté. Pour s'en convaincre, il suffit de rechercher la cause qui l'a inspiré. On lit textuellement dans l'arrêté :

« Considérant que dans les transactions qui ont lieu entre des Européens et des indigènes, l'ignorance des langues, en favorisant la mauvaise foi, occasionne des plaintes et des abus qu'il importe de faire cesser dans l'intérêt respectif des parties contractantes. »

Et plus loin :

BERNARD C. COHEN SOLAL.

ARRÊT.

LA COUR ;— Attendu que l'acte sous-seing privé du 3 mars 1850, dûment enregistré, et dont Abraham Cohen Solal demande la nullité, est écrit en langue française et en langue arabe, placées en regard l'une de l'autre, signé par les deux parties contractantes et revêtu en outre de la signature du sieur Tama, traducteur assermenté ;

Attendu que Abraham Cohen Solal, Israélite d'Alger, doit être considéré comme indigène dans le sens de l'arrêté du 9 juin 1831, que la convention du 3 mars 1850 dont il s'agit au procès, devait être écrite en langue française et en langue arabe et non en langue hébraïque comme le soutient Abraham Cohen Solal ; que l'exiger ainsi serait ajouter à l'arrêté susdit du 9 juin 1831, et prononcer dans la forme une nullité que cet arrêté n'a pas voulu prononcer ;

Attendu, au fond, que ce n'est qu'au moyen d'allégations contradictoires que Cohen Solal soutient n'avoir pas eu une connaissance parfaite de toutes les dispositions de la convention qu'il attaque aujourd'hui ; que ces allégations sont, d'ailleurs, combattues et repoussées par Bernard, que le plus prudent en pareil cas, et même le plus juridique, est de s'en tenir à l'acte revêtu des formalités prescrites pour sa validité, faisant ainsi foi en justice de son contenu, conformément aux dispositions de l'art. 1341 du Code Napoléon ;

Faisant droit à l'appel interjeté, le 18 mai 1852, par Bernard, du jugement rendu entre les parties par le tribunal civil de 1re instance d'Alger le 25 mars précédent, met ce dont est appel au néant, amendant et réformant, etc., etc.

« Toute convention quelconque sous-seing privé entre des Européens et des indigènes, ne sera valable qu'autant qu'elle aura été écrite dans la langue des contractants, etc., »

Ainsi donc, c'est pour prévenir la mauvaise foi à laquelle pourraient donner lieu des conventions écrites dans une langue étrangère aux parties contractantes, que l'arrêté du 9 juin 1831 a été rendu ; et si l'arrêté exige que la convention, pour être valable, soit écrite dans la langue des contractants, n'est-ce pas évidemment pour que chacun d'eux puisse s'assurer par lui-même de la fidélité des dispositions auquel il souscrit ? Or, tout le monde sait que les israélites indigènes écrivent l'arabe avec des caractères hébreux. — Je crois qu'il est dès-lors conforme à l'esprit de l'arrêté que les conventions faites par acte sous-seing privé entre eux et les Européens, soient écrites en caractères hébraïques et non en caractères arabes comme le décide l'arrêt que nous critiquons.

Chambre civile, 4 octobre 1853. — MM. de Vaulx, présid.; Bertauld, subst. du proc.-gén.; Calmels et Lussac; avoc. déf.

Projet de société. — Contestations. — Tribunal arbitral. — Compétence.

L'art. 51 du Code de commerce ne renvoie devant des arbitres que pour contestation entre associés pour raison de société.

En conséquence, un simple projet de société, fût-il d'ailleurs prouvé, ne saurait engendrer les mêmes effets que la formation de la société elle-même, et par suite les arbitres forcés sont incompétents pour statuer sur toutes difficultés qui peuvent s'élever pendant le cours de ce projet.

Les parties, entre lesquelles ce projet a existé, ne doivent point être considérées comme commerçantes, d'où la conséquence que toutes leurs contestations doivent être portées devant le Tribunal civil, seul compétent pour en connaître (1).

RICHEMONT C. HENNEQUIN.

ARRÊT.

LA COUR; — Attendu que les premiers juges, reconnaissant qu'il a existé entre les parties, non pas une société, mais un projet de société en participation pour l'acquisition et la vente des laines du Sahara, les ont renvoyés devant des arbitres pour prononcer sur les comptes existant entre elles;

Mais attendu que l'art. 51 du Code de commerce ne renvoie devant des arbitres que pour contestations entre associés pour raison de la société;

Qu'un simple projet, fût-il prouvé, ne saurait engendrer les mêmes conséquences que la formation de la société elle-même, et que le refus de réalisation, ainsi que le dommage résultant de ce refus, ne sauraient donner lieu, contre une personne non commerçante, qu'à une action civile ordinaire;

Attendu, d'ailleurs, qu'il ne résulte pas des documents de la cause preuve suffisante du projet de société invoqué par Hennequin;

Qu'ainsi, en fait comme en droit, le Tribunal dont est appel, a mal jugé.

PAR CES MOTIFS, admet l'appel de Richemont, etc., etc.

Chambre civile, 4 octobre 1853. — MM. de Vaulx, présid.; Bertauld, subst. du proc.-gén.; Calmels, av. déf.

Bordereau de collocation. — Erreur. — Paiement. — Commandement. — Opposition. — Validité. — Rectification. — Compétence.

L'adjudicataire qui désintéresse le créancier conformément au bordereau de

---

(1) Cette décision est conforme à l'esprit de la loi.

collocation qui lui a été signifié, se trouve libéré envers lui jusqu'à rectification, par qui de droit, des erreurs matérielles qui auraient pu se glisser dans un règlement définitif.

Jusqu'à ce que ces erreurs aient été relevées par le tribunal compétent, tout commandement fait par le créancier au préjudice duquel les erreurs ont été commises, doit être considéré comme nul et non avenu, l'adjudicataire ne pouvant payer jusqu'à ce qu'il en ait été autrement ordonné que conformément au titre qui lui a été signifié.

La rectification d'une erreur matérielle commise par le juge-commissaire dans un règlement d'ordre, doit être demandée au tribunal devant lequel l'ordre a été poursuivi et près lequel siége le juge-commissaire.

LAGIER C. D^lle^ BLANC-POMMIER.

ARRÊT.

LA COUR; — Considérant que, le 4 mai 1847, à l'audience des criées du Tribunal civil de Blidah, la demoiselle Blanc-Pommier s'est rendue adjudicataire, moyennant le prix de 61,100 fr., d'un immeuble situé en ladite ville, connu sous le nom d'hôtel de Paris et grevé au profit de Lagier, libraire à Dijon, d'une rente annuelle et perpétuelle de 2,871 fr. au capital de 28,710 fr., ladite rente payable par trimestre et d'avance;

Considérant qu'un ordre ayant été ouvert pour la distribution de ce prix, Lagier produisit à cet ordre et demanda collocation : — 1° de la somme de 28,710 fr., capital de sa rente non exigible et devant, aux termes d'une des clauses du cahier des charges, être retenue par l'adjudicataire en déduction de son prix pour le service de ladite rente; — 2° et pour la somme de 5,024 fr. 25 c., montant des arrérages dûs et échus antérieurement à l'adjudication à partir du trimestre échu le 4 octobre 1845, jusques et y compris le trimestre également échu par avance le 4 avril 1847, un mois seulement avant l'adjudication;

Considérant que, conformément à cette production, Lagier fut colloqué dans le procès-verbal d'ordre clos provisoirement le 7 avril 1848, tant pour le capital non exigible de 28,710 fr. que pour les arrérages de la rente jusqu'au 4 avril 1847, porte le procès-verbal, et s'élevant à 5,024 fr. 25 c.;

Considérant qu'aucun contredit n'ayant été formé à ce procès-verbal d'ordre provisoire, il a été procédé à son règlement définitif par procès-verbal du 10 juin 1848;

Considérant que ce règlement qui ne pouvait être que la reproduction du règlement provisoire, puisque celui-ci n'avait pas été contesté, à moins d'erreurs matérielles commises dans ce premier règlement par le juge-commissaire; erreurs reconnues énoncées et constatées par lui en faisant la clôture de l'ordre définitif, néanmoins modifié dans la rédaction, et par erreur évidemment la collocation de Lagier relativement aux arrérages de la rente susdite;

Que ce règlement énonce en effet qu'il est colloqué pour arrérages de cette rente depuis le 4 avril 1847 et pour la somme de 5,024 fr. 25 c., tandis que le règlement provisoire portait collocation de la même somme pour arrérages courus jusqu'au dit jour 4 avril 1847;

Considérant que le bordereau de collocation délivré à Lagier pour l'exécution du procès-verbal définitif de l'ordre ainsi qu'il devait l'être, ayant été signifié à la demoiselle Blanc-Pommier sans aucune observation de l'erreur contenue dans ce procès-verbal et reproduite par conséquent dans le bordereau, celle-ci en l'acquittant s'est trouvé libérée nécessairement jusqu'à rectification de l'erreur en question par qui de droit, de tous les arrérages de rente montant de la collocation et à partir de l'époque indiquée dans le susdit procès-verbal pour la cause desdits arrérages;

Qu'on ne peut lui imputer la faute d'avoir payé conformément au titre qui lui était signifié, puisqu'elle ne pouvait payer autrement jusqu'à ce qu'il en soit été autrement ordonné;

Considérant que la rectification de l'erreur évidente, matérielle, commise dans le règlement définitif du 10 juin 1848, ne pouvant être demandée qu'au Tribunal dont l'un des juges avait été chargé de l'ordre de distribution du prix d'adjudication sus-relaté, c'est avec raison que le Tribunal d'Alger a déclaré dans le jugement frappé d'appel qu'il ne lui appartenait pas de rectifier l'erreur dont il s'agit;

Que c'est également avec raison par conséquent que, pour apprécier la validité soit du commandement du 19 décembre 1850, Lagier avait fait donner à la demoiselle Blanc-Pommier, soit de l'opposition par elle formée à ce commandement le 21 du même mois, il a calculé toutes les sommes par elle payées conformément au bordereau qui lui avait été présenté et à partir de l'époque d'où ce bordereau faisait courir les arrérages de la rente dont l'immeuble à elle adjugé était grevé;

Considérant que ce calcul fait, il en est résulté, ce qui est au surplus clairement établi dans le jugement dont est appel, qu'au 19 décembre 1850, date du commandement précité, la demoiselle Blanc-Pommier s'était libérée et au-delà de tous les arrérages qu'elle pouvait devoir à Lagier jusqu'à cette époque;

Que dès-lors ce commandement ayant procédé *pro non debito*, il s'en suivait que l'opposition formée au dit commandement par l'intimé devait être accueillie; que c'est donc à bon droit qu'elle a été déclarée recevable dans son opposition tant à la forme qu'au fond et que le commandement de Lagier a été déclaré nul et de nul effet.

PAR CES MOTIFS, et adoptant au surplus ceux des premiers juges, dit qu'il a été bien jugé, mal appelé, ordonne que ce dont est appel sortira son plein et entier effet, etc.

Chambre civile, 4 octobre 1852. — MM. de Vaulx, prés.; Bertauld, subst. du proc.-gén.; Villacrose et Sabatéry, avoc. déf.

Tentative réciproque d'arrangement à l'amiable. — Discontinuation de poursuites. — Péremption.

Lorsque, dans une contestation portée devant un tribunal, l'une des parties a suspendu toute procédure, par suite d'une tentative réciproque d'arrangement qui n'a point abouti, la partie poursuivie ne peut point se prévaloir de la péremption qui serait résulté de la discontinuation des poursuites, le fait d'avoir par elle, à plusieurs reprises, tenté les voies de la conciliation, devant être accueilli comme une convention expresse en vertu de laquelle le cours de la péremption a été arrêté.

BŒNSCH C. LE PRÉFET D'ALGER.

ARRÊT.

LA COUR ; — Considérant que des pièces et documents versés au procès résulte la preuve qu'à diverses reprises il y a eu, de la part des parties, tentative réciproque d'arrangement à l'amiable ;

Considérant que, de ces pièces et documents, il sort évidemment que si Bœnsch a discontinué ses poursuites, c'est par suite de la pensée qu'il devait avoir que suite serait donné de la part de l'administration aux propositions des transactions intervenues ;

Considérant qu'en l'état les propositions dont il s'agit doivent être assimilées à une convention expresse en vertu de laquelle le cours de la péremption a été arrêté.

PAR CES MOTIFS, infirme le jugement dont est appel, le met au néant. En conséquence, et sans s'arrêter aux autres moyens présentés par Bœnsch, déboute le demandeur en péremption d'instance des fins de sa demande, etc.

Chambre civile, 6 octobre 1852. — MM. de Vaulx, présid. ; Bertauld, subst. du proc.-gén. ; Villacrose et Lussac, av. déf.

Péremption. — Acte valable. — Notification.

La partie qui a demandé, par requête signifiée au défenseur de la partie adverse, à reprendre une instance engagée à une époque remontant à plus de trois ans et à ce que cette cause fut jointe à celle formée contre elle par cette même partie et relative au même objet, a fait un acte valable *qui a pour effet de couvrir, dans le sens de l'art.* 399 (Cod. pr. civ.), *la péremption résultant du défaut de poursuite de la première instance.*

Et il en est ainsi alors même que l'acte ayant pour but la demande en jonction d'instance n'a été notifié qu'au défenseur ayant charge d'occuper seulement dans la seconde instance.

On ne saurait donc invoquer comme une cause de nullité de l'acte, le défaut de notification à la partie elle-même, puisqu'en définitive, cet acte sert de lien légal entre les deux instances, et qu'à ce point de vue, le défenseur adverse a qualité pour le recevoir et y répondre.

VEUVE JAILLARD et JAILLARD FILS C. VEUVE KHADOUDJA-BENT-EL-SID-MOHAMMED-EL-SENCI.

ARRÊT.

LA COUR ; — Attendu, en fait, qu'il est reconnu que, le 5 décembre 1845, le sieur Jaillard a introduit une instance contre la dame Khadoudja, sa venderesse, à l'effet par cette dernière de le mettre en possession d'un terrain à lui précédemment vendu ;

Attendu qu'il est constant que la dite dame Khadoudja n'a pas comparu sur cette citation, mais qu'il est établi qu'elle a formé, le 23 octobre 1851, contre la veuve Jaillard, une demande en paiement de seize années d'arrérages qu'elle prétendait lui être dues à l'occasion de la susdite vente ;

Attendu qu'après avoir constitué défenseur sur cette dernière instance, la dame veuve Jaillard, par requête signifiée à Mᵉ Raüel de Montagny, défenseur constitué de la dame Khadoudja, sur l'instance personnelle à cette dernière, a, le 15 décembre 1851, demandé à reprendre l'instance introduite par son mari en 1845, et a, en même temps, conclu à ce que les deux instances fussent jointes ;

Attendu, enfin, que c'est en cet état que, le 12 mars 1852, la dame Khadoudja a formé, par le ministère de Mᵉ Raüel de Montagny, son défenseur, une demande en péremption de l'instance introduite en 1845 par ledit sieur Jaillard ;

Attendu, dans ces circonstances, qu'il s'agit d'examiner si la dite péremption a été réellement encourue ;

Attendu, sur ce point, en droit, que la péremption est couverte par tout acte valable émané de l'une ou de l'autre des parties ;

Attendu, cela posé, qu'en fait il est certain qu'il y a eu, avant la demande, interruption de la part de la veuve Jaillard, qu'en effet, en demandant, le 15 décembre 1851, à reprendre l'instance introduite par son mari, et en concluant à ce que cette cause fut jointe à celle formée directement par Khadoudja en paiement d'arrérages, cette dame a fait un acte valable en lui-même et qui doit dès-lors avoir pour effet d'empêcher la péremption ;

Qu'à la vérité, cet acte n'a été notifié qu'à Mᵉ Raüel de Montagny, qui n'avait pouvoir d'occuper pour la dame Khadoudja que dans l'instance par elle introduite en octobre 1851, mais que cela importe peu ;

Qu'en effet, il est à considérer que ledit acte intéressait non-seulement la première, mais encore la seconde instance ; que, dès-lors, il est évident qu'émanant d'une personne ayant qualité pour le faire dans la première instance et ayant été adressé à un défenseur ayant lui aussi qualité pour le recevoir au moins dans la deuxième, il a eu et doit avoir dans la cause une valeur réelle ;

Que, sans doute, pour que la procédure eût été plus complète, il eut fallu que l'acte, dont il s'agit en reprise et jonction, eût été en outre notifié directement à la dame Khadoudja qui n'était pas représentée dans la première instance ; mais que l'accomplissement de cette formalité ne saurait avoir pour résultat d'entraîner la nullité dudit acte : car il est certain qu'ayant été, comme un lien entre les deux instances, une existence légale, cela a suffi pour que son effet, en ce qui touche l'interruption de la péremption ait été produit;

Que c'est donc à tort que les premiers juges ont déclaré le dit acte nul et ont par suite admis la demande en péremption;

Attendu dès-lors qu'il y a lieu de réformer leur décision sur ce point et par voie de conséquence dont il est suivi ;

Attendu, en cet état, au fond, que la cause, au moins en ce qui touche la première instance, n'est pas en état de recevoir jugement ; qu'il convient dès-lors d'ordonner un préparatoire, et par suite les deux causes étant connexes, de surseoir et statuer sur le tout.

Par ces motifs, la Cour, de l'avis conforme de l'assesseur musulman, disant droit sur l'appel, réformant, a mis au néant le jugement rendu le 5 mai dernier par le Tribunal de Blidah, etc., etc.

Chambre civile, 7 octobre 1852. — MM. Marion, présid. ; Barny, subst. du proc.-gén. ; Villacrose et Bourriaud, avoc. déf.

Adjudication.— Prix.—Distribution à l'amiable.— Défaut de paiement de la part de l'adjudicataire.— Poursuites.— Expropriation.— Folle-enchère.

Lorsque, à la suite d'une adjudication, un notaire est commis par toutes les parties intéressées à l'effet de procéder amiablement à la distribution du prix de l'adjudication, et que l'adjudicataire ne paie pas les arrérages de rentes au paiement desquelles il s'est engagé, conformément aux dispositions du cahier des charges, la seule voie ouverte aux créanciers, pour être payés de leur bordereau de collocation, est la voie de la folle-enchère ; en conséquence, doit être déclarée nulle, comme contraire à la loi, toute poursuite en expropriation dirigée contre l'adjudicataire par l'un des créanciers colloqués.

Cette nullité ne saurait être couverte à l'égard du créancier qui aurait été même régulièrement sommé d'intervenir dans l'instance en expropriation et qui peut, en tout état de cause, en invoquer le bénéfice.

Les poursuites en folle-enchère dirigées par ce dernier contre l'adjudica-

taire, nonobstant les poursuites en expropriation, doivent être continuées, si, d'ailleurs, elles sont régulièrement commencées.

La tierce-opposition incidente, dont un tribunal compétent pour en connaître a été saisi, ne doit point être déclarée nulle par cela seul qu'elle n'a point été introduite dans les formes prescrites par l'art. 475 du Code de procédure civile. Rien ne s'oppose à ce qu'elle soit formée par des conclusions prises à la barre.

On doit surtout le décider ainsi lorsque ce moyen n'est pas opposé par la partie adverse.

BONBONNEL C. VEUVE DESTELLE.

ARRÊT.

LA COUR ;— Considérant que, le 17 avril 1847, le sieur Simon s'étant rendu adjudicataire d'une maison située rue de la Casbah, à Alger, Me Auger, notaire en cette ville, fut chargé, par toutes les parties intéressées, de procéder amiablement à la distribution du prix de cette adjudication et le procès-verbal en fut clos le 11 juillet 1848 ;

Que la dame Ganzin, veuve Destelle, fut colloquée pour une rente de 1,500 fr. payable annuellement le 1er janvier de chaque année ;

Que Bonbonnel fut également colloqné en ordre utile pour une rente de 1,164 fr. payable aussi annuellement le 1er janvier, et que le jour de la clôture de l'ordre, tous les arrérages de ces rentes furent payés par l'adjudicataire Simon jusqu'au 1er janvier 1848 ;

Considérant que celui-ci n'en ayant point payé les arrérages ni au 1er janvier 1839, ni au 1er janvier 1850, la dame Destelle, pour obtenir paiement de de ceux qui lui étaient dûs, au lieu de prendre à cet effet la voie indiquée par la loi en pareil cas, la voie de la folle-enchère, crut devoir procéder par une nouvelle expropriation forcée de l'immeuble même dont le sieur Simon s'était rendu adjudicataire, et par exploit de Bunel signifié le 2 août 1850 à l'hôtel du Périgord à Alger, en parlant au maître d'hôtel, sommation fut faite à Bonbonnel qui s'y trouvait alors d'avoir à prendre communication du cahier des charges dressé ponr arriver à la vente de l'immeuble en question ;

Considérant que, nonobstant cette vente qui eut lieu au profit de la veuve Destelle, suivant jugement d'adjudication du 12 novembre 1851, Bonbonnel, qui n'était point payé du bordereau qui lui avait été délivré sur le premier adjudicataire Simon, intenta, par exploit du 22 juillet 1851 enregistré, une poursuite en folle-enchère contre lui ;

Considérant que, sur l'intervention de la dame Destelle dans cette poursuite et son opposition à ce qu'elle soit continuée, le Tribunal d'Alger, par jugement du 12 novembre 1851, a déclaré que tant que l'adjudication tranchée au profit de la dite dame subsisterait, la poursuite en folle-enchère de

Bonbonnel ne pouvait être continuée et l'a renvoyé à se pourvoir ainsi qu'il aviserait ;

Considérant que celui-ci, ayant interjeté appel de ce jugement, a incidemment et par des conclusions prises à l'audience formé tierce-opposition au jugement d'adjudication du 12 novembre 1851, rendu au profit de la dame veuve Destelle ;

Considérant que l'appel de Bonbonnel étant régulier en la forme, il y a lieu de le déclarer recevable dans son appel ;

Considérant, à l'égard de sa tierce-opposition incidente, que la forme de la requête prescrite en pareil cas par l'art. 475 du Code de procédure civile, ne l'étant pas à peine de nullité, rien ne s'opposait à ce qu'il la formât par des conclusions prises à la barre de la Cour, qu'au surplus, cette tierce-opposition n'a pas été contestée en la forme et qu'il y a également lieu de le déclarer recevable dans cette exception ;

Considérant en ce qui concerne la fin de non recevoir relative à la poursuite en folle enchère de Bonbonnel, et résultant de ce qu'il aurait été appelé dans l'instance en expropriation de la veuve Destelle par la sommation qui lui a été faite à l'hôtel du Périgord ;

Que cette instance étant une voie insolite et illégale, Bonbonnel ne pouvait être tenu de déférer à la sommation qui lui a été faite en admettant même qu'elle lui ait été valablement signifiée ;

Qu'en effet, la seule voie ouverte à la veuve Destelle comme à Bonbonnel pour être payés de leur bordereau de collocation sur le prix de l'immeuble adjugé à Simon, était la voie de la folle-enchère spécialement prescrite par la loi ;

Que si la folle-enchère est indiquée sans préjudice des autres voies de droit qui peuvent être exercées contre l'adjudicataire, ainsi que le dit l'art. 713 du Code de proc. civ., voies telles que saisie exécution, saisie immobilière, il est évident qu'en ce qui regarde ce dernier moyen, il ne peut être exercé que sur les autres propriétés de l'adjudicataire et non sur celle dont il n'a pu payer le prix ;

Qu'admettre une autre interprétation de l'art. 713 précité, ce serait rendre illusoire et vaine la voie de la folle-enchère puisqu'il pourrait être toujours loisible à un créancier inscrit d'intenter une nouvelle poursuite en expropriation au lieu de poursuivre en folle-enchère ;

Que la première nécessitant des frais beaucoup plus considérables que la seconde, qui n'est qu'une suite de l'adjudication et s'exerce sur le même cahier des charges, serait d'ailleurs préjudiciable aux intérêts de tous les créanciers que le législateur a voulu au contraire protéger en édictant la folle-enchère ;

Que c'est donc le cas de déclarer nulle et de nul effet comme contraire à la loi la poursuite en expropriation dirigée par la veuve Destelle contre Simon, de l'immeuble situé rue de la Casbah, dont celui-ci s'était rendu adjudicataire et n'a pu payer le prix et d'annuler en même temps le jugement d'adjudication de ce même immeuble au profit de la veuve Destelle, rendu par le Tribunal d'Alger le 12 novembre 1850 ;

Considérant, relativement à la poursuite en folle-enchère intentée contre le dit sieur Simon par Bonbonnel, que cette poursuite ayant été régulièrement et légalement faite, il y a lieu d'en ordonner la continuation.

PAR CES MOTIFS, reçoit Bonbonnel appelant du jugement du 12 novembre 1851, et tiers-opposant incidemment à celui d'adjudication au profit de la veuve Destelle du 12 novembre 1850, et faisant droit sur les conclusions de l'appelant, met ce dont est appel à néant, etc. etc.

Chambre civile, 12 octobre 1852. — MM. Solvet, prés. ; Pierrey, avoc.-gén. ; Lussac et Villacrose, avoc. déf.

TRIBUNAL CIVIL D'ALGER.

Audience du 18 novembre 1852.

1° Vente à pacte de réméré. — Dessaisissement de l'immeuble vendu. — Validité. — 2° Offres réelles. — Billets de banque. — Valeur.

La vente avec faculté de rachat ou de réméré n'est parfaite qu'autant que, l'acquéreur est mis en possession réelle de l'immeuble et qu'il y a dessaisissement actuel de l'objet vendu

On doit le décider ainsi par l'analogie que présente la vente à pacte de rachat avec le contrat de gage, et par la raison qui doit faire considérer la vente à pacte de réméré dans laquelle il n'y a pas eu dessaisissement au profit de l'acquéreur comme un contrat pignoratif déguisé, et comme tel dépourvu de toute force légale (1).

---

(1) Sur la question de l'appréciation du dol ou de la fraude, nous n'avons rien à dire, la décision du Tribunal est souveraine et nous la respectons ; mais nous croyons qu'il a été trop loin en posant, comme une règle générale, que la vente avec faculté de rachat ou de réméré n'est parfaite qu'autant que l'acquéreur est mis en possession réelle et qu'il y a dessaisissement actuel. Ce principe, disons-nous, est trop absolu; et, en effet, si la vente à pacte de rachat ou de réméré peut être attaquée pour dol ou fraude, ce n'est point là une exception particulière à ce contrat, mais une conséquence de la règle commune posée dans l'art. 1109 du Code Nap. La vente à réméré est parfaite comme toute vente ordinaire, bien qu'il n'y ait point mise en possession, par le seul consentement des parties, et on ne voit nulle part que la livraison de la chose vendue soit rangée parmi les conditions exigées pour sa validité.

Les billets de banque qui ont une valeur de cours certaine et réalisable à bureaux ouverts, doivent être considérés comme monnaie légale.

PONS C. ALBONS.

Par actes aux minutes de Mᵉ Pourtauborde, notaire à Alger, en date des 19 septembre et 17 novembre 1851, les époux Albons vendent, avec faculté de rachat ou de réméré, au sieur Pons, cultivateur, deux pièces de terre situées au village du Fort-de-l'Eau, moyennant un prix de 1,450 fr., stipulé remboursable le 20 septembre 1852 Le délai pour la faculté de rachat expiré, le sieur Pons fait sommation aux époux Albons d'avoir à lui payer la somme de 1,450 fr. avec les loyaux coûts des actes, et faute par eux d'obtempérer à la dite sommation, d'avoir à

Nous ne pouvons donc pas souscrire à la décision du Tribunal, parce qu'elle nous paraît étrange et qu'elle semble méconnaître des circonstances qui modifient, dans beaucoup de cas, l'esprit dans lequel certaines dispositions de la loi française doivent être appliquées dans ce pays. Toute vente avec faculté de rachat est annulable, dit le Tribunal, lorsqu'il n'y a pas eu dessaisissement en faveur de l'acquéreur de la chose vendue.— Cela n'est pas vrai en France, cela l'est moins encore en Algérie,

Un contrat qualifié par les parties acte de vente avec faculté de rachat n'est considéré, par la jurisprudence de la Cour de cassation et de nos Cours impériales, comme un contrat pignoratif que lorsqu'il présente la réunion des deux marques suivantes, savoir : la relocation de l'immeuble et la vilité du prix. La vente avec faculté de rachat qui réunit ces deux dispositions, est considérée comme déguisant un contrat pignoratif et un prêt usuraire. Or, le prêt à un intérêt qui excède le taux légal est prohibé en France ; par conséquent, on conçoit et on explique comment, dans le cas précité, une vente à pacte de rachat doit être annulée; mais, le motif qui fait annuler ces contrats en France n'existe point en Algérie. On n'y connaît point en droit d'intérêts usuraires. Il est permis de dépasser du chiffre que l'on veut, le montant du taux légal. Comment, dès-lors, concevoir qu'on ait voulu, sous les formes d'un contrat, en déguiser un qui, aux yeux de la loi, est parfaitement licite? Et ce que nous disons rentre si bien dans l'esprit et la pensée du législateur, qu'il a été jugé, par la Cour de cassation et par toutes les Cours impériales que, sous l'empire des lois qui ont permis le taux illimité de l'intérêt, notamment depuis la loi du 2 octobre 1789 jusqu'à celle de 1807 qui a limité le taux de l'intérêt, on ne pouvait pas annuler un acte de vente à pacte de réméré sous le prétexte, que déguisé sous le nom de vente il était destiné à la perception d'intérêts illicites.

déguerpir des lieux. Le 29 novembre, offres réelles de la part des époux Albons au sieur Pons. Le 30, nouvelle sommation de la part de ce dernier d'avoir à quitter les lieux. Sur le refus des époux Albons, il les assigne à bref délai en vertu d'une ordonnance de M. le président, rendue sur requête par devant le Tribunal de 1re instance d'Alger, pour entendre adjuger le bénéfice de ses conclusions. Dans son intérêt, on soutient que la sommation du 25 octobre, sommation restée infructueuse, a pour but de consommer la vente à pacte de rachat, d'éteindre la condition résolutoire et de le rendre propriétaire incommutable des immeubles ; que, subsidiairement, les offres faites par les époux Albons ayant été faites avec des billets de banque de l'Algérie, qui ne sont point une monnaie légale, ne doivent point être considérées comme des offres réelles, et par conséquent ne peuvent produire l'effet attribué par la loi à ces dernières.

Dans l'intérêt des époux Albons, il a été soutenu que les conventions verbales des parties avaient fixé au 29 septembre 1852 le terme de la faculté du rachat (1); que, dès-lors, les offres réelles avaient été faites en temps utile ; que les billets de banque offrant une valeur réalisable à bureaux ouverts, ils devaient produire, aux yeux de la loi, le même effet que les espèces sonnantes. — Qu'au fond, les circonstances de la cause prouvaient que les ventes à réméré n'étaient point sérieuses, mais déguisaient deux contrats pignoratifs, et qu'ainsi elles ne pouvaient avoir pour conséquence l'application des dispositions absolues écrites dans l'art. 1662 du Code Nap. ; que la preuve de ce déguisement ressortait du seul fait que l'acheteur ne s'était point mis en possession, et que, pour ce motif les deux actes des 19 septembre et 17 novembre 1852 devaient être annulés.

Le Tribunal a fait droit à ces dernières conclusions dans le jugement que nous reproduisons :

LE TRIBUNAL ; — Considérant que la vente, avec faculté de rachat ou de réméré, n'est parfaite qu'autant que l'acquéreur est mis en possession réelle de l'immeuble et qu'il y a dessaisissement actuel ;

Que si l'art. 2076 du Code Napoléon frappe de nullité le contrat de gage, lorsque l'objet donné en gage est resté entre les mains de l'emprunteur; par une frappante analogie, la même nullité doit atteindre le contrat qualifié de

(1) Cet argument, présenté dans ces termes, était sans force. Voy. art. 1341 Code Nap.

réméré, lorsque la livraison de l'immeuble ne se fait point à l'acquéreur pendant le délai du réméré;

Considérant que déclarer dans le contrat que l'acquéreur n'entrera en jouissance de l'immeuble acquis et ne devra en disposer en maître qu'à l'expiration du terme fixé pour l'exercice du réméré, et dans le cas seulement où le dit réméré n'aurait pas été exercé, c'est évidemment mentir à la nature de ce contrat et déguiser sous son nom une véritable convention pignorative ;

Considérant que la vilité du prix est encore un des indices révélateurs de cette dernière convention, et que des circonstances de la cause, il appert pour le Tribunal que la valeur de l'immeuble est bien supérieure à la somme stipulée dans l'acte ;

Considérant que, le 29 septembre dernier, le sieur Albons a fait, par exploit de Bunel, huissier, offres réelles au sieur Pons de 1,880 fr., tant en espèces qu'en billets de la Banque d'Alger ;

Considérant que les dites offres ne sauraient être contestées sous le prétexte que les billets de banque ne sont pas une monnaie légale ;

Qu'en l'état actuel du crédit, les billets de banque ont une valeur de cours certaine et réalisable à bureaux ouverts ;

Considérant, d'ailleurs, que les offres n'ont point été refusées sous ce prétexte, et que ce n'est que dans les conclusions de l'instance que ce grief a été relevé ;

PAR CES MOTIFS, annulle les actes des 19 septembre et 17 novembre 1851, passés devant Me Pourtauborde, notaire, en tant qu'ils sont qualifiés de ventes à réméré, déclare que les dits actes ne sont autres que des contrats pignoratifs; ce faisant, valide les offres du 20 septembre dernier, dit que le sieur Albons en remboursant au sieur Pons les causes des deux actes précités en capital, intérêts et loyaux coûts, demeurera propriétaire incommutable formant l'objet des dits contrats pignoratifs.

2e chambre, 18 nov. 1852. — MM. de St-Paulet, prés. ; Barbaroux, subst. du proc. imp. ; Bastide et Baudrand, av. déf.

JUSTICE DE PAIX DE DOUÉRA.

18 janvier 1853.

Action possessoire. — Défaut-congé. — Demande en garantie. — Dépens. —

Lorsqu'une instance au possessoire est intentée par un individu contre un fermier, et que ce fermier, défendeur originaire dans la cause, a, dans le délai du jour de l'assignation et de celui de l'audience, appelé le propriétaire en cause pour entendre dire qu'il serait tenu de prendre son lieu et place, et que ce dernier comparaît pour reconnaître la validité de la demande en garantie, si le demandeur primitif fait défaut, les frais de la demande en garantie doivent-ils être mis à la charge du défendeur originaire? (Résol. affirm. (1)

DARRU C. AHMOUD BEN-HADJ-MOHAMMED.

Le sieur Darru, propriétaire à Crescia (Algérie), a, par exploit de Sardnal, huissier à Alger, en date du 15 janvier 1853, fait citer par-devant le juge de paix de Douéra le sieur Ahmoud-ben-Hadj-Mohammed, fermier du sieur Lafon-Rillet, sur le motif que le sieur Ahmoud aurait troublé sa possession en labourant des terres qu'il occupait et en l'empêchant ainsi de se livrer aux travaux de culture qu'il voulait entreprendre. Dans l'intervalle du jour de la citation et de celui fixé pour la comparution des parties, le sieur Ahmoud cite, par exploit de J. Gaillard, huissier à Alger, le sieur Lafon-Rillet devant le même juge de paix, pour voir dire qu'il sera tenu de prendre son lieu et place et de le garantir en tous cas des condamnations qui pourraient être prononcées contre lui; et, en cas de succombance, s'entendre condamner à la restitution des fermages perçus et en 400 fr. de dommages-intérêts.

A l'audience, le demandeur originaire ne ne présentant pas, et le dé-

---

(1) Cette décision ne nous paraît pas juridique. Le sens appliqué par M. le juge de paix de Douéra aux dispositions de l'art. 32 du Code de procédure, n'est point, à coup sûr, celui qu'a voulu lui donner le législateur. En disant que si, au jour de la première comparution, le défendeur demande à mettre garant en cause, le juge accordera délai suffisant, la loi ne dit pas que les voies tracées par l'art. 175 lui soient fermées, et qu'il ne puisse mettre garant en cause avant le jour de la première comparution; car comment n'aurait-il pas ce droit, puisque les termes de l'art. 32 sont impératifs en ce qui concerne le devoir du juge de paix d'accorder un délai suffisant. On ne peut évidemment reprocher au défendeur originaire une précaution qu'il a prise dans l'intérêt de la célérité de la cause. Ce droit ne saurait lui être contesté; et, dès-lors, il est juste de reconnaître que les frais de la demande en garantie doivent être mis à la charge du demandeur originaire, puisqu'en définitive c'est cette demande qui a motivé la mise en cause du garant. Ce sera ensuite au demandeur primitif à contester, s'il croit devoir le faire sur son opposition, la validité de la demande en garantie.

La doctrine que nous soutenons est, au reste, professée par tous les auteurs, notamment par MM. Bioche, t. I, p. 66, n° 17; Pigeau, t. I, p. 90; Chauveau sur Carré, Thomine-Desmazures.

fendeur en garantie déclarant entreprendre le fait et cause de son fermier, un jugement intervient qui statue en ces termes :

LE TRIBUNAL ; — Considérant que le sieur Darru, demandeur originaire, n'a point comparu, ni personne pour lui ;

Considérant que toute partie qui succombe doit supporter les dépens ;

PAR CES MOTIFS ; donnons défaut-congé contre ledit Darru, et pour le profit, le déboutons de sa demande et le condamnons aux dépens qui seront le timbre et enregistrement du présent jugement et ses suites ;

En ce qui touche la demande en garantie formée par Ahmoud-ben-Hadj-Mohammed :

Considérant qu'il n'a point été fait droit à la demande principale ;

Considérant que toute partie qui succombe doit supporter les dépens ; qu'aux termes de l'art. 312 du Code de procédure civile, Ahmoud-ben-Hadj-Mohammed avait la faculté de demander, à l'audience, à mettre garant en cause ; que si, dans l'espèce, il se fut renfermé dans les limites de l'article précité, les frais de la citation en garantie n'auraient point eu lieu ; que, dès lors, il est juste de les laisser a sa charge ;

PAR CES MOTIFS ; disons n'y avoir lieu de statuer sur la demande en garantie ;

Disons que les frais faits à la requête du dit Ahmoud-ben-Hadj-Mohammed envers Lafon-Rillet, seront par lui supportés.

L'AUVERGNE HISTORIQUE,

DEPUIS L'ÈRE GALLIQUE JUSQU'AU XVIIIe SIÈCLE,

PAR

M. ANDRÉ IMBERDIS,

CONSEILLER A LA COUR IMPÉRIALE D'ALGER,

Auteur de l'*Histoire des Guerres religieuses en Auvergne, pendant les seizième et dix-septième siècles,*

Membre de plusieurs Sociétés savantes.

INTRODUCTION (*).

I.

A mon cousin J.-J. Berger, Préfet de la Seine, Commandeur de la Légion-d'Honneur.

Mon ami,

Je vais réaliser enfin le rêve que j'ai le plus caressé depuis que j'ai pu lire avec fruit dans les archives de notre Auvergne : je vais réveiller dans leurs froids tombeaux, ici, gardés par les Peulvans, là, pesamment recouverts d'armoiries guerrières ou décorés de mélancoliques inscriptions, ces hommes de fer, ces femmes de cœur qui ont passé avec bruit sur la terre qui nous donna le jour. La solitude qui s'est faite autour de ces grandeurs qu'un Tumulus a couvertes, ou qu'un

---

(*) Pendant que M. Imberdis occupait le siége de premier avocat-général à Riom, cette *Introduction* fut insérée dans la *Presse Judiciaire*, journal de la Cour. Aujourd'hui, nous donnons ce travail que l'auteur a revu, en mettant la derniere main à l'*Histoire générale de l'Auvergne*, et qu'il adresse, en forme de lettre, à M. le Préfet de la Seine.

Nous espérons bien que le grand ouvrage de M. Imberdis pourra bientôt être publié. Nous nous empresserons d'en rendre compte.

(*Note du directeur.*)

suaire a renfermées, m'a attristé. J'ai voulu dissiper l'ombre que l'oubli et les ans, ces muets destructeurs, ont jetée sur des faits qui méritaient d'être mieux retenus. Aux beaux noms à demi effacés, pourquoi ne pas rendre leur splendeur première ? A ceux que la renommée trompeuse a transmis jusqu'à nous pour les faire adopter par la crédulité trop confiante, il est temps toujours d'ôter une auréole usurpée. Justice au moins pour les morts, quand les siècles ont passé sur leur poussière !

Si l'Ancienne Auvergne n'attend plus son histoire chronologique, dans une sphère aussi élevée : elle appelle encore un de ses enfants pour payer, ses fastes à la main, un autre tribut de patriotisme et d'admiration à son sol célèbre.

Convié par mes amis, j'ai ambitionné de devenir cet écrivain.

Ce désir m'avait touché, le jour où je vins prendre séance dans notre Académie, qui avait bien voulu, à la suite du concours qu'elle avait ouvert, honorer de ses suffrages l'*Histoire des Guerres religieuses aux 16e et 17e siècles.* Mon discours traitait de l'histoire générale de l'Auvergne; le successeur de Montlosier, le si regrettable président Tailhand termina sa réponse par ces paroles que je reproduis avec orgueil :

« L'Auvergne a eu ses jours de grandeur, de prospérité, de gloire, de revers, de malheur et de misère. Peindre les uns, rappeler les autres, est une tâche grande et noble à entreprendre. Vous l'avez compris, Monsieur, et en traçant à grands traits la classification des époques et l'indication des couleurs qui doivent en nuancer le tableau, vous nous avez révélé la pensée qui doit vous préoccuper de devenir ce peintre; nous ne pourrions qu'exciter votre courage et tout espérer de vos efforts. Vous ne pouvez vous dissimuler que la carrière à parcourir sera longue et difficile; mais vous avez, par vos premiers écrits, offert toutes les chances et probabilités de succès. C'est une vaste série de tableaux et d'événements. L'imagination s'en effraie; mais que ne peut-on vaincre par une courageuse résolution, une étude patiente et soutenue ? Vous pouvez vous y livrer, et l'Auvergne, qui vous doit déjà une belle page de son histoire, attend de votre zèle, de votre dévouement à la science et à son illustration, un livre qui fera sa consolation et ajoutera à la gloire commune. » (1)

C'est ce livre que j'ai écrit.

Retracer nos pages les plus glorieuses et ranimer le culte de nos souvenirs; narrateur inspiré par des actions éclatantes, archéologue incliné devant nos antiquités, annaliste à l'indication résumée et rapide, honorer

---

(1) *Annales de l'Auvergne.*

nos grands hommes en glorifiant la patrie, et élever sur un piédestal digne d'elle l'*Auvergne historique* : voilà la tâche que je me suis imposée.

Pouvais-je faire moins pour cette province ? Une des plus belles contrées du monde avec ses pics aigus, ses puys arides, ses riches plaines, ses plateaux herbagés, ses collines fertiles, vers le midi elle montre les cônes de la Durande et de la Durandelle, vers l'ouest les cimes granitiques de la Margeride et du Linguet servant de base aux cratères du Cantal, vers le nord (les Monts-Dores et les Monts-Dômes largement dessinés), ces sommets de la Marche et de la Combraille qui vont insensiblement se perdre dans les sables du Bourbonnais. Cette courbe immense, à l'extrémité méridionale, reliée par la longue chaîne du Forez, et l'angle gigantesque formé par son écartement, c'est cet ensemble superbe qui s'appelait la Basse-Auvergne avant 1790. Partout, assemblages rares, contrastes heurtés produisant une harmonie austère, mais pleine de grandeur, relevée encore par des aspects infinis qui prodiguent la fraîcheur, la grâce, la séduction (1).

Et cette Haute-Auvergne, située presque au centre de la France, au 45° degré de latitude, sous le même méridien que Paris, cette Haute-Auvergne que je vais vous signaler du Plomb du Cantal, vous l'admirerez aussi, et vous applaudirez à mes études sur *la terre belle entre toutes*, suivant la vive expression de Salvien, qu'un roi barbare, en 531 ! le frank Childebert désirait tant voir de ses propres yeux. Montez avec moi, vous êtes à 1857 mètres au-dessus du niveau de la mer : regardez !.. Embrassez-vous cette étendue prodigieuse qui produit d'abord la confusion et le vertige, dans laquelle les perspectives tardent long-temps à se démêler ? Voyez, à droite, la vallée de la Jordanne aux rives délicieuses et la vallée de Marmanhac aux vieux châteaux ruinés, aux jeunes et riantes villas. Penchez-vous vers le nord et interrogez le vallon sinueux de Fontanges, non loin du Bois-Noir : écoutez ! C'est l'Auze qui, dans sa chute, forme la cascade renommée de Salins. A l'est, voici les gorges du Lioran, la pittoresque vallée d'Allagnon, et là-bas, la Planèze : des plateaux supérieurs qu'elle occupe, elle vient, généreuse, féconde, jusqu'aux portes de Saint-Flour, cité épiscopale qui naquit, sur un rocher, d'un meurtre commis, d'un crime à expier, de remords cuisants à adoucir. Partout, empreintes volcaniques, produits du feu, coulées basaltiques en couches superposées; c'est en embrassant ce réseau de montagnes, c'est devant ce majestueux spectacle que Buffon aurait surtout dit, après avoir médité : « Ceci est la création en grand. »

(1) Delarbre, *Not. sur l'anc. roy. des Auv.*

Oh ! il n'est pas besoin d'être un de ses fils pour le chérir de cœur ce pays que la Nature a fait si beau, la Destinée politique si puissant, et la Science immortel ! (1)

La Nature? Entendez l'époux de Papianilla, l'illustre patrice qui vit sur la place Trajane sa statue couronnée de lauriers, entendez-le s'écriant avec bonheur : « L'étranger qui a mis le pied sur cette terre bénie ne peut plus se résoudre à la quitter : il y oublie bientôt sa patrie. »

La Destinée politique? Si je veux m'arrêter à l'Ere celtique et à l'Ere gallo-romaine, je constaterai que c'est à la naissance et à la fin de l'empire romain que notre province est liée par ces deux noms : VERCINGETORIX, ECDICIUS ! Liberté, Génie, Dévouement, au sein de la barbarie, saluez le héros des Gaules ! Honneur, Vertu, Courage, au sein de la corruption, inclinez-vous devant le fils d'Avitus !

La Science? Suivez-moi, mon ami, pour la période seulement qui commence à la renaissance et finit avec le 17e siècle, dans cette assemblée où trônent L'Hospital, Domat, Pascal, ces grands hommes que je choisis de préférence parce que l'éclat de leur nom est si pur et toujours si brillant, qu'il semble que le temps date d'hier seulement leur jeune immortalité. Quelle foule d'élite ! Promenons un regard rapide. Voici, parmi les juristes, le cardinal Bertrand, aussi savant canoniste que jurisconsulte éminent, tout ému de sa lutte pour l'Église, devant Philippe de Valois, contre le gallican de Cugnières qui a osé soutenir que la juridiction ecclésiastique n'est autre chose qu'une usurpation. Bertrand montre aux professeurs d'Autun, qu'il a institués, son *Traité de l'origine des juridictions*. A côté de lui, Jacobi disserte avec le docteur Fortet sur la *Practica aurea*. Je vous montre le premier président Lizet qui passe avec son neveu; Chalvet critique la *Coutume du Berry*, la *Pratique judiciaire*, en sa qualité de conseiller d'Etat, et loue, au contraire, la *Perfection monastique*, ainsi que la *Confession auriculaire*, avec la finesse d'un mainteneur des jeux floraux. Distinguez encore l'élève de Ramus, l'ami de Cujas, le glossateur Amariton qui parcourt ses *Notes sur Ulpien*, et Basmaison, le feudiste, tout fatigué de sa célébrité politique et regrettant les études tranquilles qui l'illustrèrent dans l'école *féodale et coutumière*. Auprès de lui se sont groupés de Besse, Bardet, les Broé et Laronade.

Les politiques, les érudits ne tiennent-ils pas bien leur place? Ici, Antoine Dubourg, tournant le dos à Duprat en murmurant les mots de *Concordat, Vénalité des charges*, est abordé respectueusement par

---

(1) Et. de Byz., *Dict. géog.* (Abr. d'Herm.)

ce digne archevêque de Vienne qui reçut la dédicace du *Novus intellectus* de Dumoulin. Voyez Savaron dont la figure pénétrante se rembrunit en acceptant du cordelier Laroquetaillade, en échange de sa *Chronologie*, ce hardi *Vade-Mecum* qu'Innocent VI avait cru enfouir à jamais dans la forteresse de Bagnols. Là, Génébrard demande à Guillaume d'Auvergne des explications sur sa réfutation d'Aristote, et se réjouit des félicitations du philosophe scholastique au sujet des *Antiquités Judaïques de Joseph*. Parmi ces Jésuites, ces Oratoriens, ces Bénédictins, remarquez, non loin du *bon diable* abbé Girard, le successeur du père Cotton auprès de Louis XIII, Arnoulx, et le *marteau des hérésies*, le père Annat : ils consolent sérieusement Roland d'avoir célébré le mariage fatal de Charles VI avec Isabeau de Bavière.... « J'en passe et des meilleurs » : Jean de Vernyes, le conseiller confidentiel d'Henri IV; Chaduc, l'antiquaire, qui avait cette riche et précieuse collection de marbres et de bronzes antiques, de pierres gravées et de médailles trouvées en Auvergne, que Paris nous a enlevée; les Arnault, Soanen, le diplomatiste Teillard, l'infatigable compilateur Audigier, même l'habile latiniste Marguerite de Joncoux, cette Staël du Jansénisme (comme l'a nommée un spirituel biographe), dont la traduction de Wendrock-Nicole, sur les *Provinciales*, fait sourire un des derniers représentants du protestantisme dans nos montagnes, Desméseaux, l'éditeur si dévoué de Bayle. Oui, je puis laisser ces illustrations pour appeler enfin votre attention sur Jacques Sirmond, le Varron auvergnat, l'homme savant par excellence, qui s'éloigne avec Sylvestre II, l'homme-siècle !...

Quoique je me sois renfermé dans un cercle étroit, je serais longtemps votre cicérone si je rappelais, mon ami, toutes les célébrités qui, dans l'Etat, dans l'armée, au barreau, dans l'Eglise et les académies, ont brillé alors sur la scène du monde. (1) Et la Chronique (quand je m'en tiendrais exclusivement à elle), avec un fonds si varié devient vite de l'histoire sans demander, le secours des moines du 13e siècle refaisant, au dire du père Hardouin, cité moqueusement par Châteaubriand, refaisant les anciennes Annales avec les Odes d'Horace, les Géorgiques de Virgile, les ouvrages de Pline et de Cicéron.

Mon ami,

Au pied de ces monuments écroulés, archives de pierre qui recèlent l'épopée de la noble province, qui rapprochent les journées dont sa na-

---

(1) *Mém. de l'Acad. des Inscriptions et Belles-Lettres.*

tionalité est fière, il y a, sur un second plan, legs accepté des âges disparus, une longue suite de faits émouvants : c'est le drame. Il y a aussi une succession heureuse de traits de valeur et de dévouement : c'est l'oasis dont on aspire avec délices les brises bienfaisantes. Là, j'ai secoué notre poussière historique pour en faire tomber ces grains que rend chatoyants le demi-jour des vieux souvenirs. Là s'est déployé le gonfanon auvergnat avec ces grands titres de gloire : héroïsme gallique qui fit hésiter l'épée de César; période arverno-romaine apportant une langue, des lois, des mœurs, une civilisation comme hommage aux ruines sacrées de Gergovia; invasion franke à la domination de fer ; féodalité avec la hiérarchie de Charlemagne, et la lutte anglo-française ; chocs religieux laissant sur des théâtres sanglants le cachet de cette fièvre des âmes qu'allumaient la foi dans un principe, le dévouement à une idée, la défense ambitieuse d'une question d'ordre politique et social.

Et puis, calme et repos.

Et puis, la sape de Richelieu que reprend le peuple, niveleur terrible, lorsque Dieu fait sonner l'heure de la Révolution française.

J'ai pu choisir dans ces ressources inappréciables. J'ai été libre de remonter au magnifique Luërn, le premier roi de l'Arvernie, ou de commencer à l'insurrection générale des Gaulois, l'an 53; libre de descendre jusqu'à la lettre de cachet qui mit fin aux Grands-Jours de 1665, après le supplice en effigie de Canillac, le bandit titré, ou d'aller jusqu'au 18e siècle. J'ai pu passer d'une date à une autre, selon mon inspiration, certain de n'avoir que des événements importants ou intéressants à enregistrer.

Aussi, ouvrier patient, j'ai relevé et réuni des blocs semés de toutes parts, dispersés par le temps implacable : j'ai rendu à des fragments précieux leur forme primitive. Mais cette galerie indigète que je demandais à des tours démantelées, à des créneaux détruits, à quelques pans de mur debout encore, ma main l'a-t-elle assise sur des bases éprouvées ? Aurai-je su reproduire, plein de mâle vigueur, ces types si fortement accusés par le mélange de civilisation et de barbarie qui marqua leur rude création? Car la taille colossale du guerrier, sa poitrine large, ses bras musculeux et toute cette force physique qui conquéraient un champ de bataille (1), ne suffisaient déjà plus pour assurer l'autorité sur la tribu ou la nation? Ai-je, par exemple, pour une époque reculée, pour ce passé si plein de ténèbres et de mystères, si profondément caché par le nuage fatidique et les traditions fabuleuses, pour l'Ere Gallique, saisi, comme

(1) Paul Diac, *Hist. miscell.*

trait psychologique au-dessus de la composition, l'effet mystérieux de cette croyance de l'instabilité de toutes choses qui venait d'une haute antiquité, idée cosmogonique et providentielle? Pourquoi le taire ? Plus d'un chef arverne (pâle rapprochement, il est vrai,) m'a rappelé cette Fatalité poussant une victime comme le Pélasge, comme l'Etrusque, et entendant le guerrier maudit assigner l'heure dernière au dieu humain et subalterne qui venait de frapper. Le Très-Haut qui « n'avait pas de nom, qui ne pouvait jamais s'anéantir, » le Hû de nos pères, si vous voulez, laissait le champ libre aux dieux et aux héros : il Etait, et il voyait en bas les héros et les dieux mordre la poussière. Vous comprenez, mon ami, quelles conséquences produisait une pareille croyance parmi ces hommes pour lesquels la passion et la violence constituaient trop souvent le droit, et qui, en dehors de leur action exclusive, ne reconnaissaient guère ce lien de toute société, qui, d'après la belle expression d'Aristote, doit toujours être la justice ; vous comprenez sous l'empire de quelle direction réputée inéluctable se guidait une de ces existences privilégiées dont l'apanage était le commandement, la puissance une volonté respectée et obéie. Car cette foi rappelait le polythéisme de la Grèce et ce panthéisme matériel et métaphysique qui venait s'unir aux religions de l'Orient. Vous vous en souvenez, ce n'était pas seulement cette pléiade de divinités secondaires, images différentes des attributs de l'Etre-Suprême, qui recevait les sacrifices : Bélénos, le symbole de la révolution solaire ; Tarann, l'esprit de la foudre ; Teutatès, le fondateur à la dénomination patronymique ; Og-mi, le vieillard à la parole divine ; Niorder, le Neptune du Nord ; Dis enfin, le Pluton apocryphe de César. Il y avait encore, comme le Mars de Rome et la Minerve d'Athènes, au-dessus de cet Olympe s'appuyant aux « Esprits des mondes visibles et invisibles, » les dieux locaux, indépendants des divinités communes à toute la nation. J'ai dû, là, crayonner au moins cette *ligne occulte* qui serait mon *je ne sais pas*, si j'osais répéter le mot du divinateur des sciences mathématiques.

Mais que faire de plus? Il n'y a pas de lumière certaine autour de nos plus vieilles origines. Il faut arriver à des formes religieuses un peu arrêtées, pour voir la loi civilisatrice se répandre sous l'image de ce culte gaulois qui reproduisait les mythes du paganisme grec. C'est au berceau lointain du druïdisme qu'il importe de s'appuyer, car il était la loi intime de la vie commune de nos aïeux (1). Il était le code qui créait les éléments

---

(1) Pomp. Méla, *De Sit. orb.*

sociaux au foyer des superstitions les plus grossières. C'est *le mage des Gaulois,* suivant Pline (1), qu'il faudra interroger sous son arbre sacré, symbole du Dieu et de l'adoration.

(La seconde et dernière partie à la prochaine livraison.)

BIBLIOGRAPHIE.

De la Propriété en Algérie, — *Commentaire de la loi du 17 Juin 1851*, par M. DARESTE, Docteur en droit, Avocat au Conseil d'État et à la Cour de cassation. — Paris, 1852.

Les Commentaires sur les lois qui régissent l'Algérie sont rares, et nous devons savoir gré à M. Dareste d'avoir apporté, sur une de celles dont les conséquences sont les plus fertiles au point de vue des intérêts politiques de ce pays, la lumière d'une discussion sérieuse et approfondie. Pour peu qu'on ait étudié de près les éléments dont se compose l'organisation de la propriété en Algérie et les circonstances qui, aux diverses époques, ont dû nécessairement modifier les tendances de l'administration et paralyser ses efforts, on ne s'étonnera point de ne rencontrer jusqu'ici, dans nos institutions locales, que des décisions incomplètes et des mesures toujours insuffisantes. C'était la force même des choses et les formes dans lesquelles s'est accompli la conquête, qui le voulaient ainsi. Ce n'était point chose facile, en effet, que d'arrêter d'un seul coup tout un système de dispositions législatives capables de s'adapter à toutes les exigences sociales, au milieu des difficultés sans nombre que créait la reconnaissance de droits antérieurement acquis, le respect dû à d'anciennes traditions, la multiplicité des rapports nouveaux et la protection des intérêts individuels qu'il fallait sagement concilier avec la nécessité d'un intérêt plus général ou plus urgent.

La loi du 17 juin 1851 n'a donc pas pu, précisément à cause de ces mêmes difficultés, devenir, en un seul jour, la loi du pays, et l'historique, retracé par M. Dareste, des phases que les divers projets ont subi avant d'aboutir à la loi, nous montre ce qu'il y avait encore de diver-

(1) *Hist. nat.* — Lat. d'Auv., *Orig. gaul.* — Pelloutier, *Hist. des Celtes.*

gences profondes dans les opinions des hommes appelés à prendre part à sa délibération.

Cette loi, à laquelle une critique sévère peut reprocher de nombreuses défectuosités, n'en est pas moins un bienfait pour le pays, et nous félicitons M. Dareste d'en avoir entrepris un Commentaire destiné à en faciliter l'intelligence et l'étude; d'autant plus que l'auteur a su, imitant en cela d'illustres précédents, remédier aux inconvénients attachés à ces sortes de travaux, en jetant çà et là, dans le courant de l'ouvrage, des aperçus sur l'ensemble de la loi et sur son économie générale.

Les limites de notre cadre ne nous permettent pas aujourd'hui de nous étendre davantage sur le travail de notre savant confrère; mais nous espérons qu'aidé désormais de la publicité que donnera, à la jurisprudence de la Cour impériale d'Alger, le *Recueil général* que nous créons, il mettra largement à profit, dans une deuxième édition, les arrêts de notre Cour pour résoudre les difficultés que présente dans la pratique l'interprétation de la loi du 17 juin 1851.

H. B.

L'Algérie, *Manuel algérien*, par M. DUREAU DE LA MALLE.

Ce nouveau livre de M. Dureau de la Malle n'est pas ce que son titre annonce; nous sommes loin de vouloir contester son mérite et son utilité, mais ce n'est pas un Manuel algérien. Un Manuel indique les règles d'un art ou d'une profession, et doit, à chaque instant, être entre les mains de celui qui exerce cet art ou cette profession; l'ouvrage de M. Dureau de la Malle n'est pas cela, c'est l'œuvre d'un érudit fort estimable et fort utile à lire pour tout le monde, surtout pour un militaire; mais il ne s'occupe pas du tout de ce qu'un Algérien doit faire chaque jour. Il est divisé en quatre parties : la première est la traduction de la *Guerre de Jugurtha*, par Salluste; la seconde, celle de la *Guerre contre Tarparinus*, par Tacite; la troisième, celle de la *Guerre contre Junius*, par Ammien Marcellin; la quatrième enfin est une traduction de *l'histoire de la guerre des Vandales*, par Procope.

Ces traductions sont accompagnées de notes et de commentaires dont nous ne saurions trop recommander la lecture à tous ceux qui veulent connaître les moyens par lesquels les Romains ont vaincu les peuples de l'Afrique; mais ils nous paraissent insuffisants pour faire apprécier les moyens par lesquels ils sont parvenus à leur faire adopter leur civilisation et à se les assimiler, non plus qu'à nous faire connaître la manière

AVIS.

Le **Recueil général de la Jurisprudence algérienne** se composant de trois parties distinctes, nous avons jugé à propos de leur donner à chacune une pagination qui leur fut propre. De cette manière, le volume que notre Recueil formera à la fin de l'année, et dont nous adresserons une couverture imprimée à nos abonnés, offrira, dans trois parties différentes, la réunion de toutes les matières.

RECUEIL GÉNÉRAL
DE LA
JURISPRUDENCE
ALGÉRIENNE

JUSTICE ADMINISTRATIVE.

CONSEIL D'ÉTAT.

1° Arrêté du 9 décembre 1841. — Indemnité d'expropriation. —Délibération du conseil d'administration.— Approbation ministérielle.—Commission de liquidation.— Recours.— Délai. — Recevabilité.— 2° Conseil d'État.— Conclusions nouvelles.

Quand, sous l'empire de l'arrêté du 9 décembre 1841, une indemnité d'expropriation a été fixée par une délibération du conseil d'administration approuvée par le ministre de la guerre, la commission de liquidation instituée par l'arrêté du 5 mai 1848 ne peut qu'appliquer purement et simplement la décision ministérielle, et l'arrêté par lequel elle se borne à appliquer cette décision ne peut être réformé par le Conseil d'État.

La décision ministérielle dont il s'agit ne peut être déférée au Conseil d'Etat plus de trois mois après que la partie intéressée en a eu officiellement connaissance. (Décret du 22 juillet 1806, art. 11.) (1)

---

(1) Le décret porte : *Sans qu'il soit besoin d'examiner si la décision dont il s'agit était sujette à recours devant notre Conseil d'État.* En effet, en supposant même que le pourvoi eût été formé dans les délais du règlement, l'administration aurait encore pu opposer une fin de non recevoir tirée des art. 2 et 24 de l'arrêté du 9 décembre 1841, d'après lesquels les décisions ministérielles qui ordonnent l'expropriation en fixant le montant de l'indemnité, ne sont sujettes à aucun recours. Le Conseil d'État a déjà appliqué ce principe. (Voy. décret du 15 novembre 1851.— *Aff. Rambour.*)

Le Conseil d'État ne peut statuer sur des conclusions, même subsidiaires, qui n'ont pas été prises devant le juge de première instance.

HADJ-ALI C. LE MINISTRE DE LA GUERRE.

NAPOLÉON, etc ;

Sur le rapport de la section du contentieux ;

Vu la requête présentée au nom de Sid Hadj-Ali, surnommé Bour-Kaïb, assesseur à la Cour impériale d'Alger, la dite requête enregistrée au secrétariat du contentieux le 3 juin 1850, et tendant à ce qu'il nous plaise annuler une décision de la commission de liquidation des indemnités dues pour expropriation en Algérie, en date du 7 novembre 1849, qui ne lui a attribué pour 1 hectare 4 ares 12 centiares de terrain, sis à Alger, et réuni au domaine militaire qu'une rente de 204 fr. 12 c., conformément à une délibération du conseil supérieur d'administration approuvée par le ministre de la guerre le 26 février 1847, et faisant ce que les premiers juges auraient dû faire, homologuer le rapport dressé, le 9 mars 1843, par l'expert de l'administration, fixer en conséquence à 832 fr. 96 c. de rente au capital de 8,329 fr. 60 c., due à raison de l'immeuble dont il s'agit avec ses intérêts à 10 pour 100, du jour de la dépossession jusqu'au paiement ; dire que les intérêts échus jusqu'au jour du pourvoi seront capitalisés pour produire intérêts à 10 p. 100 à dater de la dite époque ; subsidiairement dire que l'État devra restituer immédiatement ou dans la quinzaine de la signification à intervenir (sinon que Sid Hadj Ali pourra s'en mettre en possession ce délai passé), toute la partie de l'immeuble qui n'est pas occupée par le nouveau rempart et la zone accessoire, soit que la partie non occupée se trouve en dedans, soit qu'elle se trouve en dehors du rempart ;

Vu la réponse de notre ministre de la guerre enregistrée au secrétariat du contentieux le 25 octobre 1851, et tendant au rejet du pourvoi ;

Vu le Mémoire en réplique de Sid Hadj-Ali, le dit Mémoire enregistré au secrétariat de la section du contentieux le 10 juin 1852, et tendant à ce qu'il plaise annuler en tant que de besoin pour vice de forme la décision du ministre de la guerre, en date du 26 février 1847, qui a approuvé la délibération ci-dessus énoncée du conseil d'administration du 4 novembre 1846, dire que cette décision n'a pas l'autorité de la chose jugée, et statuant comme auraient dû faire les premiers juges, lui adjuger toutes les conclusions précédentes ;

Vu les décisions attaquées ;

Vu toutes les autres pièces jointes au dossier ;

Vu l'arrêté du 9 décembre 1841 et celui du 5 mai 1848 ;

Vu le règlement du 22 juillet 1806 ;

En ce qui touche le recours de Bour-Kaïb contre la décision ministérielle du 26 février 1847 qui a fixé à 104 fr. 12 c. c. de rente l'indemnité à lui due ;

Sans qu'il soit besoin d'examiner si la décision dont il s'agit était sujette à recours devant notre Conseil d'État ;

Considérant qu'il résulte de l'instruction que la dite décision se trouve transcrite dans celle de la commission de liquidation dont il a été délivré à Bour-Kaïb une expédition régulière, et que cette expédition a été par lui jointe à son premier recours formé le 3 juin 1850, que son second recours n'a été introduit que le 10 juin 1852, par conséquent plus de trois mois après sa délivrance à lui faite de l'expédition sus-énoncée ; que, dès lors, son second recours est non recevable ;

En ce qui touche le recours de Bour-Kaïb contre la décision de la commission de liquidation qui lui a attribué la même rente de 104 fr. 12 c. ;

Sur les conclusions principales tendantes à l'annulation de la dite décision ;

Considérant que la commission s'est bornée à faire au réclamant l'application d'une décision ministérielle désormais inattaquable ; que, dès lors, le recours de Bour-Kaïb contre la décision de la commission de liquidation est mal fondé ;

Sur les conclusions subsidiaires de Bour-Kaïb tendantes à la revendication des parcelles du terrain exproprié qui n'ont pas été utilisées pour les fortifications ;

Considérant que Bour-Kaïb ne justifie d'aucune décision qui ait statué sur les dites conclusions et qu'elles ne peuvent être portées directement devant nous en notre Conseil d'État.

Notre Conseil d'État au contentieux entendu ,

Avons décrété et décrétons ce qui suit :

Art. 1. Les requêtes du sieur Sid Hadj-Ali, dit Bour-Kaïb, sont rejetées.

3. Notre garde-des sceaux ministre de la justice et notre ministre de la guerre sont chargés, chacun en ce qui le concerne, de l'exécution du présent décret.

Du 13 janv. 1853. — MM. Daverne, rapp. ; de Forcade, min. pub. ; Béchard, av.

Territoire militaire. — Propriété du Beylick. — Prise de possession par l'administration. — Ancien possesseur. — Demande d'indemnité. — Décision ministérielle. — Détermination de son caractère. — Décision du Conseil d'État. — Interprétation. — Autorité judiciaire. — Compétence.

Quand l'administration a pris possession d'un immeuble situé en territoire militaire en vertu d'une décision ministérielle portant que le dit immeuble appartenait au beylick, si, depuis la loi du 16 juin 1851, l'ancien possesseur de cet immeuble réclame devant les Tribunaux une indemnité d'expro-

priation, en prétendant que la décision ministérielle dont il s'agit n'a ni pu ni voulu statuer sur la question de propriété, les Tribunaux sont incompétents pour déterminer le caractère et la portée de cette décision, ainsi que pour interpréter un arrêt du Conseil d'État qui en a fait l'application (1).

LE PRÉFET D'ALGER C. LES HÉRITIERS TULIN.

NAPOLÉON, etc.

Sur le rapport de la section du contentieux,

Vu l'arrêté de conflit pris le 2 novembre 1852 par le préfet du département d'Alger, dans une instance pendante devant la Cour impériale d'Alger, entre les héritiers Tulin et le dit préfet représentant le domaine de l'État, le dit arrêté de conflit et les pièces à l'appui enregistrés au secrétariat-général du Conseil d'État, le 20 janvier 1853;

Vu l'exploit, en date du 12 mars 1852, par lequel les héritiers Tulin ont cité le préfet du département d'Alger devant le tribunal civil de Blida pour: « Attendu qu'aujourd'hui la plus grande partie de l'haouch Mouzaïa a été livrée à la colonisation et concédée aux colons de Mouzaïa-Ville et autres, et qu'ainsi l'expropriation a été consommée par la voie de l'occupation de la dite propriété par l'administration;— entendre dire que les requérants sont bien et légitimement propriétaires de l'haouch situé à Outhou-Mouzaïa, dit Haouch-Mouzaïa;— Ouïr dire que par suite de l'occupation de fait de la majeure partie de cette propriété par l'administration et de la concession qui en a été faite à des colons, elle se trouve expropriée pour cause d'utilité publique;— Ouïr ordonner en conséquence, qu'à la requête de la partie la plus diligente, et dans les formes voulues par la loi, le prix en sera fixé avec intérêts à partir du jour de la prise de possession. »

Vu le Mémoire en déclinatoire transmis le 6 mai 1852, au dit tribunal de Blida par le préfet du département d'Alger et tendant à ce que le Tribunal se déclare incompétent: 1° parce que la question de propriété aurait été tranchée par des décisions administratives passées en force de chose jugée; 2° parce que dans tous les cas l'Haouch-Mouzaïa aurait été confisqué au moment de la chute d'Omar-Pacha qui en avait fait l'acquisition, et qu'il ne saurait appartenir à l'autorité judiciaire de statuer sur l'existence, l'étendue et les effets de la confiscation;

Vu les conclusions à la date du 18 août 1852, par lesquelles les héritiers Tulin demandent que le Tribunal rejette le déclinatoire proposé par le préfet et se déclare compétent;

Vu le jugement en date du 18 août 1852, par lequel le tribunal de Blida se déclare incompétent;

Vu l'acte, en date du 8 octobre 1852, par lequel les héritiers Tulin interjettent appel de ce jugement;

---

(1) V. arrêt du Conseil d'État du 28 décembre 1849, déjà rendu dans la même affaire.

Vu l'arrêt, en date du 16 novembre 1852, par lequel la Cour impériale d'Alger, sur la communication de l'arrêté de conflit susvisé et sur les réquisitions du procureur-général déclare qu'il sera sursis à toute procédure judiciaire;

Vu les observations déposées au parquet du procureur-général près la Cour impériale d'Alger par les héritiers Tulin contre l'arrêté de conflit;

Vu les observations présentées, le 15 janvier 1853, sur le dit arrêté de conflit par notre ministre de la guerre;

Vu la lettre, en date du 19 avril 1845, par laquelle le gouverneur-général de l'Algérie autorise le directeur des finances à faire la remise à la direction de l'intérieur de l'Haouch-Mouzaïa, la dite décision notifiée le 24 au sieur Tulin;

Vu la lettre, en date du 29 juin 1845, par laquelle le gouverneur-général annonce au directeur des finances que par suite d'une dépêche du ministre de la guerre, en date du 6 du même mois, sa décision du 19 avril doit être considérée comme non avenue;

Vu la lettre, en date du 31 juillet, par laquelle le gouverneur-général fait connaître au directeur des finances que par décision, en date du 22 du même mois, le ministre de la guerre a reconnu que les prétentions du sieur Tulin à la propriété de l'Haouch-Mouzaïa étaient dénuées de fondement, et a décidé que la remise de cet immeuble serait faite au service de l'intérieur dans l'intérêt de la colonisation;

Vu le procès-verbal, en date du 6 novembre 1845, qui constate que la remise de l'haouch-Mouzaïa a été faite au directeur de l'intérieur par le directeur des domaines, en exécution des ordres donnés le 31 juillet par le gouverneur-général.

Vu la décision rendue, le 28 décembre 1849, par laquelle le Conseil d'État statuant au contentieux, annule une décision prise par le conseil du contentieux de l'Algérie, le 1er avril 1847, et qui avait déclaré le sieur Tulin légitime propriétaire, suivant titres réguliers, de l'haouch litigieux, et l'avait envoyé en possession du dit haouch, faisant défense à l'administration des domaines et à tous autres de le troubler à l'avenir dans les dites propriété et possession;

Vu toutes les autres pièces jointes au dossier et notamment la lettre de notre garde-des-sceaux, ministre de la justice, qui constate que le dit dossier est parvenu le 29 décembre 1852 au ministère de la justice;

Vu l'ordonnance du 15 avril 1845 et la loi du 16 juin 1851;

Vu l'arrêté du 30 décembre 1848, concernant les conflits d'administration entre les Tribunaux et l'autorité administrative en Algérie;

Considérant que l'action intentée contre l'État devant le tribunal civil de Blida par les héritiers Tulin avait pour objet de faire reconnaître: 1° que les demandeurs sont légitimes propriétaires de l'immeuble connu sous le nom de Haouch-Mouzaïa, qu'ils ont acquis des héritiers d'Omar-Pacha en vertu d'un acte de vente notarié, en date du 7 mars 1834; 2° que le gouvernement, les ayant dépossédés de la majeure partie du dit immeuble pour en faire concession à des colons, il y a expropriation pour cause d'utilité publique ; 3° que, par suite, l'État doit payer, à titre d'indemnité, le prix des parties ainsi occupées, avec les intérêts à partir du jour de la prise de possession, d'après le règlement qui en sera fait suivant les formes prescrites par la loi ;

Qu'en réponse à cette demande, le préfet du département d'Alger, dans le Mémoire en déclinatoire susvisé, a soutenu que l'autorité judiciaire était incompétente pour connaître de l'action intentée contre l'État par les héritiers Tulin, attendu que par décisions du mois de juillet 1845 passées en force de chose jugée, le gouverneur-général de l'Algérie et le ministre de la guerre ont déclaré que l'Haouch-Mouzaïa appartenait au domaine de l'État comme étant propriété du Beylick ;

Que, sur le déclinatoire du préfet, le Tribunal s'est déclaré incompétent ; mais qu'après l'appel interjeté devant la Cour impériale d'Alger par les héritiers Tulin aux fins de leurs conclusions prises en première instance, le conflit d'attribution a été élevé ;

Considérant que les héritiers Tulin contestent que les décisions du gouverneur-général de l'Algérie et du ministre de la guerre, qui sont invoquées par le préfet du département d'Alger, dans l'intérêt de l'État, aient pu avoir pour objet et pour effet, en présence des prétentions élevées par le sieur Tulin à la propriété de l'Haouch Mouzaïa, d'attribuer définitivement cette propriété au domaine de l'État ;

Considérant qu'il ne peut appartenir à l'autorité judiciaire de déterminer le caractère et la portée des décisions précitées ;

Que d'ailleurs le préfet du département d'Alger soutient que cette application a été faite par une décision rendue, le 28 décembre 1849, par le Conseil d'État statuant au contentieux ;

Que le sens et la portée de cette dernière décision étant contestés par les héritiers Tulin, il n'appartiendrait qu'à nous, en notre Conseil d'État, d'en donner l'interprétation ;

Que, dès lors, le Tribunal civil de Blida a fait une juste appréciation des pouvoirs de l'autorité judiciaire en se déclarant incompétent, et que c'est avec raison que, sur l'appel des héritiers Tulin, le conflit a été élevé ;

Le Conseil d'État au contentieux entendu,

Avons décrété et décrétons ce qui suit :

Art. 1. L'arrêté de conflit pris le 2 novembre 1852, par le préfet du département d'Alger, est confirmé.

2. L'acte d'appel susvisé, en date du 8 octobre 1852 est considéré comme non avenu.

3. Notre garde-des-sceaux, ministre de la justice, et notre ministre de la guerre sont chargés, chacun en ce qui le concerne, de l'exécution du présent décret.

Du 24 mars 1853. — MM. Boulatignier, rapp.; Dumartroy, min. pub.

JUSTICE CIVILE.

JURISPRUDENCE ANCIENNE.

COUR IMPÉRIALE D'ALGER.

Jugement par défaut. — Acquiescement. — Promesse de non exécution. — Paiement des frais. — Exécution. — Opposition. — Fin de non recevoir.

Le paiement par la partie défaillante des frais d'un jugement de défaut ne doit point être considéré comme un acquiescement de sa part et un commencement d'exécution du dit jugement, s'il appert des circonstances de la cause que la partie défaillante n'a consenti à payer les frais que sur la promesse qu'il ne serait pas donné suite au jugement.

L'opposition formée à ce jugement ne saurait donc être repoussée par la fin de non recevoir tirée de sa tardivité et d'un prétendu acquiescement des opposants. (Art. 158 et 159 Code de proc. civ.)

MAMOUT ET ZAMOUT C. GALASSO.

ARRÊT.

LA COUR; — Considérant, en droit, qu'aux termes de l'art. 158 du Code de procédure civile, lorsque le jugement a été rendu contre une partie n'ayant pas d'avoué, l'opposition est recevable jusqu'à son exécution;

Que si, suivant l'art. 159, le jugement est réputé exécuté, quand les frais ont été payés, il ne saurait en être ainsi, alors que le paiement n'a été fait que pour parvenir à une transaction dont la volonté de l'une des parties a fait, plus tard, échouer le projet;

Considérant, en fait, qu'il s'est révélé au procès de graves présomptions desquelles il résulterait que les nommés Mamout et Zamout n'ont acquitté le montant des frais de l'instance par défaut, au sieur Galasso, que sur la promesse de celui-ci qu'il ne donnerait aucune suite au jugement; qu'en effet les appelants ont continué, pendant plusieurs années, à partir du paiement effectué, à exploiter la ferme de l'intimé, nonobstant les dispositions du jugement qui prononçait la résiliation du bail;

Considérant, dès lors, que c'est à tort que le premier juge a, par sa décision du 16 février dernier, déclaré non recevable l'opposition formée par Zamout et Mamout au jugement par défaut du 16 juillet précédent, sous le double prétexte de sa tardivité et d'un prétendu acquiescement des opposants;

PAR CES MOTIFS; dit qu'il a été mal jugé, etc., etc.

Chambre civile, 8 mai 1842. — MM. Delaplace, prés.; Delort, min. pub.; Baudrand et Lussac, av. déf.

Droit maritime. — Sauvetage. — Réclamation des ayant-droits. — Tribunaux. — Compétence.

L'autorité judiciaire est incompétente pour statuer sur la réclamation des ayant droits, lorsqu'il est reconnu en fait que le sauvetage du navire naufragé a été opéré par les efforts réunis des sauveteurs particuliers et des marins de l'État.

C'est le ministre de la marine qui a seul, dans ce cas, juridiction pour juger de la demande des sauveteurs particuliers, et ce, d'après la proposition de l'administration supérieure de l'arrondissement ou sous arrondissement maritime.

Tabouc et Consorts C. Arnoux et l'Administration de la Marine.

ARRÊT.

LA COUR ;— Statuant sur le déclinatoire proposé par M. le directeur de l'intérieur ;

Vu les arrêtés du 6 germinal an VIII, 17 floréal an IX et l'ordonnance du 17 juillet 1816 ;

Considérant, en fait, qu'il appert des conclusions des parties et de la discussion à laquelle leurs défenseurs se sont livrés sur la question préjudiciable de compétence soulevée par l'administration, que le sauvetage du navire *Les Trois Monts Rouges*, a été opéré par les efforts réunis des Maltais, clients de Me de Ménerville, et les marins de la gabarre de l'État : *L'Émulation* ;

Considérant, en droit, que l'arrêté du 17 floréal an IX, relatif au sauvetage des bâtiments naufragés et à la vente de ces bâtiments, renvoie, par les articles 1 et 3, pour réclamation des ayant-droits à un autre arrêté du 6 germinal an VIII concernant la liquidation des prises ;

Considérant qu'aux termes des art. 16, 17 et 18 de ce dernier règlement, les liquidations des prises faites concurremment par les bâtiments de l'État et les corsaires, ainsi que les contestations qui peuvent s'élever sur la part revenant à chacun, doivent être jugées, les premières par le conseil d'administration du port où la prise a été conduite et les autres par le ministre de la marine ;

Considérant que cette attribution de compétence a été confirmée par un règlement du roi, en date du 17 juillet 1816, contenant instruction sur l'administration et la comptabilité de l'établissement des Invalides de la Marine, et dont l'art. 27 veut *que la gratification due aux sauveteurs soit réglée par le ministre secrétaire d'État de la marine, d'après la proposition de l'administration supérieure de l'arrondissement ou sous-arrondissement maritime;*

Considérant que c'est ainsi que le Conseil d'État a entendu et appliqué ces diverses dispositions dans un arrêté du 30 janvier 1828, rendu pour un cas où, comme dans l'espèce, le sauvetage aurait été opéré par le concours des bâtiments de l'État avec des navires du commerce ;

Considérant, dès lors, que c'est à tort que le premier juge a, nonobstant le déclinatoire proposé devant lui, retenu la connaissance de la cause, sous le prétexte que la juridiction du ministre de la marine, devait être restreinte au cas où il agit comme dépositaire des fonds attribués à la caisse de la Marine, et ne jamais s'étendre à ceux où les objets sauvetés auraient été, sur leur revendication, restitués aux propriétaires, comme dans le procès actuel ;

PAR CES MOTIFS ; dit qu'il a été incompétemment jugé, etc., etc.

Chambre civile, 14 avril 1842.— MM. Giacobbi, cons. prés. ; Delort, min. pub. ; de Ménerville, Quinquin et Lussac, av. déf.

Travaux d'utilité publique. — Dommages résultant de leur exécution. — Demande d'indemnité. — Tribunaux civils.— Compétence.

Les Tribunaux civils sont incompétents pour statuer sur la demande d'un individu qui se prétend lésé par suite de l'exécution de travaux d'utilité publique, ordonnés par l'autorité administrative. Le règlement des indemnités qui peuvent être dues à cette occasion est dévolu au Conseil de préfecture. (Loi du 28 pluviose an VIII.)

La juridiction de ces tribunaux n'admettant point d'exceptions, on ne saurait établir une différence entre le cas où le réclamant attaque l'acte de l'administration en lui même, et celui où, tout en reconnaissant sa légitimité, il se borne à demander d'être indemnisé du préjudice que son exécution lui cause.

En conséquence, doit être réformé, pour cause d'incompétence, tout jugement d'un Tribunal civil qui aurait statué dans l'un ou dans l'autre cas précité.

DE CORDE C. DELPIANO.

ARRÊT.

LA COUR ;— Attendu que les travaux qui ont suscité l'action de Delpiano, avaient pour objet de dégager le port de Mers-el-Kébir des matériaux qui l'obstruaient ;

Qu'ils ont été autorisés par l'ingénieur du lieu, exécutés en régie par le capitaine du port de Mers-el Kébir, et devaient être payés sur les fonds spécialement affectés à cet objet par le budget colonial :

Qu'à tous ces titres, les dits travaux ont dû et doivent être rangés dans la classe des travaux d'utilité publique ordonnés par l'autorité administative dans le cercle de ses attributions légales ;

Attendu, toutefois, que Delpiano s'est adressé à la juridiction ordinaire pour être indemnisé du dommage qu'il prétend avoir éprouvé à l'occasion de l'exécution d'iceux ; et que le Tribunal de première instance d'Oran, à qui il a soumis sa réclamation, a cru pouvoir l'apprécier ; que, d'un autre côté, M. le directeur de l'intérieur revendique la cause comme étant du ressort exclusif du Conseil d'administration ;

Qu'il est donc cas, pour la Cour, d'examiner et d'apprécier le mérite de ces prétentions contradictoires ; — En droit :

Attendu que le règlement des indemnités dues aux particuliers pour les pertes par eux éprouvées à l'occasion de l'exécution des travaux publics, a été attribué, par l'art. 3 de la loi des 6, 7 et 11 septembre 1790, aux directoires du district, et par l'art. 4, § 4 de la loi du 28 pluviose an VIII, aux Conseils de préfecture ;

Qu'il faut même dire qu'à l'égard de ces sortes de matières, la juridiction de ces Tribunaux est générale et n'admet point d'exception ; qu'ainsi, dans la Métropole, la demande de l'appelant eût été déférée *de plano* au Conseil de préfecture ;

Attendu que si l'organisation des services civils de l'Algérie ne comporte pas des Conseils de préfecture, les attributions de ces corps administratifs ont été dévolues au Conseil d'administration de la Colonie par les art. 53 de l'arrêté du 1er septembre 1834, 41 de l'arrêté du 2 août 1836 et 64 de l'ordonnance du 28 février 1841 ; que c'est donc à ce Tribunal que Delpiano aurait dû s'adresser ;

Attendu que la distinction que cette partie a cherché à établir entre le cas où le réclamant attaque l'acte de l'administration en lui-même et en ce qu'il peut avoir d'illégal ou de vicieux, et celui où, tout en reconnaissant la légitimité, il se borne à demander d'être indemnisé du préjudice qu'il lui a causé dans son exécution, n'est pas fondée ;

Qu'en effet, l'acte administratif ne consiste pas dans la pensée qui le conçoit ou dans la pièce qui le constate, mais dans le fait qui l'accomplit, parce que c'est ce fait qui, en portant atteinte aux droits acquis du tiers qui réclame, donne naissance à son action ; que c'est donc ce fait qui doit être porté devant le juge administratif ;

Qu'il est même sensible que Delpiano n'aurait pas pu être admis à critiquer la mesure dont il prétend avoir eu à se plaindre, par la raison que cette mesure est de pure administration, et qu'il est de la nature de ces sortes de mesures de ne pouvoir pas être déférées au contentieux administratif ; qu'en effet, les actes que l'administration prescrit en tant qu'administration active, et en conséquence des pouvoirs dont elle a été constitutionnellement investie, ne saurait tomber sous la censure d'aucune autre juridiction, parce que, agissant en souveraine dans la sphère de sa compétence, tout ce qu'elle accomplit dans cette limite appartient à l'empire, *magis est imperii quam juridictionis*, et, par là même, échappe à tout contrôle étranger.

Par ces motifs ; infirme pour incompétence le jugement dont est appel ; en conséquence, renvoie Delpiano à se pourvoir ainsi qu'il avisera, etc.

Chambre civile, 23 juin 1812. — MM. Dubard, prés.; d'Averton, av.-gén.; Quinquin et Lussac, av. déf.

Avaries. — Constatations. — Réception de marchandises. — Défaut de protestation. — Délai. — Conséquences.

Aux termes de l'art. 435 du Code de commerce, toute réception, par un consignataire, de marchandises avariées, sans protestation de sa part, décharge le capitaine de toute responsabilité.

La disposition de l'art. 436 du même Code, qui prescrit la signification au capitaine de la protestation, dans les vingt-quatre heures, est de droit strict et ne peut souffrir aucune exception.

SCARPA C. Mlle ESTHER TAMA et MASSE.

ARRÊT.

LA COUR ; — Attendu que l'art. 435 du Code de commerce déclare non recevables toutes actions contre le capitaine pour dommages arrivés à la marchandise, si elle a été reçue sans protestation ;

Attendu que, le 30 mars, la demoiselle Tama a demandé et obtenu la nomination d'un expert à l'effet de vérifier et de constater l'avarie dont paraissaient atteints les tabacs venus à sa consignation par le navire autrichien l'*Italie*, capitaine Scarpa ;

Que cette vérification a été faite en présence du capitaine, à son bord, puis, même sur le quai, après quoi la marchandise a été enlevée et reçue par la destinataire ;

Attendu que les choses en cet état, il s'agit de rechercher si ces faits et cette procédure constituent ou remplacent la protestation qu'exige l'art. 435 du Code de commerce pour rendre le capitaine responsable du dommage qui serait arrivé à la marchandise ;

Attendu que le but de la protestation est de déclarer au capitaine qu'une faute lui est imputée et qu'on entend l'en rendre responsable, afin qu'il avise aux moyens de se défendre ;

Que, particulièrement, dans le cas où il s'agirait d'un vice d'arrimage, il doit être protesté avant de toucher au chargement afin que le capitaine, par un débat contradictoire, par des experts à ce connaissant, nommés avec lui, puisse faire connaître, s'il y a lieu, que son arrimage est selon les règles de l'art ;

Attendu que, dans la cause, le rapport de l'expert qui devrait servir de protestation, porte au contraire qu'il ne faut pas rendre le capitaine responsable : qu'ainsi, au lieu de contenir une protestation contre le capitaine, ce rapport serait, au contraire, une protestation en sa faveur ;

Attendu que ce document n'a jamais été signifié au capitaine Sarpa, que ce dernier a été appelé à son homologation pure et simple : partant pour voir juger qu'on n'avait rien à lui reprocher ;

Qu'il serait donc difficile de trouver, dans de pareils faits, la protestation exigée par l'art. 435 du Code de commerce ;

Attendu, au surplus, que l'art. 436 du même Code, qui organise la procédure indiquée par l'art. précédent, ne laisse aucun doute sur la forme dans laquelle les protestations doivent être faites ;

Que, loin de là, il porte en termes exprès qu'elles seront nulles, si elles ne sont pas faites et signifiées dans les vingt-quatre heures ;

Que tel était, au surplus, l'usage suivi avant le Code, ainsi que le rapporte Valin sur l'ordonnance de la marine, usage que le Code de commerce a érigé en loi ;

Qu'il suit de ces principes qu'en admettant que les réclamations faites avant l'expertise eussent été suffisantes, il faudrait reconnaître qu'elles seraient devenues nulles pour n'avoir pas été signifiées dans les vingt-quatre heures ;

Attendu que, dans l'arrêt invoqué dans les plaidoiries, on remarque précisément que, conformément aux prescriptions de l'art. 436, le rapport servant de protestation avait été signifié ;

Qu'ainsi le capitaine était fondé à opposer aux conclusions prises contre lui par le curateur aux intéressés absents, seulement à l'audience du 6 avril, la fin de non recevoir tirée des art. 435 et 436 du Code de commerce ;

Attendu, au surplus, qu'il ne peut être question de rechercher si les tabacs dont s'agit ont été endommagés par l'humidité ordinaire au lieu où ils auraient été placés, puisqu'ils ont entièrement péri par une inondation provenant d'une voie d'eau, qui s'est déclarée dans le navire pendant la traversée ;

Qu'il n'y a donc pas lieu d'attribuer, par voie d'induction, au vice d'arrimage, un fait dont la cause est certaine et a été juridiquement constatée ;

Par ces motifs : dit qu'il a été mal jugé, bien et avec griefs appelé, décharge le capitaine Scarpa des condamnations prononcées contre lui, etc.

Chambre civile, 16 août 1842.— MM. Giaccobbi, prés ; de Briz, av.-gén ; Lussac, Ecoiffier et Florens, av. déf.

1° Jugement. — Signification. — Paiement partiel des frais. — Acquiescement. — 2° Avaries. — Répartitions. — Rapports d'experts. — Homologation. — Jugement par défaut.— Opposition.— 3° Marchandises.— Appréciation. — Connaissement.

La partie qui a succombé devant les juges de première instance n'est pas censée avoir acquiescé au jugement parce qu'elle a payé les frais dûs au défenseur de la partie adverse ;

L'opposition à un jugement de défaut qui homologue la répartition des pertes et dommages dans le cas d'avaries est toujours recevable sauf les cas spéciaux prévus par la loi.

L'évaluation des marchandises pouvant être faite sur les connaissements, la présence de ces marchandises n'est pas nécessaire pour qu'il puisse être procédé par les experts à leur estimation. (Art. 415 Cod. com.)

GALLIAN FRÈRES C. BOUNEVIALLE ET Cie.

ARRÊT.

LA COUR ;— Attendu qu'il ne paraît pas que le paiement d'où l'on voudrait faire résulter un acquiescement au jugement dont est appel, ait été fait sur la signification de ce jugement, et avec intention de l'exécuter ;

Que le commandement fait à suite de cette signification comprenait toutes les sommes en principal, intérêts et frais, tandis qu'il n'a été payé que les dépens dûs au défenseur, en dehors de cette signification et sur simple acte ;

Que ces faits ne peuvent constituer un acquiescement ;

Qu'ainsi il n'y a lieu de s'arrêter à la fin de non recevoir proposée ;

Statuant au fond :

Attendu qu'aux termes de l'art. 416 du Code de commerce, le rapport et la répartition des pertes et dommages dans le cas d'avaries, est rendu exécutoire par jugement du Tribunal ;

Que, sur cette demande en homologation, les parties intéressées sont admises à contester et critiquer le rapport ;

Que dans le cas où une d'elles ne se présente pas et où il est statué par défaut contre elle, elle a le droit de revenir contre cette décision, sauf les cas exceptés par une disposition positive et formelle de la loi ;

Que la cause n'offre aucun de ces cas, d'où il suit que le Tribunal de commerce a, à tort, déclaré Gallian frères non recevables dans leur opposition au jugement du 20 août 1841, rendu contre lui par défaut ;

Attendu qu'aux termes de l'art. 415 du Code de commerce, la présence des marchandises n'est pas indispensable pour en faire l'évaluation ;

Que les connaissements suffisent pour en indiquer la qualité, et que l'estimation doit s'en faire ensuite, suivant les prix courants du lieu du débarquement ;

Qu'il est donc encore possible, la nature, la qualité et la quantité des marchandises reçues par Gallian frères étant connues, d'en fixer la valeur au moment de leur réception ;

Que, si une erreur matérielle avait été commise, il serait juste et équitable d'en relever Gallian frères ;

PAR CES MOTIFS : ordonne que, par les mêmes experts, il sera procédé, sans nouveaux frais, à la vérification et nouvelle estimation des marchandises, etc., etc.

Chambre civile, 23 août 1842.— MM. Giaccobbi, prés.; de Briz, av.-gén.; Florens et Tioch, av. déf.

1° Jugement d'interdiction d'un musulman.— Publication. — 2° Vente.— Interdit.— Restitution.

Il ne ressort d'aucune disposition de la loi française que les jugements portant interdiction des musulmans doivent être affichés dans l'étude des notaires français.

L'interdit ne peut être restitué contre ses engagements, lorsqu'il est certain qu'il n'a éprouvé aucun préjudice.

ABOCAYA ET LASCAR C. IBRAHIM-EL-HANEFI.

ARRÊT.

LA COUR ;— En la forme ; attendu qu'aucune disposition législative n'a imposé l'obligation d'afficher, chez les notaires français, les jugements portant interdiction des musulmans ;

Que l'effet de ces jugements est produit par le dépôt des titres de propriété chez le cadi qui est leur tuteur légal ;

Attendu que cette mesure est suffisant pour prévenir l'aliénation illégale des biens des dits interdits, puisque, d'après la loi musulmane, cette aliénation ne peut avoir lieu que sur la production des titres de propriété, et que les cadis ne sauraient se dessaisir de ces documents, qu'autant qu'ils approuvent la disposition ;

Au fond :

Attendu que l'interdit ne peut être restitué contre ses engagements que lorsqu'il est lésé, et, qu'en aucun cas, il ne saurait s'enrichir aux dépens d'autrui ; qu'ainsi, il y a lieu de faire constater quelle était la valeur de la bâtisse dont s'agit, à l'époque de la vente, d'après l'état dans lequel se trouvait alors la dite bâtisse, ainsi que les augmentations et améliorations qui ont pu y être faites postérieurement ;

PAR CES MOTIFS : ordonne avant dire droit au fond que par Hunout, expert commis à cet effet, il sera procédé à l'estimation de la maison dont s'agit, etc., etc.

Chambre civile, 11 oct. 1842. — MM. Giacobbi, prés.; Pierrey, av.-gén.; Lussac et Tioch, av. déf.

Avarie. — Signification.

Sous le nom d'avaries, on doit comprendre et la détérioration qu'éprouvent les marchandises pendant la traversée et leur diminution par suite du jet ou d'autres causes non imputables au capitaine.

BOURRIALLE ET Cie C. GEROLOMICH.

ARRÊT.

LA COUR ; — En ce qui touche l'exception préjudicielle :

Attendu que le mot *avarie* est générique ;

Qu'en effet, d'après les art. 400 et 403 du Code de commerce, il faut comprendre sous cette dénomination et la détérioration que les marchandises éprouvent pendant la traversée, et leur diminution par suite du jet ou autres causes non imputables au capitaine ;

Qu'ainsi l'exception résultant des art. 435 et 436 du même Code s'applique au déficit tout comme à l'avarie proprement dite ;

En ce qui touche les dommages-intérêts réclamés par Gerolomich ;

Attendu que ce marin a fini de débarquer son chargement à quai le 22 août, et que c'est à tort que les appelants ne l'ont pas payé à cette époque, qu'il est donc juste qu'ils l'indemnisent du séjour qu'ils l'ont forcés de faire dans ce port ;

Pour le surplus, acceptant les motifs des premiers juges, condamne les appelants en 1,000 fr. de dommages-intérêts envers Gerolomich.

Chambre civile, 23 sept. 1842 — MM. Giaccobbi, prés.; De Brix, av.-gén. Tioch et Lussac, av. déf.

JURISPRUDENCE MODERNE.

COUR IMPÉRIALE D'ALGER.

Expropriation pour cause d'utilité publique. — Vente postérieure. — Recours en garantie. — Indemnité. — Déchéance.

Tout acquéreur d'un terrain dont l'occupation par l'État remonte antérieurement à 1833, ne saurait être reçu à exercer sa garantie contre son vendeur relativement au terrain en lui-même ; il doit être réputé avoir eu parfaite connaissance de l'expropriation du dit terrain, surtout si, comme dans l'espèce, il se pourvoit auprès de l'administration pour obtenir la possession et la jouissance de ce terrain aussitôt après son acquisition.

Il a seulement droit, dans ce cas, à l'indemnité due par l'administration pour l'expropriation du terrain, et il est sans droit d'exercer tout recours contre son vendeur, lorsqu'il est prouvé que remise lui a été faite, au moment de la vente, des titres originaux, et que, par sa négligence, il a encouru, quant à l'indemnité, la déchéance prononcée par un arrêté de la commission de liquidation

Lorsqu'un tiers, à l'encontre duquel on poursuit une action en délaissement d'un terrain, est partie dans une autre instance dans laquelle on exerce contre les vendeurs de ce terrain une action en garantie, il y a lieu, par le Tribunal, de déclarer les deux affaires connexes et de statuer par un seul et même jugement.

ABDERRAHMAN-BEN-KHODJA ET AUTRES C. LE PRÉFET D'ALGER, LODOYER ET BACRI.

ARRÊT.

LA COUR; — Sur l'appel principal, considérant qu'il n'est pas contesté en la forme;

Au fond, considérant que pour apprécier l'action en garantie de Lodoyer et Bacri à l'encontre des Maures Abderrahman et consorts, il importe de déterminer quel a été l'objet réel de la vente intervenue entre les parties le 16 avril 1845;

Considérant qu'à ne consulter que la lettre même de l'acte qui constate cette vente, il est certain qu'il n'y est fait mention que d'un terrain comme objet de cette vente; d'où la conséquence que les acquéreurs n'ayant pu être mis en possession de ce terrain par des circonstances préexistantes au contrat et qui ne sont pas de leur fait, leur recours en garantie contre leurs vendeurs serait, sous ce rapport, fondé;

Mais considérant qu'il faut, dans les conventions, rechercher quelle a été la commune intention des parties contractantes plutôt que de s'arrêter au sens littéral des termes (art 1156 Cod. Nap.); or, que, d'une part, il est constant en fait que de longtemps avant le 16 avril 1845 et à une époque qui, de l'aveu de Lodoyer et Bacri, remonte antérieurement à 1833, le terrain dont s'agit avait été occupé par l'État et en partie consacré à la voie publique, que Lodoyer et Bacri ne pouvaient en contractant ignorer cet état de choses puisqu'il était apparent, et qu'ils l'ignoraient si peu qu'on les voit aussitôt après leur acquisition se pourvoir auprès de l'administration pour obtenir la possession et jouissance du dit terrain;

Considérant, d'autre part, qu'aux termes de l'ordonnance royale du 1er octobre 1844, pour les temps antérieurs à 1833, la simple occupation effective par l'État est réputée expropriation consommée, d'où suit qu'il était à la parfaite connaissance de Lodoyer et de Bacri, en acquérant le terrain dont s'agit, qu'ils acquéraient un terrain effectivement et légalement exproprié, ou en d'autres termes les droits des vendeurs soit au terrain en nature, en tant qu'il conviendrait à l'administration de le restituer à ses propriétaires, soit à l'indemnité due pour l'expropriation devenue définitive;

Que Lodoyer et Bacri l'ont si bien entendu ainsi, qu'après avoir vainement tenté d'obtenir par les voies amiables de l'administration la restitution du terrain, on les voit notifier *en leurs noms*, à la date du 24 février 1847, au directeur des finances, comme représentant l'Etat, un Mémoire préalable à l'instance qu'ils se proposaient d'introduire en fixation de l'indemnité d'expropriation; qu'enfin, ce n'est qu'après avoir acquis la certitude qu'ils ne pouvaient compter ni sur la restitution du terrain, ni sur l'indemnité d'expropriation dont un arrêté de la commission de liquidation, à la date du 18 décembre 1849, venait de déclarer eux ou leurs auteurs déchus, qu'ils se sont décidés, à cette même date du 18 décembre 1849, à actionner leurs vendeurs en résolution de la vente du 16 avril 1845;

Considérant que, dans une pareille situation, il est évident que Lodoyer et Bacri ne sont pas recevables à se plaindre du défaut de délivrance effective d'un terrain qu'ils savaient, à l'instant du contrat, avoir été exproprié par l'Etat et sur lequel leurs droits se bornaient donc à exercer contre l'Etat l'action en paiement de l'indemnité dûe pour cette expropriation;

Qu'il ne s'agit plus que d'examiner si, à raison de la déchéance encourue au sujet de cette indemnité, le recours en garantie de Lodoyer et Bacri à l'encontre de leurs vendeurs se trouve mieux justifié;

Considérant, à cet égard, qu'il est constant que l'arrêté de déchéance de la commission de liquidation, en date du 18 décembre 1849, ne préjuge rien sur la validité des titres relatifs au terrain objet du litige, et est uniquement motivé sur ce que les réclamants, quoique mis personnellement en demeure de déposer leurs titres, ont laissé expirer les délais impartis par les arrêtés ou ordonnances sans effectuer ce dépôt;

Or, qu'il appert de l'acte de vente du 16 avril 1845, que les originaux en arabe des titres de propriété relatifs au terrain vendu, ont, lors de ce contrat, été remis à Lodoyer et Bacri par les Maures vendeurs; qu'il s'ensuit que lesdits Lodoyer et Bacri étaient seuls en mesure de produire ces titres devant la commission de liquidation; qu'ils étaient en outre les seuls intéressés à faire cette production, puisque la poursuite de l'instance en indemnité était devenue leur affaire personnelle, depuis l'acquisition du 16 avril 1845, et qu'il résulte effectivement des pièces du procès que c'est à l'un d'eux, Bacri, qu'étaient notifiés les actes de cette procédure, en la qualité, il est vrai, apparente de mandataire des Maures, mais, en réalité, d'après toutes les circonstances de la cause, comme véritablement et personnellement intéressé, conjointement avec son acquéreur solidaire Lodoyer, à la poursuite de cette indemnité;

Qu'il faut donc en conclure que si les titres dont s'agit n'ont pas été produits à la commission de liquidation, la faute en est uniquement à Lodoyer et Bacri qui, bien que suffisamment mis en demeure par les avertissements officiels à cet effet et stimulés par leur propre intérêt, ont négligé de faire cette production, et ont donné lieu à l'arrêté de déchéance dont s'agit, que partant leur recours en garantie n'est pas plus recevable sous ce second rapport que sous le premier, et qu'il y lieu de réformer, sur ce chef, la décision des premiers juges;

En ce qui touche l'appel incident de M. le préfet, comme représentant l'Etat,

Considérant qu'il est régulier en la forme;

Au fond, qu'il appert de la minute du jugement du 1er avril 1850 que l'État était partie au dit jugement dans la personne de M. le préfet concurremment avec Lodoyer et Bacri d'une part, et Abderrahman et consorts d'autre part; or, qu'il ne pouvait être statué sur les contestations existantes entre ces trois parties litigeantes qu'à suite d'un jugement de jonction de l'instance en délaissement introduite par Lodoyer et Bacri à l'encontre de l'État par exploit du 31 août 1847 et de celle en résolution de vente formée par ces mêmes Lodoyer et Bacri contre les Maures, leurs vendeurs, par exploit du 12 février 1850; que cette jonction n'ayant pas été prononcée par les premiers juges, il y a lieu de réparer cette omission, les instances dont s'agit étant d'ailleurs connexes;

Considérant que de ce qui précède il résulte que ce ne peut également être que par suite d'une omission qu'il n'a pas été statué par les premiers juges sur les conclusions du préfet en débouté de la demande de Lodoyer et Bacri, et qu'il y a lieu de faire droit aux conclusions, sur ce point, de l'appel incident;

Considérant, au fond, que toutes parties au procès reconnaissant comme régulièrement consommée l'expropriation par l'État du terrain objet du litige, et les droits des propriétaires sur ce terrain s'étant dès lors transformé en un droit à une indemnité représentative de sa valeur, il s'ensuit que l'action de Lodoyer et Bacri, en délaissement de ce terrain, est non recevable, et qu'il y a lieu de les en débouter;

PAR CES MOTIFS; reçoit Abderrahman et consorts, ainsi que M. le préfet d'Alger, en qualité qu'il agit, les premiers appelants, le second incidemment appelant du jugement du 1er avril 1850;

Dit qu'il a été mal jugé, bien appelé, etc., etc.

Chambre civile, 7 fév. 1853. — MM. de Vaulx, prés.; Barny, av.-gén.; Sabatéry, Villacrose et Bourlaud, av. déf.

Ordre. — Décret du 19 décembre 1851. — Remise des arrérages de rente dûs à l'État. — Adjudicataire. — Collocation. — Droit de priorité.

L'adjudicataire d'un immeuble grevé d'une rente domaniale ne saurait prétendre que bénéficiant aux termes des décrets des 21, 22 février 1850 et 19 décembre 1851, des arrérages de cette rente, dûs jusqu'au 31 décembre 1851, il doit être colloqué pour ces arrérages antérieurement à l'État lui-même pour les droits que ce dernier a entendu se réserver sur la moitié du capital de la dite rente (1).

---

(1) Parmi les difficultés que devait soulever l'application des décrets des

SAMUEL-ABEN-DANAN C. LE PRÉFET D'ALGER.

Le 7 décembre 1848, le sieur Dazinière se rend acquéreur pour le compte de Samuel-Aben-Danan, à l'audience des criées du Tribunal civil d'Alger, d'une maison sise dans cette ville, pour la somme de 4,000 fr.

21, 22 février 1850 et 19 décembre 1851 sur la remise des arrérages de rente dûs à l'État, nous devons ranger en première ligne celle dont la Cour d'Alger a donné, dans l'arrêt que nous rapportons, une solution qui, tout en respectant les intérêts que l'administration a eu en vue de secourir, maintient cependant tous les droits qu'elle a entendu se réserver.

Cet arrêt, disons-nous, précise les véritables limites dans lesquelles la libéralité faite par l'État doit être restreinte, et le sens que l'on doit appliquer aux dispositions des décrets.

Le dégrèvement partiel des rentes dues à l'État, ainsi que la remise jusqu'au 31 décembre 1851, des arrérages non payés de ces mêmes rentes, sont deux mesures qui, comme on le sait, ont été prises par le gouvernement dans le but de relever en Algérie, autant du moins qu'il dépendait de lui, la situation de la propriété foncière et de rendre ainsi moins difficile la circulation des valeurs immobilières en grande partie frappées d'un droit réel au profit du domaine de l'État.

Or, ainsi qu'on le présume, l'application de ces décrets devaient, dans certains cas, donner lieu à une foule de difficultés plus ou moins faciles à résoudre et qui presque toutes, d'ailleurs, surgissent dans des questions d'ordre, de collocation, de privilége, de droits de priorité, en un mot, dans toutes les questions où les intérêts de l'État peuvent se trouver en présence et de ceux du débiteur poursuivi et de ceux des autres créanciers utilement ou non colloqués.

Mais, parmi ces difficultés, il y en avait deux plus sérieuses, plus graves, qui devaient par cela même se présenter presque aussitôt, et provoquer une décision qui précisément, à cause de son importance, était de nature à fixer sur les points résolus par elle la jurisprudence de la Cour d'Alger.

C'est ainsi que la question de savoir qui ou de l'adjudicataire ou de la masse des créanciers inscrits devait bénéficier de la remise des arrérages et de la réduction de la moitié de la rente, se présentait dès le mois de juillet 1851 et était résolue souverainement par la Cour d'Alger, qui, dans son arrê du 10 mars 1852 (de Mauny C. Piscatory), s'inspirant de la pensée qui a donné naissance aux décrets et du but que le législateur a voulu atteindre décida, à bon droit selon nous, que c'était au détenteur de l'immeuble, adjudicataire ou autre, que revenait le bénéfice de la remise des arrérages et de la réduction de la moitié du capital de la rente.

Un ordre est ouvert pour la distribution du prix.

Les délais pour contredire au règlement provisoire étant expirés, un décret parait au *Bulletin officiel des Actes du Gouvernement*, le 30 décembre 1851, qui fait remise des arrérages de rentes dûs à l'État jusqu'au 31 décembre 1851, ainsi que de la moitié du capital des dites rentes.

Le 19 mars 1852, Mᵉ Blasselle, défenseur de la partie poursuivante, signifie à Dazinière un bordereau de collocation pour le montant des frais de poursuite s'élevant à 245 fr. avec commandement de l'acquitter dans les trois jours de sa signification.

Dazinière forme opposition à ce commandement et assigne Mᵉ Blasselle, ainsi que M. le préfet d'Alger comme représentant l'Etat, pour voir ordonner que le règlement définitif du 12 février sera rectifié et le prix d'adjudication distribué en conformité du décret du 19 novembre 1851 ; par suite, que les arrérages de rente dûs au Domaine jusqu'au 31 décembre 1851, lui seront adjugés en sa qualité d'adjudicataire et qu'il restera subrogé, quant à eux, à tous les droits de l'État.

Cette question une fois résolue, il s'agissait de rechercher quelle était l'étendue de la libéralité faite par l'État au détenteur de l'immeuble, et si, dans le cas de poursuite d'ordre, ce dernier devait bénéficier purement et simplement des arrérages et de la moitié du capital de la rente, ou bien s'il était également subrogé quant à ces arrérages et à la moitié du capital, à tous les droits de l'État. C'est sur cette seconde question que statue l'arrêt que nous donnons aujourd'hui.

De prime abord, la question paraît délicate, et nous avouons que pendant quelques instants elle nous a paru douteuse. Un plus long examen de l'affaire et une lecture plus attentive de l'arrêt ont bien vite dissipé toutes les hésitations de notre esprit. Nos lecteurs penseront comme nous. Voyons, en effet, où conduirait la solution contraire à celle qu'a adoptée la Cour. Il arriverait que, dans certains cas, l'État se trouverait avoir malgré lui coopéré à une libéralité en dehors certainement des prévisions de l'auteur des décrets, et que, par suite de l'abandon volontaire d'une partie de ce qui lui revient, il serait frustré de la part qu'il a entendu se réserver. Evidemment, ce n'est point là ce que veulent les décrets et les prétentions qui voudraient faire accueillir ces conséquences absurdes ne sauraient dans aucun cas être admises.

Disons donc, pour être dans le vrai, que l'État doit être colloqué, pour la part qu'il se réserve, au rang qu'il occuperait pour la totalité, si les décrets n'avaient point été publiés; qu'après lui doit venir l'adjudicataire comme bénéficiaire de la différence, et, en troisième lieu, les créanciers inscrits, suivant l'ordre, d'après lequel ils ont été colloqués.

Les prétentions de Dazinière se fondaient sur les motifs suivants qui feront suffisamment connaître l'objet de sa demande et les circonstances dans lesquelles il la présentait. — La distribution, disait Dazinière devant les premiers juges, quoique faite régulièrement dans le principe, est devenue vicieuse par le changement survenu dans la législation de l'Algérie dans l'intervalle du temps écoulé entre l'expiration des délais pour contredire au règlement provisoire et la confection du règlement définitif ; — que, dans le règlement provisoire clôturé le 15 novembre 1851 et signifié aux défenseurs des créanciers, produisant, le 20 du même mois, le juge commissaire avait colloqué le Domaine pour 1,680 fr. 85 c. d'arrérages d'une rente, courus depuis le 1er janvier 1848 ; mais que, par l'effet de la publication, au 30 décembre 1851, du décret du 19 du même mois, la collocation faite au profit du Domaine ne pouvait se maintenir et qu'il devait en bénéficier ; que, dès lors, il devait être, lui Dazinière, colloqué par priorité et par préférence à tous autres pour cette somme de 1,680 fr. 85 c.

Acquiescement par le préfet d'Alger en sa dite qualité à la rectification du règlement définitif, mais sous la réserve formelle d'être colloqué par privilége et avant tous autres créanciers pour le capital réduit de la rente.

Jugement du 18 novembre 1852 qui, accueillant la demande de Dazinière en rectification du règlement définitif, fait néanmoins droit aux conclusions de M. le préfet d'Alger.

Appel.

ARRÊT.

LA COUR ; — Considérant que tant M. le préfet d'Alger, comme représentant l'État, que Dazinière, ont devant de premiers juges simultanément conclu à ce que le règlement définitif d'ordre du 12 février 1852 fut modifié ;

Que le litige n'a dû porter et n'a porté, en effet, devant les premiers juges comme il ne peut porter devant la Cour, que sur le moyen d'assurer cette modification de la manière la plus conforme aux droits résultant, pour l'une et l'autre des parties des dispositions législatives par elles invoquées à l'appui et comme base de cette modification ;

Considérant que Dazinière se prévalant des décrets des 21 et 22 février 1850, et 19 décembre 1851, aux termes desquels remise a été faite des arrérages des rentes domaniales antérieures à 1852, ainsi que de la moitié du capital des dites rentes, a demandé que la collocation obtenue par l'État dans l'ordre dont s'agit pour le montant des arrérages de la rente de 390 fr. antérieures à 1852 et s'élevant à la somme de 1,680 fr. 85 c., lui fut attribuée, le capital de la dite rente restant à sa charge comme adjudicataire, et demeurant d'ailleurs fixé aux 2,817 fr. 50 c., portés au règlement définitif ;

Que l'État, de son côté, a prétendu qu'il ne saurait être privé à la fois, et des arrérages de sa rente et d'une portion, quelle qu'elle soit de son capital réduit de moitié aux termes des décrets, que dès lors il y avait lieu, ainsi que l'ont décidé les premiers juges, de modifier le règlement définitif en ce sens que sa collocation, pour le capital de la rente, primerait la collocation par lui obtenue pour le montant des arrérages et dont Dazinière demande à bénéficier ;

Considérant que toute la question du procès est donc de savoir si Dazinière adjudicataire, admis à ce titre à profiter de la remise faite par l'État, des arrérages antérieurs à 1852, de la rente domaniale de 390 fr., est fondé à réclamer le bénéfice de cette remise avant que l'État, qui se trouve en concours avec lui pour le montant du capital déjà réduit aux termes des décrets, de la rente même, dont les arrérages sont en discussion, ait été couvert de ce capital au moyen d'une collocation utile ;

Considérant que la solution de la question ainsi posée ne saurait être douteuse ;

Qu'il est constant, en effet, que la remise, édictée par les décrets précités constitue de la part de l'État une libéralité qui doit conséquemment être restreinte dans les termes où elle a été faite, et ne peut ni ne doit en aucun cas tourner au préjudice des droits que l'État a entendu se réserver par ces mêmes décrets ; que cette libéralité a été limitée et fixée par les décrets au montant des arrérages antérieurs à 1852, plus à la moitié du capital ; or, qu'admettre les prétentions de Dazinière serait attribuer une toute autre extension à cette libéralité, puisque, d'une part, l'État devrait renoncer en faveur de Dazinière, aux 1,680 fr 85 c. d'arrérages pour lesquels il a cependant obtenu collocation et d'autre part se contenter de la collocation de 2,847 fr. 51 c. sur son capital, et subir ainsi sur ce capital déjà réduit de moitié une nouvelle réduction d'environ 1,100 fr. de laquelle profiterait encore Dazinière ; qu'un pareil résultat est également repoussé par la lettre et l'esprit des décrets précités et ne peut être sanctionné par la justice ;

Qu'au contraire, la solution adoptée par les premiers juges, satisfait, autant que faire se peut, aux diverses exigences, et ne blesse en réalité aucun intérêt ; qu'elle assure, en effet, à l'État, l'intégralité de son capital réduit de moitié, en même temps qu'elle appelle Dazinère à bénéficier sur le montant de son prix d'adjudication d'une somme assez importante, imputable sur les arrérages des rentes antérieure à 1852, qu'il y a donc lieu par la Cour de la confirmer ;

Considérant, d'ailleurs, que l'appel de Dazinière est régulier en la forme ;

PAR CES MOTIFS ; reçoit le dit Dazinière, ou soit Samuel-aben-Danan qui est à ses droits en la forme seulement, appelant du jugement du 18 novembre 1852 ;

Au fond, dit qu'il a été bien jugé, mal appelé, etc., etc.

Chambre civile, 7 fév. 1853. — MM. de Vaulx, prés. ; Barny, av.-gén ; Sabatéry et Villacrose, av. déf.

Tutelle légale. — Enfant naturel reconnu.

La tutelle d'un enfant naturel légalement reconnu revient de droit au survivant des père et mère de cet enfant (1).

Dlle MUYARD C. JACQUES.

ARRÊT.

LA COUR ; — Considérant, en droit, que si le législateur ne s'est occupé, dans le titre de la tutelle, que de celle qui concerne les enfants nés du ma-

---

(1) C'est ce principe incontestable, selon nous, bien que cependant il ait été et soit encore contesté, que la Cour impériale d'Alger a consacré dans l'arrêt que nous rapportons. Il est vrai que la loi garde le silence sur un point de droit aussi grave, mais faut-il en conclure, comme l'ont fait quelques auteurs, notamment M. Marcadé (voy. T. II, page 187), que la mère naturelle doive être déchue du bénéfice d'une tutelle qui, ainsi que le fait observer avec une grande force de logique l'arrêt de notre Cour, découle comme une conséquence nécessaire de la protection que les père et mère doivent à leurs enfants ? Nous ne le pensons pas.

Les partisans de la négative s'appuient sur les termes de l'art. 390 du Code Nap., en vertu desquels la tutelle légale n'a lieu qu'en cas de dissolution du mariage et n'appartient qu'au survivant des époux. Réduit à son expression la plus simple et dégagé de l'intérêt accessoire des mœurs, leur argument consiste à dire : Sans mariage point d'époux ; or, sans époux point de tutelle possible ; telle est la règle et si la loi avait voulu admettre une exception en faveur des père et mère naturels, elle l'aurait consacrée par un texte. Il nous semble que c'est raisonner bien strictement, et abuser de ce que la loi ne dit rien dans une matière où elle a peut-être cru inutile de dire quelque chose. Il n'y a point, il est vrai, dans le Code Nap., de texte précis qui accorde aux parents naturels la tutelle légale de leurs enfants reconnus ; mais il n'y a en point non plus qui la leur refuse expressément.

Pourquoi dès lors établir, quant à eux, une distinction que ne comportent point les dispositions de la loi sur les rapports de protection et de surveillance qui lient au même titre à leur parents et les enfants naturels et les enfants légitimes ?

Mais, je le demande, quelle tutelle donneront-ils donc aux mineurs naturels, ces adversaires si rigoureux de la mère naturelle, pour remplacer la tutelle légale qu'ils lui refusent ? Serait-ce par hasard une tutelle dative, mais ne voient-ils pas quelle contradiction flagrante il y aurait à donner, au nom de la loi, un conseil de famille à des enfants qui, selon la loi, n'ont point de famille et dont les intérêts sont presque toujours en opposition avec les intérêts

riage, rien n'indique qu'il ait entendu exclure les enfants naturels reconnus, du bénéfice des dispositions par lui édictées, en cette matière, en faveur des enfants légitimes ;

Que la loi naturelle vient, en ce point, suppléer à son silence : or, que les père et mère étant les protecteurs nés de leurs enfants, la tutelle qui est un mode d'exercer cette protection naturelle, doit par cela même leur appartenir; qu'elle est, d'ailleurs, une suite de la puissance paternelle, laquelle réside incontestablement, suivant notre droit, aussi bien sur la tête des père et mère naturels que sur celle des père et mère légitimes ; qu'à ce titre donc encore la tutelle de droit appartient aux premiers comme aux seconds ; qu'enfin, cette solution que ne contrarie aucune disposition de notre droit, et qui est

---

de la famille légitime. Comment M. Marcadé, lui, ce logicien si inflexible, ne s'est-il pas aperçu que son argumentation, pour ne s'attacher qu'à la lettre même de la loi, aboutissait à un non-sens et à une contradiction manifeste; car, enfin, s'il est vrai que la loi ne dise nulle part que le survivant des père et mère de l'enfant naturel reconnu sera de droit son tuteur, elle ne dit nulle part non plus d'une manière positive ni même indirecte qu'on devra avoir recours pour lui à un tuteur datif ; si le Code (art. 390) n'accorde point la tutelle légale à la mère naturelle, nous voyons également qu'il n'établit (art. 405) de tutelle dative que pour les enfants *légitimes* restés sans père ni mère.

La loi ancienne, si sévère, si dure même pour les enfants naturels, puisqu'ils n'étaient pas soumis à la puissance paternelle civile, attribuait, cependant, la tutelle à la mère de cet enfant. Ce principe, consacré par le droit romain, avait passé dans notre jurisprudence, et la loi nouvelle, qui s'est montrée plus douce pour lui, qui lui a donné une sorte d'existence civile, cette loi lui aurait refusé, selon quelques-uns, le bienfait le plus simple, le seul peut-être qu'on ne pouvait pas lui refuser ! L'enfant naturel n'a point de famille, dit-on. Raison de plus, répondons nous, pour lui laisser le seul être qui la résume pour lui.

Mais laissons un moment de côté ces idées générales devenues presque des lieux communs dans l'état de nos mœurs et de notre législation, et voyons les dispositions du Code qui par les points de contact qu'elles établissent entre l'enfant légitime et l'enfant naturel, laissent facilement entrevoir la pensée du législateur sur cette question de la tutelle légale de la mère naturelle.

L'art. 158 porte que les dispositions contenues aux art. 148, 149, 151 et suivants, sont applicables à l'enfant naturel légalement reconnu comme à l'enfant légitime, ce qui leur rend commune la nécessité du consentement des père et mère et celle de l'acte respectueux pour contracter mariage, selon les distinctions d'âge établies par ces articles. L'art. 383 étend au père naturel contre son enfant le droit de détention tel qu'il est réglé aux art. 377 et suivants en faveur du père légitime.

de tous points conforme au droit de la nature, est surtout commandé par l'intérêt des enfants naturels, et doit sous tous ces rapports, prévaloir;

Considérant, en fait, que la qualité de la demoiselle Muyard, comme mère de la mineure Eudoxie Tinel, résulte de la reconnaissance par acte authentique en date du 2 février dernier, produite en cause d'appel;

Dans son chapitre des Successions irrégulières, art. 756, 757 et 758, le Code règle les droits des enfants naturels sur les biens de leurs père ou mère, lors même qu'ils y viennent en concurrence avec des enfants légitimes, droits portés par la loi à la totalité de ces biens, lorsqu'il n'y a pas de parents au degré successible. Plus loin (art. 765), il dispose que la succession de l'enfant naturel décédé sans postérité appartient à son père ou à sa mère. Voilà, ce nous semble, quelques rapprochements qui ne permettent pas de douter de l'intention du législateur.

Il y a plus : « L'enfant naturel qui n'a point été reconnu, dit l'art. 159, et celui qui, après l'avoir été, *a perdu ses père et mère*, ou dont les père et mère ne peuvent manifester leur volonté, ne pourra, avant l'âge de 21 ans révolus, se marier qu'après avoir obtenu le consentement d'un tuteur *ad hoc* qui lui sera nommé; » mais si l'on n'exige ce tuteur qu'après la mort des père et mère, c'est évidemment parce que celui des deux qui aurait survécu aurait été de droit ce tuteur.

Il y aurait tout un volume à faire, si l'on voulait épuiser cette question, l'une des plus intéressantes du droit civil et l'une de celles qui touchent le plus près à la philosophie, à la morale et aux éléments constitutifs de la famille et de l'État : qu'il nous suffise, après avoir succinctement indiqué les motifs légaux qui nous font adopter les conclusions accueillies par la Cour d'Alger, d'énumérer les divers monuments qui, dans l'un et dans l'autre cas, décident le point de droit qui nous occupe. Pour l'affirmative, on peut consulter Delvincourt, Loyseau, Dalloz, Augier, et les arrêts des Cours impériales de Toulouse (17 nov. 1809), de Bruxelles (14 fév. 1811), de Paris (1810), de Colmar (24 mars 1813), de Limoges (2 janv. 1821), de Grenoble (21 janv. 1836) et de Douai (13 fév. 1844). — Pour la négative, on peut voir Duranton (t. III, p. 420), Favard de Langlade (t. V, p. 818), Marcadé (voy. *Sup.*), Rolland de Villargues, et les arrêts rendus par les Cours de Toulouse, de Paris, d'Amiens, de Grenoble et d'Agen, les 25 janvier 1809, 9 août 1811, 23 septembre 1814, 5 avril 1819 et 19 février 1830.

Indépendamment des considérations générales que nous avons fait valoir, nous pensons qu'il existe des motifs spéciaux à l'Algérie, qui militent encore en faveur de la solution que nous croyons devoir admettre comme la seule conforme aux grands principes de droit naturel qui, dans le silence de la loi, doivent toujours être le guide du magistrat et le fondement de toutes ses décisions. *Nullus est affectus qui vicat paternum*, disait la loi romaine, et elle ne distinguait point à coup sûr l'affection qui naît de

Que dès lors et d'après les principes ci-dessus posés, c'est à tort que les premiers juges ont refusé à la dite demoiselle Muyard la qualité et les droits de tutrice légale de sa fille mineure Eudoxie, et qu'il y a lieu de réformer leur décision ;

Par ces motifs : dit et déclare la demoiselle Muyard tutrice de droit d'Eudoxie Tinel, sa fille naturelle reconnue, etc., etc.

Chambre civile, 1 mars 1853.—MM. de Vaulx, prés.; Robinet de Cléry, av.-gén.; Villacrose et Bouriaud av. déf.

1° Emprisonnement.— Nullité.— Moyens de forme et de fond. — Appréciation.— Tribunaux compétents. — 2° Formule exécutoire.—Omission.— Validité.

Aux termes de l'art. 794 du Code de proc. civ., toute demande en nullité d'emprisonnement fait naître, pour le débiteur, deux actions distinctes basées l'une sur les moyens de forme, lesquels doivent être appréciés par le Tribunal du lieu où le débiteur est détenu; l'autre sur les moyens de fond dont la connaissance revient de droit au Tribunal de l'exécution.

L'omission dans le corps de la formule exécutoire, mise en tête de la grosse d'un jugement ou d'un arrêt, de ces mots : Empereur des Français, *ne vicie pas l'exécution, même par corps, opérée en vertu de ce titre.*

Gerland C. Desmarquoy.

ARRÊT.

LA COUR ; — Attendu, en droit, que le sieur Gerland demande la nullité de son emprisonnement : 1° parce que le jugement qui lui a été notifié ne

---

liens légitimes de celle qui ne puise sa source que dans ceux du sang. — C'est une grave erreur que de croire qu'une mère, un instant coupable, puisse inspirer à son enfant des sentiments déshonnêtes : ces exemples de mères dénaturées sont heureusement très rares. Priver l'enfant naturel de l'appui de sa mère, c'est détruire en lui-même toute idée de famille, tous rapports intimes et le développement de toutes les pensées qui naissent du cœur. Aux charges de la maternité doivent s'ajouter les consolations qu'une mère trouve dans l'accomplissement des devoirs que lui impose la nature, et nous ne comprendrions pas,— nous, partisans de la maxime romaine : *tutor non rebus duntaxat sed moribus pupilli præponitur,*— qu'elle put servir de base à ceux qui voudraient, en l'absence de toute disposition de loi écrite et sous le prétexte de la sauvegarde des mœurs, arracher à la mère naturelle une des plus belles prérogatives que lui donne, de par la loi naturelle, le nom même qu'elle porte.

porte pas la nouvelle formule exécutoire ; 2° parce que l'arrêt dont la signification a été faite également, n'est revêtu que d'une formule incomplète, et 3° parce que cette dernière décision, tout en prononçant la contrainte par corps, n'en a pas fixé la durée ;

Qu'il y a donc lieu d'examiner si ces moyens doivent ou non être accueillis;

Attendu, à cet égard, en fait, qu'il est certain que lors de l'arrêt intervenu le 16 décembre 1852, la Cour a déclaré procéder par nouveau jugé, et a établi définitivenent la créance du sieur Desmarquoy, non seulement pour ce qui lui était dû au moment du jugement attaqué, mais encore pour ce dont Gerland était devenu débiteur depuis le dit jugement jusqu'au dit jour 16 décembre ;

Attendu, cela posé, qu'il est incontestable que le véritable titre du dit Desmarquoy est le sus dit arrêt, qu'il aurait pu, dès lors, procéder à l'exécution de la condamnation, en vertu de ce seul titre ; que, conséquemment, si cet acte est valable dans toutes ses parties, l'emprisonnement devra être maintenu ;

Attendu, sur ce point, que sans doute il est vrai que, dans la formule exécutoire, après avoir énoncé les mots : « Napoléon, par la grâce de Dieu et la volonté nationale, » on a omis ceux-ci : « Empereur des Français. » ; mais qu'il faut aussi reconnaître que cette omission ne saurait vicier en aucune manière l'acte en lui-même, et même la formule exécutoire ;

Qu'en effet, dès le moment que le nom du souverain, au nom duquel les poursuites sont faites, a été parfaitement et clairement désigné, il est évident qu'il ne peut y avoir eu aucune incertitude sur sa qualité, sa puissance et son autorité ;

Que cela est vrai, surtout si on considère que l'arrêt se trouve terminé par la formule ordinaire et le mandement obligé à tous officiers de la force publique ;

Que, par suite, il est certain qu'en présence de ces diverses énonciations combinées, on peut dire que le décret du 2 décembre 1852 a reçu sa pleine et entière exécution, et que le sieur Desmarquoy s'est conformé entièrement aux prescriptions qu'il a édictées ;

Attendu, en cet état, que cela suffit pour que l'emprisonnement opéré en vertu du dit arrêt, soit, au moins en la forme, déclaré valable ;

Attendu, en ce qui touche le dernier moyen, que celui-ci touchant le fond, c'est à bon droit que les premiers juges se sont déclarés incompétents ;

Attendu, toutefois, que la Cour peut et doit évoquer le mérite de cette contestation ; qu'en effet elle est compétente pour y statuer comme tribunal d'exécution, et qu'elle s'en trouve d'ailleurs saisie par les conclusions respectives des parties ;

Qu'il y a donc lieu d'examiner si ce troisième grief est fondé ;

Attendu, à cet égard, que s'il est vrai que la loi porte que les jugements ou arrêts prononçant la contrainte par corps doivent en fixer la durée, il faut, d'un autre côté, reconnaître que la dite loi n'édicte aucune peine pour le cas ou la dite fixation n'aurait pas été faite ; que dès lors prononcer, pour ce motif, la nullité de la disposition relative à la contrainte, ce serait évidemment ajouter à la loi, ce qui ne saurait être ;

Que le seul droit que peuvent avoir les parties dans une pareille circonstance, c'est de faire ultérieurement fixer cette durée, non par voix de décision nouvelle, la Cour ayant épuisé ses juridictions, mais par voie d'interprétation, ce qui va avoir lieu immédiatement ;

Attendu, sur ce point, qu'il est de principe que les décisions intervenues doivent toujours s'interpréter de la manière la plus favorable aux intérêts de la partie condamnée ;

Attendu, par suite, qu'il y a lieu de décider que la durée de la contrainte par corps sera et demeurera fixée au minimum de celle portée par la loi ;

PAR CES MOTIFS, et ceux des premiers juges ; a démis et démet le sieur Gerland de son appel, ordonne en conséquence, etc., etc. ;

Chambre civile, 7 avril 1853. — MM. Marion, cons. prés. ; Barny, av.-gén. ; Bourriaud et Villacrose, av.-déf.

Droit mosaïque. — Contrat de mariage. — Hypothèque et droit de suite de la femme juive sur les biens hypothéqués à sa dot.

La femme juive indigène dont le contrat de mariage reçu more-judaïco *date d'une époque antérieure à la conquête, et contient la clause formelle d'une hypothèque générale sur les biens de son mari, a le droit, après la dissolution de mariage et, au cas où elle ne trouverait pas, dans l'avoir marital, d'immeubles libres, c'est-à-dire ni vendus, ni donnés, de suivre l'immeuble hypothéqué, à raison de sa dot, entre les mains de l'acquéreur comme du donataire de cet immeuble.* (1)

---

(1) Que la femme juive, en tant qu'elle serait déclarée française, et que, contrairement à ce qui a été si nettement décidé par l'important arrêt de la Cour impériale d'Alger, du 25 mai 1852, dans l'affaire Cordonnier contre Dayan, elle pourrait, en cette qualité, invoquer le bénéfice de la loi française, à raison de sa dot et de ses conventions matrimoniales (art. 2135, n° 2 du Code Nap.), ait le droit de réclamer hypothécairement et conséquemment par droit de suite (art. 2166 même code), et quelqu'en soit le détenteur l'immeuble à elle hypothéqué, nous le concevons sans peine ; ainsi le veut le droit commun, ainsi le veut la logique. Française, ses droits et ses obligations seraient ceux de la femme française avec qui, juridiquement parlant, elle aurait et devrait avoir *eamdem personam* et partant, *idem jus*. Nous concevons également que dans l'hypothèse contraire, en tant qu'elle ne serait pas française, ou encore, comme dans l'espèce de notre arrêt et dans celle de l'arrêt précité, en tant qu'il s'agirait d'un contrat de mariage antérieur à la

SAIGET C. LES HÉRITIERS KARSENTY.

ARRÊT.

LA COUR ; — Considérant que les deux contrats de mariage dont les intimés font sortir leurs droits, ont été reçus, longtemps avant la conquête, par le rabbin procédant selon le droit de Moïse et d'Israël ;

Considérant que le contrat produit par la veuve d'Aaron Karsenty contient,

---

conquête, et nécessairement régi par une autre loi que la loi française, la femme juive puisse exercer *jure judaico*, et à l'encontre des *tiers* israélites, ses dot et reprises matrimoniales. Cela est de toute évidence, et ne saurait être sérieusement contesté. Soumis à la même loi qu'elle, le tiers israélite est présumé la connaître comme elle, et dès lors, en fait et en droit, il lui est impossible de regarder comme *res inter alios acta* la loi qui gouverne le contrat dotal. Mais qu'un tiers, français ou espagnol, peu importe sa nationalité, s'il n'est ni juif, ni, sauf dans certains cas, indigène musulman, qu'un tiers, disons-nous, détenteur, *pro suo*, d'un immeuble, ou bien encore, créancier hypothécaire sur cet immeuble envers un mari juif ou un détenteur quelconque de cet immeuble arrivé dans ses mains, après un plus ou moins grand nombre de circuits et de mutations, soit, ou puisse être, à chaque instant, menacé par la femme juive d'une action en revendication de cet immeuble ou en collocation privilégiée sur le prix en provenant, et cela, parce que cette femme, armée d'un contrat de mariage passé devant le grand rabbin, sans publication, sans enregistrement, sans date certaine, et dont rien, d'ailleurs, ne prouvera authentiquement, indubitablement, la sincérité *intrinsèque* ; exercera, à son encontre, son droit d'hypothèque et de suite sur cet immeuble, voilà, nous l'avouons, ce que nous ne pouvons comprendre, et ce qui, de prime abord, et à certains égards, nous paraît tout à la fois exorbitant, irrationnel, et contraire aux principes les plus rudimentaires de notre droit international et privé !

Est-ce à dire pourtant que sur ces simples et insuffisantes considérations, nous ayions la témérité d'improuver, même indirectement, l'arrêt que nous rapportons ? Telle n'est pas notre pensée. La question agitée et résolue en fait plutôt qu'en droit, dans l'espèce de notre arrêt, est une des plus ardues de notre droit civil, et pour plusieurs raisons, mérite d'être comptée parmi les *apices juris*. Elle a quelque analogie avec celle si ardemment controversée parmi nos meilleurs auteurs, touchant l'existence et l'étendue de l'hypothèque légale de la femme étrangère et mariée avec un étranger, sur les biens de son mari en France ; mais (et c'est ce qui la rend plus difficile encore) elle en diffère, soit à raison de la législation spéciale de l'Algérie, soit à cause de la position exceptionnelle des Israélites sous l'ancienne Régence, et sous la domination française. Ajoutez à cela qu'à en juger par son dernier considérant, cet arrêt est moins un arrêt de principe qu'un arrêt en partie fondé

en termes formels, la clause d'une hypothèque consentie envers elle par son mari et portant sur la généralité des biens de celui-ci ;

Considérant qu'il n'est point dénié en appel, que l'autre contrat de mariage, présenté au conservateur des hypothèques et produit devant les premiers juges, contienne la même clause, qui est d'ailleurs de règle dans tous les actes de cette nature passés en Algérie, entre israélites, antérieurement à la conquête ;

Considérant que la loi rabbinique dont la traduction, jointe aux pièces, a été donnée par le grand rabbin d'Alger, est ainsi conçue : « Si, après la dissolution du mariage, il existe un immeuble libre, la femme prélève sa dot « là-dessus, sinon elle arrache sa dot à ceux qui sont devenus possesseurs « de l'immeuble, soit par vente, soit par une donation faite par le mari ; »

Considérant qu'en présence de ces termes de la loi rabbinique, il ne saurait être mis en doute que la femme juive, agissant en vertu de son contrat, n'ait le droit de suivre l'immeuble hypothéqué, entre les mains de l'acquéreur comme du donataire de cet immeuble ;

Considérant, au surplus, que l'appelant n'a point même cherché à établir, qu'au moment du contrat, des lois particulières au pays ou à la jurisprudence locale, aient dénié à la femme juive agissant même envers d'autres que des juifs, les droits et les garanties qui, à raison de sa dot, lui sont accordés par la loi rabbinique.

Par ces motifs : confirme le jugement dont est appel, dit qu'il sortira son plein et entier effet, etc., etc.

Chambre civile, 5 avril 1853. — MM. de Vaulx, président ; Robinet de Cléry, av.-gén. ; Lussac et Villacrose, av. déf.

---

sur les faits et circonstances de la cause, et qu'ainsi, au point de vue du droit pur, la question reste, en quelque sorte, entière.

Or, comme elle touche dans toutes les colonies, et dans la nôtre plus que partout ailleurs, à des intérêts graves, nombreux, quotidiens, et qu'elle peut, d'un moment à l'autre, se représenter devant les Tribunaux de l'Algérie, nous avons cru nécessaire, avant de prendre parti pour ou contre les deux arrêts rendus par la Cour impériale d'Alger, sur l'hypothèque légale de la femme juive en Algérie, de faire de toutes les questions qu'ils soulèvent, une étude consciencieuse, approfondie, et spécialement adaptée à l'état juridique de la colonie algérienne, et qui embrasse, dans tous leurs détails et sous tous leurs aspects, l'examen critique des solutions données par ces arrêts.

Cette étude, dont nous n'avons pas encore eu le temps de réunir tous les éléments, et qui est, du reste, trop longue pour entrer dans le cadre restreint d'une courte annotation, sera l'objet d'*Observations* que nous espérons publier dans la prochaine livraison, et en tête desquelles nous reproduirons l'arrêt Cordonnier et le jugement du Tribunal de Bône infirmé par la Cour. C. F.

TRIBUNAL CIVIL D'ALGER.

Audience du 8 Avril 1853.

—

Vente à pacte de réméré. — Relocation de l'immeuble vendu. — Vilité de prix. — Validité.

La vente avec faculté de rachat ou de réméré est valable, bien qu'il n'y ait pas dessaisissement actuel par le vendeur de l'immeuble vendu.

On ne saurait, en Algérie, où le taux de l'intérêt est illimité, annuler une vente à pacte de réméré par le motif qu'elle sert à déguiser un contrat pignoratif (1).

D^me GOURRET C. GOURRET.

JUGEMENT.

LE TRIBUNAL ; — Considérant que, par acte devant Mᵉ Martin, notaire à Alger, du 14 mars 1849, enregistré, les époux Évariste Gourret ont vendu

---

(1) Nous approuvons sans réserve cette décision en tout point conforme à l'esprit et même à la lettre de la législation spéciale qui nous régit. Si, en France, les ventes à pacte de rachat, qui réunissent la double condition de la vilité du prix et de la relocation de l'immeuble vendu, sont assimilées à des contrats pignoratifs et par suite annulées, c'est que la jurisprudence les considère dans ces cas, comme des actes déguisant des prêts usuraires, lesquels sont rigoureusement interdits par la loi. Mais en Algérie, où le taux de l'intérêt est illimité, où il n'y a et où il ne peut pas y avoir légalement parlant de prêts usuraires, l'application de la jurisprudence généralement suivie par les tribunaux de la Métropole, serait une fausse conséquence des principes qui régissent, dans ce pays, les conventions de ce genre.

En rapportant dans notre première livraison (page 19) un jugement du tribunal de 1ʳᵉ instance d'Alger, qui avait consacré la négative, nous croyons avoir surabondamment prouvé que le dessaisissement de l'immeuble vendu n'était point une des conditions essentielles de la vente à réméré, et qu'il n'était même, sous l'empire des lois qui fixent un maximum au taux de l'intérêt, qu'une simple présomption dans l'appréciation des faits de dol et de fraude, et qu'en Algérie où, d'ailleurs, aucun motif ne devait porter les parties contractantes à déguiser sur l'apparence d'un acte légalement valable des conventions prohibées seulement en France, cette circonstance de la relocation de l'immeuble ne devait être d'aucun poids dans la décision des juges.

Il en est de même de la vilité du prix qui n'est point un moyen d'annulation spécial pour les ventes à réméré, mais qui frappe d'un vice radical toutes les ventes possibles, quelque soit d'ailleurs leur caractère.

au sieur Sauvan, tonnelier, une maison et divers lots de terres à cultiver, avec faculté de réméré pendant quatre années ; qu'aux termes du même acte, les vendeurs étaient autorisés à continuer les possession et jouissance des immeubles vendus jusqu'à l'expiration du délai de quatre années, à la charge par eux de payer à l'acquéreur 400 fr. par an, pour intérêts du prix fixé à 4,500 fr.

Considérant que, par acte devant Mᵉ Leroy, notaire à Alger, des 16 et 17 avril 1852, enregistré, le sieur Sauvan a cédé à la dame Rosine Arnaud, épouse Gourret, tous ses droits résultant de l'acte du 14 mars 1849.

Considérant qu'il convient d'examiner si l'acte du 14 mars 1849 est simulé, et si, sous la forme d'une vente à réméré, il constitue un contrat pignoratif ou contrat d'antichrèse ;

Considérant que le contrat de vente à réméré est sanctionné par la loi, qui, en outre, fixe des délais de rigueur pour maintenir définitivement l'immeuble dans les mains de l'acquéreur ; qu'il y a donc lieu de lui donner force et effet toutes les fois qu'il n'est entaché ni de simulation ni de fraude.

Qu'à cet égard les tribunaux sont investis pleinement de l'appréciation des faits et circonstances du contrat ;

Considérant que celui du 14 mars 1849 s'est passé dans des circonstances ordinaires, sans motifs justifiés de fraude ou de simulation ;

Qu'en effet, il est apprécié par le Tribunal qu'il n'y a pas vilité du prix dans la somme de 4,500 fr. portée au contrat ;

Qu'il n'y a pas non plus prêt usuraire déguisé, car en admettant que la convention fut un réglement pour prêt d'argent, l'intérêt conventionnel étant illimité en Algérie, et aucune convention ne pouvant être annulée pour cause d'usure, les parties sont placées dans la même situation légale qu'on était en France sous l'empire de certaines coutumes autorisant le prêt à intérêt et sous celui de la loi du 12 octobre 1789, l'autorisant à un taux illimité ; qu'alors il était de jurisprudence que la nullité des contrats pour cause d'impignoration ne pouvait être accueillie, et qu'il en doit être ainsi en Algérie dont la législation laisse facultative et sans limites la stipulation des intérêts ;

Que si, dans la cause, les vendeurs se sont réservés les possession et jouissance des immeubles vendus, ils se sont par contre engagés jusqu'à l'expiration de réméré, de payer un intérêt de 400 fr. par an, que cette circonstance, les autres étant écartées, ne saurait être constitutive de la fraude ou de la simulation, et donner à un acte, primitivement et librement convenu entre les parties, d'être une vente à pacte de réméré, le caractère tout opposé d'un contrat d'antichrèse ;

Considérant que, par les motifs qui précèdent, l'acte du 14 mars 1849 et celui des 16 et 17 avril 1852 qui en a été la suite, étant reconnus valables et les quatre années réservées par Gourret père, étant expirées le 15 mars dernier, sans qu'il ait exercé la faculté de réméré, il y a lieu d'examiner si, dès à présent, la dame Rosine Arnaud, épouse Gourret fils, doit être mise en possession des immeubles dont s'agit ;

Considérant que si, aux termes de l'art. 1661 du Code Napoléon, le terme fixé pour le réméré est de rigueur et ne peut être prolongé par le juge ; il est néanmoins de jurisprudence que le juge peut le prolonger du consentement des parties, pourvu que le délai de prorogation ne dépasse pas le maximum fixé par l'art. 1660 du Code Nap. ;

Considérant que, par des conclusions nouvelles prises à l'audience, Me Bussière, pour les époux Gourret fils, déclare accorder à Gourret père un délai de deux mois à dater du jugement, pour qu'il rembourse, non plus 4,500 fr., prix d'acquisition de Sauvan à Gourret père, mais 2,750 fr., prix d'acquisition par la dame Gourret fils à Sauvan, plus les intérêts, frais et loyaux coûts, et demande qu'à défaut d'exécution dans le dit délai, il soit déclaré déchu de la faculté de rachat ;

Considérant qu'il y a lieu d'adjuger ces conclusions, en considération surtout de la qualité des parties plaidantes ;

Par ces motifs ; donne acte aux parties de Me Bussière de ce qu'elles consentent à ce que la faculté de réméré soit prolongée de deux mois à dater de ce jour, à l'effet, par les époux Evariste Gourret père, de rembourser à la dame Gourret fils la somme de 2,750 fr., montant de son prix d'acquisition, plus les intérêts de droit, etc., etc.

2e chambre, 8 av. 1853. — MM. Truaut, vice-prés.; Namur, subs. du proc. imp.; Bussière et Gechter, av.-déf.

TRIBUNAL CIVIL DE BLIDA.

Hypothèques judiciaires. — Immeubles non compris dans la circonscription du bureau. — Validité.

Lorsque des inscriptions d'hypothèques judiciaires ont été prises en vertu de jugements dans un bureau dans la circonscription duquel ne se trouvent point les immeubles du débiteur, elles doivent être considérées néanmoins comme régulièrement prises dans ce bureau, si plus tard la localité où sont situés les immeubles se trouve faire partie, en vertu d'une décision administrative, de la circonscription du bureau où les hypothèques ont été inscrites.

Ainsi, par exemple, des inscriptions d'hypothèques judiciaires, prises au bureau des hypothèques de Blida antérieurement à l'installation d'un commissariat civil à Miliana, ont pu atteindre des immeubles situés dans cette localité du jour même de cette installation (1).

(1) La solution de cette question, bien que fort importante en fait, n'offrait cependant pas, au point de vue du droit, de difficulté réellement sérieuse ; elle

Il doit être dès lors déclaré que le conservateur a régulièrement agi en délivrant contre les débiteurs un certificat constatant les inscriptions d'hypothèques judiciaires prises à son bureau, à quelque époque que ce soit.

GILLES et HENRI AMPT C. SALVAIRE et AUTRES.

JUGEMENT.

LE TRIBUNAL; — Attendu que suivant acte sous signatures privées du 2 février 1849, enregistré à Miliana le 2 mai suivant, Salvayre et Moula ont vendu à Gilles Maximin une partie d'emplacement et de maison, le tout situé à Miliana, et dépendant des numéros 597 et 398 du plan cadastral;

Attendu que, suivant autre acte du 5 juillet même année, enregistré à Miliana le 5 octobre 1849, le susdit Gilles Maximin a revendu à un sieur Ampt la moitié indivise du dit immeuble, et que, suivant acte reçu par Mᵉ Martin, notaire à Miliana, le 27 avril 1852, le sieur Ampt a rétrocédé à Maximin Gilles la moitié indivise des dits terrain et maison;

Attendu que sur la transcription de ce contrat du 27 avril 1852, au bureau des hypothèques de Blida, il a été délivré un état contenant diverses inscriptions: la première, en date du 29 janvier 1846, au profit de dame Jeannette Kloter, veuve de feu M. Demarq, en vertu d'un jugement par défaut du tribunal de Blida, du 27 novembre 1845; la seconde, en date ud

---

découle, comme on peut s'en convaincre, des dispositions si précises et du texte si formel de la loi. Il est évident en effet que l'hypothèque judicaire frappant les biens présents et les biens à venir du débiteur grève ceux-ci à partir du jour où le débiteur en a fait l'acquisition; que, par conséquent, elle doit aussi grever ceux que le débiteur possède au moment de la prise de l'inscription, mais qui ne se trouvent que postérieurement compris dans le ressort du bureau où les hypothèques ont été inscrites. Que les immeubles deviennent par la suite la propriété du débiteur, ou que le territoire sur lequel ils se trouvent situés, soit plus tard compris dans la circonscription du bureau, peu importe, le principe étant absolument le même, la conséquence ne doit point varier. Pour le décider, on pourrait encore invoquer le but que s'est proposé le législateur en instituant l'hypothéque judicaire avec son caractère et sa puissance. L'intérêt du créancier que la loi a en vue de protéger, exigeait qu'il put, malgré le débiteur, arriver par la transformation de son droit en un droit réel, au recouvrement de sa créance. Vainement soutiendrait-on que l'inscription hypothécaire ne pouvait point être légalement prise puisque, d'après la loi, ce ne sont que les immeubles que se trouveront acquis par la suite dans le ressort du bureau tel qu'il était circonscrit au moment de l'inscription hypothécaire qui peuvent être atteint par elle. Ces raisons, toutes spécieuses, tombent devant l'argumentation à laquelle nous nous sommes livrés. Le jugement de Blida, qui tranche une question entièrement neuve, nous paraît donc en tout point inattaquable.

30 avril 1847, au profit du sieur Josselain, en vertu d'un jugement du tribunal de commerce d'Alger, du 31 octobre 1846; la troisième, en date du 14 mai 1847, au profit des sieurs Claitte et Tardieu, en vertu d'un jugement du tribunal de commerce d'Alger, le 20 janvier 1847; la quatrième, en date du 14 mai 1847, au profit du sieur Hoskier, en vertu d'un jugement du tribunal de commerce d'Alger, en date du 31 octobre 1846; la cinquième, en date du 20 avril 1850, au profit d'Ali-Schérif, en vertu : 1° d'un jugement de la justice de paix de Blida, du 21 mars 1848; 2° d'un autre jugement du tribunal civil de Blida, du 14 février 1849; la sixième, en date du 24 juin 1850, au profit de Soliman-ben-Siani, en vertu d'un jugement rendu par le chef de bataillon faisant fonctions de commissaire civil à Miliana, le 4 juin 1847;

Attendu que le sieur Gilles Maximin, acquéreur, demande aujourd'hui, au sieur Ampt, la main-levée de ces diverses inscriptions, que le dit Ampt a assigné tant les créanciers inscrits que M. Allié, conservateur des hypothèques de Blida, à l'effet d'entendre radier les inscriptions sus-relatées qui ne frappent pas et n'ont jamais grevé l'immeuble dont s'agit;

Que d'après les demandeurs, en effet, lorsqu'à la date du 2 février 1849, Salvayre et Moula vendaient leur propriété de Miliana, le bureau des hypothèques de Blida ne renfermait pas dans sa circonscription les immeubles de Miliana, qui n'ont été assujétis à la formalité de l'inscription que depuis l'installation dans cette localité d'un commissariat civil, c'est-à-dire depuis le 4 novembre 1850;

Que, par suite, les inscriptions sus-relatées auraient été sans effet; que, jusqu'au 4 novembre 1850, le conservateur de Blida aurait été sans qualité pour les recevoir valablement; que, par conséquent, il les a comprises à tort dans l'état par lui délivré et qu'il doit effectuer leur radiation :

Mais attendu, dans l'espèce, qu'en se reportant à l'état des inscriptions relatées, délivré le 31 mai dernier par M. le conservateur Allié, on n'y voit figurer que des inscriptions prises exclusivement en vertu de jugements et constituant par suite des hypothèques judiciaires;

Que l'effet de l'hyothèque judiciaire est de frapper tout à la fois les biens présents et les biens à venir, qu'elle atteint au fur et à mesure de leur acquisition par le débiteur;

Que le législateur s'est borné à soumettre les inscriptions judiciaires à la publicité, formalité qui doit être remplie dans chaque brueau où le débiteur possède des immeubles ou en acquerra par la suite;

Attendu que si, avant le 3 novembre 1850, les diverses inscriptions judiciaires prises au bureau de Blida sur les immeubles de Miliana n'ont pas plus produit d'effet que si elles grevaient des biens non encore existants, mais que le débiteur pourrait acquérir, il n'en a plus été de même à dater du jour où Miliana étant soumis à la juridiction ordinaire, les immeubles de cette ville sont devenus libres et sont rentrés sous le droit commun;

Que, par suite, à partir du 4 novembre 1850, les immeubles des sieurs

Salvayre et Moula se sont, pour ainsi dire, réalisés au profit de leurs créanciers, dont les inscriptions les ont alors frappés, sans qu'il fut même besoin de les renouveler. (Cassation, 12 juin 1807 et 18 août 1809.)

Attendu que les sieurs Ampt et Gilles Maximin n'ont introduit leur demande en radiation qu'à la date du 26 juillet 1852, c'est-à-dire près de deux ans depuis que les immeubles de Salvayre et Moula étaient, sans conteste, grevés par les inscriptions portées en l'état du 31 mai dernier, que c'est donc à tort que les dits Ampt et Gilles Maximin demandent que le conservateur des hypothèques de Blida retranche les six inscriptions qui figurent sur l'état qu'il leur a délivré et soit en outre condamné aux dépens;

Attendu que les sieurs Claitte, Tardieu et consorts, mis en cause par Ampt et Gilles Maximin comme créanciers inscrits, ne contestent pas et déclarent s'en rapporter à la justice;

Par ces motifs; déclare la demande des sieurs Ampt et Gilles Maximin mal fondée, et, en l'absence de toute contestation de la part des créanciers inscrits, ordonne la radiation des inscriptions prises en leurs noms, etc.

23 fév. 1853.— MM. Derosle, prés.; Favre, subst.; Legoff et Fourrier, av. déf.

JUSTICE DE PAIX D'ALGER.

TRIBUNAL DE SIMPLE POLICE.

Contravention de voirie.— Compétence.

Une tranchée ouverte sans autorisation sur un trottoir de rue de grande voirie constitue une contravention en matière de grande voirie, dont la répression appartient, non au tribunal de simple police, mais au conseil de préfecture;

En thèse générale, les détérioration, dégradation, usurpation ou rétrécissement du sol des rues de grande voirie, caractérisent les contraventions de grande voirie, qui sont de la compétence du conseil de préfecture, et les distinguent essentiellement des contraventions de petite voirie, prévues et punies par les §§ 4 et 5 du Code pénal, lesquelles ressortissent du tribunal de simple police.

En thèse générale aussi, les rues qui continuent les grandes routes sont, à l'égard des contraventions de voirie, soumises aux mêmes règles que les grandes routes elles-mêmes (1).

---

(1) V. conf. un arrêt de la Cour de cassation, du 18 mars dernier; V. aussi Serrigny, *Traité de l'organisation et de la compétence administratives*, t. 2, p. 1, n° 616 et suivants; et surtout les *Principes de compétence et de juridiction administratives*, de Chauveau (Adolphe), t. 3, p. 943. La jurisprudence du Conseil d'État et de la Cour de cassation, sauf quelques différences d'applica-

MINISTÈRE PUBLIC C. JOSEPH BERNARD.

JUGEMENT.

LE TRIBUNAL ;— Vu les anciens règlements en matière de grande voirie de 1721 et 1731, maintenus par l'art. 29 de la loi des 19-21 juillet 1791 ;

Vu la loi des 7-11 septembre 1790, l'art. 4, alinéa 5 de la loi du 28 pluviose au VIII, ainsi conçu :

« Le Conseil de préfecture statuera sur les difficultés qui pourront s'élever « en matière de grande voirie. »

L'art. 1er de la loi du 29 floréal an X, ainsi conçu :

« Les contraventions en matière de grande voirie, telles qu'anticipation, « dépôt de fumiers ou d'autres objets, et toutes espèces de détériorations « commises sur les grandes routes, seront constatées, réprimées et poursui- « vies par voie administrative ; »

L'article de la même loi portant : « Il sera statué définitivement en Conseil « de préfecture ; »

L'art. 38 du décret du 23 juin 1806 ;

Vu les art. 113 et 114 du décret du 16 décembre 1811, et l'art. 1er de l'ordonnance du 22 novembre 1822 ;

Vu aussi les articles 471, § 4 et 5 et 479, § 11 du Code pénal ;

Vu enfin l'arrêté général sur la voirie d'Alger du 8 octobre 1832 et l'arrêté du 27 novembre 1833 qui classe la rue Bab-el-Oued parmi les rues de grande voirie ;

Attendu, en fait, que suivant procès-verbal régulier de l'agent de police Renault, en date du 24 février 1853, une tranchée a été ouverte par les ordres du sieur Bernard, marchand de tabac, sous les arcades de la rue Bab-el-Oued, depuis le grand conduit à gaz jusque dans le magasin du dit Bernard, et que ce dernier a déclaré à l'agent n'avoir point d'autorisation pour faire la dite tranchée, ce qui, au surplus, n'a pas été contesté par le prévenu, lequel s'est contenté d'exciper de l'incompétence du Tribunal ;

Attendu, en droit, qu'il résulte clairement, sinon de la loi du 28 pluviose an VIII, laquelle semble ne statuer que sur des questions de contentieux, du moins de celle du 28 floréal an X, que toutes contraventions en matière de grande voirie sont de la compétence du Conseil de préfecture, non seulement

---

tion, semble se fixer tous les jours davantage dans le sens du jugement que nous publions.

Nous saisissons cette occasion pour prier MM. les juges de paix de l'Algérie de nous adresser, à l'exemple de notre collaborateur, ceux de leurs jugements en simple police qui, de même que celui que nous rapportons dans cette livraison, et celui que nous avons rapporté dans notre livraison de février, statuent sur des questions de droit dont la solution ne doit pas peu contribuer à établir dans la Colonie une jurisprudence en matière de police.

celles qui consistent dans une anticipation, une détérioration ou une dégradation, mais encore celles qui gênent ou embarrassent les grandes routes, de manière à les endommager, telles que dépôt de fumiers ou d'autres objets, ou, comme le dit le décret du 19 décembre 1811, d'immondices ou *autres substances* ;

Attendu que cette loi étant une loi spéciale sur la grande voirie, et conséquemment, revêtant un caractère incontestable d'utilité publique, ne peut être considérée comme implicitement abrogée par le Code pénal qui, ainsi que cela résulte, entre autres textes, de l'art. 471, § 5 du même Code, ne s'occupe que de petite voirie, et qui, d'ailleurs, dans son article 484, dispose que dans toutes les matières qui n'ont pas été par lui réglées, et qui sont réglées par des lois et règlements particuliers, les tribunaux continueront de les observer, ce qui doit évidemment s'entendre sans distinction des Tribunaux judiciaires et des Tribunaux administratifs ;

Attendu, au surplus, que la non abrogation de cette loi résulte invinciblement des art. 113 et 114 du décret du 16 décembre 1811, lequel décret, postérieur au Code pénal, renvoie devant le Conseil de préfecture les prévenus de contravention d'une nature identique à celles prévues et punies par le dit Code ;

Attendu que, cela posé, il s'agit de savoir si la contravention dont est cas, constitue une contravention de grande voirie, dont la répression tombe sous l'empire de la loi du 29 floréal an X ;

Attendu, sur ce point, que le fait reproché à Bernard, est de toute évidence une détérioration commise sur une rue rangée parmi les rues de grande voirie ; que dès lors, il ne reste plus qu'à examiner si la loi de floréal an X, ne parlant que de contraventions commises sur les grandes routes, il y a lieu de considérer comme grandes routes les rues appelées de grande voirie, alors surtout que ces rues sont, comme dans l'espèce, une continuation ou un prolongement de la grande route ;

Attendu qu'il est également conforme à la raison et admis par la doctrine et par la jurisprudence, tant de la Cour de Cassation que du Conseil d'État, que de telles rues participent essentiellement au caractère des routes qu'elles continuent et prolongent, et qu'ainsi, en thèse générale du moins, elles sont soumises à la même législation ;

Attendu que le § 12 de l'art. 479 du Code pénal, ainsi que cela résulte de l'ensemble du livre IV de ce Code, et notamment de la loi du 28 avril 1832, n'a trait qu'aux contraventions de petite voirie ou voirie municipale commises sur les chemins publics,, c'est-à-dire sur les chemins autres que les chemins privés ou de l'État, mais nullement sur les grandes routes ou sur les rues de grande voirie.

Attendu que, dans l'espèce, on argumenterait vainement de l'art. 2 de l'arrêté du 27 décembre 1833 pour prétendre que cet arrêté n'a dérogé à celui du 8 octobre 1832 qu'en ce qui concerne les demandes d'alignements et non en ce qui touche la répression des contraventions autres que celles qui y sont relatives ; qu'en effet, aux termes des art. 1, 6, 7 et 8 de l'arrêté du gouverneur-général du 22 août 1842, les travaux d'entretien, de pavage et de dallage des galeries devant être exclusivement exécutés à moitié frais par l'administration des ponts-et-chaussées dans les rues de grande voirie, il est certain que les rues dont il s'agit, dans l'arrêté de 1833, sont *pleinement* régies par les lois ordinaires de la grande voirie ;

Attendu que, cela étant, il est nécessaire d'examiner si, conformément à la jurisprudence incertaine de la Cour de cassation, la contravention dont s'agit devait être déférée au tribunal de simple police seul, et, suivant la qualité du rédacteur du procès-verbal, pouvait l'être, soit à ce Tribunal, soit au Conseil de préfecture, ou bien si, conformément à la jurisprudence constante du Conseil d'État, elle devait l'être au dit Conseil de préfecture exclusivement ;

Attendu, à cet égard, que, s'il est vrai, aux termes des lois visées par le Code pénal, art. 471, § 15, et des § 4 et 5 du même art., que le maire étant chargé de la voirie municipale, soit généralement appelé à veiller à tout ce qui intéresse la sûreté, la commodité et la liberté du passage dans les rues, quais, places et voies publiques, cela ne s'entend et ne peut s'entendre que des contraventions essentiellement distinctes de celles dont la répression est attribuée au Conseil de préfecture par la loi de floréal an X; en d'autres termes, que de la répression des contraventions qui n'atteignent pas le *sol* des rues, soit par anticipation, soit par détérioration, soit, pour parler avec les jurisconsultes romains, par *déformation*, soit enfin par rétrécissement ou usurpation : qu'ainsi, par exemple, au cas du défaut d'éclairage, ou balayage ou d'abandon de charrues, etc., et d'établissement sur la voie publique d'instruments, appareils de jeu ou de loterie, c'est au Tribunal de simple police seul qu'il appartient de réprimer ces contraventions ;

Attendu qu'on ne saurait opposer à cette interprétation de la loi la concurrence de juridiction que la loi de floréal, comparée au § 4 de l'art. 471 du Code pénal, semble établir entre les Tribunaux de simple police et les Conseils de préfecture, en ce qui touche le dépôt de fumiers ou d'autres objets ; qu'en effet, par ces mots : *voie publique*, le § 4 de l'art. 471 du Code pénal n'entend que ce qu'a entendu le § 1er de l'art. 3 de la loi des 19-22 juillet 1791, que ce qu'il entend lui-même dans le § 5 même loi, où il n'est question que *de règlements concernant la petite voirie* ; que, du reste, pour concilier l'art. 471, § 4 du Code pénal et la loi de floréal précitée, il suffirait, au besoin, de distinguer entre les dépôts de choses quelconques empêchant ou diminuant la liberté ou la sûreté de passage et le dépôt de choses, fumiers, immondices ou autres *substances* détériorant, dégradant, endommageant non le *passage*, mais le *sol* sur lequel il s'exerce ; qu'admettre le contraire, ce serait, pour une seule et même contravention, créer deux juridictions différentes, là où, bien évidemment, la législation n'a voulu en créer qu'une seule, jeter Tribunaux et justiciables dans une déplorable incertitude, en un mot, embarrasser, entraver et éterniser, dans bien des cas, au grand détriment de l'intérêt public et de l'intérêt privé, une procédure que la loi a voulu rendre aussi simple et aussi rapide que possible ;

Attendu que, de tout ce qui précède, il suit que les lois et décrets sus-visés interprétés dans leurs textes et dans leurs motifs, et sans qu'il soit besoin de recourir à des subtilités de droit, dont le moindre inconvénient serait de faire du juge un législateur et non ce qu'il est et doit être, *l'applicateur* de la loi, conduisent à cette conséquence que le fait reproché à Bernard ne constitue pas une contravention de simple police, que dès lors il y a lieu d'accueillir l'exception d'incompétence par lui proposée.

Par ces motifs : se déclare incompétent et renvoie les parties à se pourvoir ainsi que de droit.

14 avril 1853.— M. Frégier, prés.

DES HABOUS

ET

DES DISPOSITIONS DE LA LOI MUSULMANE

QUI EN RÈGLENT LA CONSTITUTION (1),

par

M. DE VOULX,

Conservateur des Archives arabes au Domaine,

(*Suite.*)

Remarquons en passant que les Arabes n'emploient jamais pour désigner une mosquée, un mot équivalent à *corporation religieuse;* que cette mosquée ne pouvait devenir *propriétaire*, mais seulement usufruitière, et enfin qu'il n'est pas question dans cet acte des deux témoins qui doivent indispensablement assister le cadi.

M. Worms est tombé dans la même erreur au sujet du rite qui régissait les habous, et je reviendrai là-dessus dans la partie de mon travail qui est relative aux *ana*.

Voici, au surplus, les dispositions du *habous maleki* d'après le *Précis de Jurisprudence* de sidi Khelil-ben-Ishak-ben-Yacoub, docteur célèbre de cette secte :

« Tout le monde a droit de faire wakf ce qu'il possède en propre ou même
» à titre de revenu.
» En faisant un objet habous, on ne donne pas la chose même, mais seu-
» lement l'usufruit.
» Toute déclaration de wakf est irrévocable et ne peut être annulée par la
» décision d'aucun juge.
« On ne peut faire habous la chose d'autrui, même avec l'assentiment du
» propriétaire.
» On peut faire habous les immeubles et les objets mobiliers susceptibles
» d'être reconnus.
« On peut faire habous un esclave à un service d'hôpital, mais le habous est
» nul s'il est occasionné par le désir de lui occasionner de la peine.
» Le habous est permis en faveur de quiconque peut posséder de fait ou de

(1) Voir la livraison de mars.

» droit; ainsi on peut constituer un *habous* en faveur d'enfants à naître ; mais » le habous n'a d'effet qu'après leur naissance, on peut faire un habous en » faveur du chrétien ou du juif régnicole (*dimmy*), mais jamais en faveur » d'un infidèle étranger (*harby*).

» On peut faire un habous en faveur de riches aussi bien que de pauvres, » parce que cet acte n'est pas une aumône.

» Tout habous ayant une destination anti-religieuse ou immorale est nul; » un infidèle ne peut faire de habous en faveur ni des mosquées ni des » villes saintes.

» Un père ne peut faire de habous en faveur de ses fils en excluant ses » filles, mais le habous fait exclusivement en faveur de ses enfants du sexe » féminin est valide.

» Quand un habous est institué en faveur des enfants, ceux-ci s'en partagent les fruits par portions égales sans égard au sexe, en dérogation aux » lois qui régissent les successions.

» *Si un homme fait habous sa maison d'habitation, il faut qu'il en sorte* » *et il n'y peut rentrer d'un an sans que le retour n'invalide le habous.*

» S'il existe une hypothèque sur un immeuble constitué habous et qu'on » soit incertain quant à la priorité de la dette ou de l'acte de fondation, le » habous est annulé et l'immeuble mis en vente pour le paiement de la dette.

» *Personne ne peut, quand il fait un habous, s'en réserver l'usufruit ni* » *l'administration, même en s'associant à un tiers.*

» Le habous est irrévocable du moment où le constituant a dit : Je fais habous ; ou quand il a inscrit cette formule sur les feuillets d'un livre ou les » murs d'une maison ; ou encore s'il a dit : Je donne sous condition de ne » jamais aliéner.

» Pour qu'un habous soit valide, il faut que l'individu ou l'établissement » accepte ; quand la fondation est faite en faveur des pauvres ou d'une mosquée, cette formalité n'est pas exigée.

» Il est permis d'établir sur un habous une servitude ou un legs.

» Tout habous qui n'est pas un immeuble, comme seraient un vêtement, » un cheval, une vache, et qui sont susceptibles de se détériorer par l'âge, » peuvent être vendus, pour le prix en être affecté à une destination » analogue.

» L'immeuble habous, même quand il tombe en ruines, ne peut jamais être » vendu ni échangé.

» Il n'est qu'un cas où cela puisse avoir lieu, c'est quand l'emplacement du » domaine habous est indispensable à l'agrandissement d'une mosquée, d'une » route ou d'un cimetière ; alors on le vend, et le prix de la vente est employé à l'achat d'un immeuble qui est fait habous à la place de celui qui a » été démoli.

» Si quelqu'un dégrade un habous, il faut qu'il le fasse réparer ; la valeur » du dommage ne peut être acceptée, ce serait comme une vente.

» Un habous ayant été loué à prix d'estimation, il n'est pas permis d'aug-
» menter le prix de location.

» Si le habous est spécifié en faveur d'un ou de plusieurs individus, on
» peut le donner à loyer pour plus de deux années.

» S'il est fondé en faveur d'une corporation, d'un établissement ou des
» pauvres, on peut le donner à loyer pour quatre ans.

» Si le habous est destiné, après la mort de Zaïd, à passer entre les mains
» d'Amer, le second des appelés peut obtenir un loyer de dix ans. »

(M. WORMS, *Recherches sur la constitution de la propriété territoriale dans les pays musulmans.*)

Je ne m'étendrai pas davantage sur les dispositions de la loi maleki au sujet du habous ; elles importent peu à connaître puisque elles n'étaient presque jamais appliquées.

Je crois, au contraire, devoir entrer dans des détails étendus au sujet des dispositions qui règlent le habous d'après le rite hanafi.

Le grand-iman Abou-Hanifa, fondateur de la secte, ne paraît pas avoir admis le habous ; si, d'après quelques docteurs de sa secte, il l'autorise, ce n'est qu'à titre de legs et que jusqu'à concurrence du tiers des propriétés ; selon d'autres docteurs, il le reconnaît, mais seulement comme un prêt sur lequel son auteur peut revenir quand bon lui semble.

On voit que ce qui avait eu lieu pour le Koran et les traditions s'est renouvelé ; le grand-iman avait laissé des points obscurs ou sujets à double interprétation, et des imans de sa secte sont venus à leur tour expliquer et commenter ses travaux ; mais ils ont interprété d'une manière différente les points douteux, et de là sont nées une foule de sous-dissidences. Les écrits les plus estimés sont ceux des imans Abou-Youssef et Mohammed, les plus illustres disciples du grand-iman et dont les décisions ont, en quelque cas, prévalu sur celles du maître.

Les travaux de ces imans ont été résumés et commentés dans de nombreux ouvrages qui ont pour auteurs des docteurs plus ou moins célèbres de leur secte.

Nous citerons en première ligne *le Kenz*, *le Mokhtar*, *la Hiday'a* et *la Moulteka-el-Abhour*.

Chacun de ces ouvrages a été lui-même commenté par plusieurs docteurs dont les œuvres ont été à leur tour l'objet de gloses.

Il existe, en outre, des recueils de *Fataoui* ou Consultations juridiques au sujet des points laissés douteux par les textes sacrés et les docteurs qui les ont expliqués.

Cette grande abondance de matières occasionne nécessairement une grande confusion, et je ne crois pas me hasarder en avançant que, dans la législation musulmane, en dehors de quelques points fondamentaux sur lesquels il n'y a pas de dissidences, il n'y a aucune disposition formelle, que les magistrats peuvent puiser dans la législation selon leur inspiration du moment et qu'ils sont sûrs de trouver l'appui d'une autorité, quelle que soit leur opinion.

Ce fait deviendra plus sensible encore lorsque j'aurai fini d'exposer les dispositions du rite hanafi relatives au habous.

Si le Maître n'a pas reconnu le habous, les deux illustres disciples en ont proclamé la validité ; mais avec les différences suivantes :

D'après Mohammed :

Le fondateur doit faire la remise immédiate du habous à un administrateur ; il ne peut immobiliser des droits indéterminés, ni une portion indivise ; il lui est interdit de faire réserve de tout ou de partie de l'usufruit pour lui-même ; il ne peut non plus se réserver la faculté d'échanger le bien immobilisé.

D'après Abou-Youssef :

L'immobilisant peut se réserver la jouissance du bien immobilisé, il peut également se réserver la faculté d'échanger l'objet du habous ; il lui est permis d'immobiliser une portion indivise ; le habous existe par le seul fait de la déclaration de l'immobilisant, et il est valide alors même qu'il est destiné à des choses qui finissent (les hommes), mais il doit avoir les pauvres pour dernière destination.

D'après cet iman, le habous a pour effet d'immobiser le *fonds* en la la propriété de Dieu et de consacrer les revenus au soulagement des créatures.

Le grand-iman et ses deux disciples s'accordent à établir que dans les questions sujettes à controverse, le jugement d'un magistrat fait loi et ne laisse plus prise aux discussions.

Les sources auxquelles les magistrats peuvent puiser sont si diverses et si contradictoires, que si l'option du juge n'est pas guidée par une influence particulière, elle doit du moins se ressentir de l'incohérence qui règne dans la législation.

C'est ainsi que, de nos jours, les *cadis* trouvent des autorités suffisantes pour révoquer des habous qu'ils n'auraient pas songé à annuler autrefois.

Il est bien entendu qu'il ne s'agit que des habous qui sont entre les mains des usufruitiers et non de ceux qui ont fait retour à la corporation donataire; ce dernier habous, malgré l'opinion contraire et inouïe qui est quelquefois soutenue, doit être considéré comme une *donation définitive* et sans retour, alors même qu'il existerait encore quelques descendants du donateur, exclus par lui.

L'on a sans doute remarqué que les prescriptions de l'iman Mohammed sont sévères et ont une certaine analogie avec le rite *maleki*, tandis que les préceptes de l'iman Abou-Youssef sont empreints d'une grande tolérance. Je ne surprendrai donc personne en constatant que les immobilisations faites en Algérie s'effectuaient sous l'empire des préceptes de l'iman Abou-Youssef.

Pour compléter ces études, je vais offrir la traduction d'un extrait du traité de jurisprudence du rite hanafi, intitulé : *El Kenz*, et d'un commentaire qui y est relatif.

J'ai cru devoir traduire le texte isolément d'abord, et le reproduire ensuite dans le corps du commentaire conformément à la disposition de l'original.

Ce mode de traduction m'a paru présenter un double intérêt en ce sens que, tout en remplissant le but que je me suis proposé, il fait connaître la manière dont les commentateurs opéraient pour expliquer les textes qu'ils avaient choisis.

EXTRAIT

DU TRAITÉ DE JURISPRUDENCE,

intitulé

Kenz-eddekaïk **(le Trésor des points subtils.)** (1)

LIVRE DU *WAKF*.

Le wakf est l'immobilisation (habous) du fonds en la propriété du donateur et l'aumône des revenus.

---

(1) L'ouvrage intitulé *Kanoun el-olama fi-diwan el-fodhala*, par Mohammed fils de Mahmoud, connu sous le nom de *Batarkadji*, donne les renseignements suivants sur l'auteur d'*el-Kenz*.

Le docteur, l'iman, la science de la vraie direction, le très docte, le muphti de l'époque, le père des bénédictions, le conservateur de la religion, le triomphateur de l'Islam et des Musulmans, le directeur des rois et des souverains, Abd-Allah-ben-Ahmed ben-Mahmoud-Eunassafi, natif de Nassaf, dans le pays qui est au delà d'*Ennah'z* près de *Somrakend*, est mort en 710 (1309) à Bagdad selon les uns, et à *Abdd* selon les autres.

Ses principaux ouvrages de jurisprudence sont ceux dont le titre suit :

Metsen-el-Ouafi ; *el-Kafi*, commentaire du précédent ; *el-Kenz-eddekaïk*, ouvrage célèbre ; *el-Moussafi*, commentaire de l'ouvrage intitulé *el-Mandhouma ennassafia* ; *el-Menar* : *el-Kechf*, commentaire du précédent ; *el Atsimad*, commentaire d'*el-Eumeda* ; un commentaire d'*el-Ahsikti*.

Le droit de propriété est enlevé par un jugement, mais non en faveur d'un (autre) propriétaire.

Le wakf n'est complet que lorsqu'il est reçu et déterminé, et qu'il lui est assigné une destination définitive.

Est valide le wakf d'une terre avec ses bestiaux et ses laboureurs ; d'une portion indivise si un jugement l'a sanctionné, et des objets qui se transportent et qui sont en usage.

Le wakf ne peut être possédé, ni partagé, quand même le donateur l'aurait institué en faveur de ses enfants.

Sur ses revenus sont prélevés avant toute chose ses frais d'entretien, et cela sans qu'il soit nécessaire d'une stipulation du donateur.

Si le wakf est une maison, son entretien est à la charge de celui à qui revient le droit de l'habiter. Si celui-ci ne veut ou ne peut, le cadi la fait réparer au moyen de sa location. Le cadi emploie les matériaux provenant de l'immeuble, à sa réparation, si besoin en est, ou les réserve pour les besoins futurs; mais il ne peut les partager entre les ayant-droits du wakf.

Que le donateur se soit réservé les revenus du wakf ou qu'il ait désigné un administrateur (*moutawali*), le wakf est valide ; mais le donateur sera révoqué en cas d'infidélité comme le serait un exécuteur testamentaire et alors même qu'il aurait fait une stipulation contraire.

SECTION.

Celui qui aura construit un *mesdjed* (temple), ne perdra pas ses droits de propriété jusqu'à ce qu'il le sépare de son bien en lui affectant un chemin particulier ou y autorise des prières ; si une seule personne y prie, le droit de propriété cesse.

Celui qui a établi un mesdjed au-dessus d'un souterrain ou au-dessous d'une chambre, et qui s'en dessaisit en lui ouvrant une porte sur le chemin ou qui a converti la cour intérieure de sa maison en mesdjed et a autorisé le public à y entrer, conserve le droit de vendre ce mesdjed et de le transmettre par héritage.

Celui qui a construit un abreuvoir, une hôtellerie (*khan*) ou un lieu d'asile, ou qui a établi un cimetière, ne perdra pas son droit de propriété jusqu'à ce qu'il intervienne un jugement du magistrat.

Si une portion d'un chemin est convertie en mesdjed, cela est licite, de même que le contraire.

A. DE VOULX.

Conservateur des Archives arabes au Domaine.

(*La suite à la prochaine livraison.*)

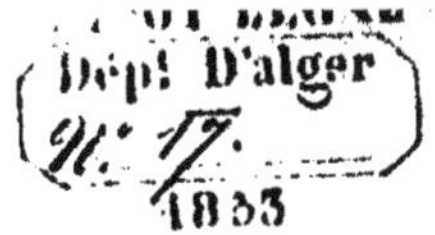

RECUEIL GÉNÉRAL
DE LA
JURISPRUDENCE
ALGÉRIENNE

JUSTICE ADMINISTRATIVE.

CONSEIL D'ÉTAT.

Indemnité d'expropriation. — Intérêts. — Capitalisation. — Déchéance.

Quand une indemnité d'expropriation a été fixée en capital et intérêts jusqu'au jour du paiement, si l'exproprié se pourvoit au Conseil d'État et que son pourvoi soit rejeté, il n'y a pas lieu de capitaliser les intérêts échus pour leur faire produire des intérêts. L'exproprié ne peut imputer qu'à lui-même le retard qu'il a subi (1).

MARC BELLARD C. LE MINISTRE DE LA GUERRE.

NAPOLÉON, etc ;

Sur le rapport de la section du contentieux ;

Vu la requête présentée au nom du sieur Marc Bellard, propriétaire à Alger, la dite requête enregistrée au secrétariat du contentieux le 10 février 1851, et tendant à ce qu'il nous plaise annuler une décision rendue, le 23 août 1850, par la commission de liquidation des indemnités dues pour expropriation en Algérie, laquelle a fixé à 2,150 fr. de capital, soit 215 fr. de rente, l'indemnité due au sieur Marc Bellard pour la moitié : 1° d'un magasin sis à Alger, rue du Divan, n° 58 ; 2° d'une boutique, même rue, n° 60, avec intérêts à partir du 1er janvier 1838, jour de la dépossession jusqu'au paiement effectif, dire que la dite indemnité sera portée à 16,896 fr. en capital et intérêts au 31 décembre 1850 avec les intérêts à dater du dit jour jusqu'au paiement effectif ;

(1) La capitalisation devrait au contraire avoir lieu dans le cas où le Conseil d'État réformerait la décision au fond. Voir les décisions des 1er décembre 1852 (*Cohen*) et 1 décembre 1852 (*Lasry*), pages 53 et 55 du présent *Recueil*.

Vu la décision attaquée ;

Vu la réponse de notre ministre de la guerre enregistrée au secrétariat du contentieux le 20 février 1852, et tendant au maintien pur et simple de la fixation de la commission ;

Vu le Mémoire en réplique enregistré comme dessus le 22 décembre 1852, par lequel le dit sieur Marc Bellard persiste dans ses précédentes conclusions ;

Vu toutes les pièces jointes au dossier ;

Vu les arrêtés du général en chef, en date des 19 janvier et 24 mai 1831 concernant les indemnités dues pour expropriations en Algérie ;

Vu l'arrêté du gouverneur-général, du 9 décembre 1841, sur l'expropriation pour cause d'utilité publique ;

Vu l'ordonnance royale du 1er octobre 1844 ;

Vu l'arrêté du gouverneur-général, du 5 mai 1848, concernant la liquidation des indemnités dues pour expropriations antérieures au 1er janvier 1845, le dit arrêté approuvé par décision ministérielle du 1er juillet suivant ;

Vu le décret du 23 septembre 1848 ;

En ce qui touche le chiffre de l'indemnité ;

Considérant qu'il résulte de l'instruction que l'indemnité allouée au sieur Marc Bellard est suffisante ;

En ce qui touche les intérêts des intérêts ou arrérages alloués par la décision attaquée ;

Considérant que la réclamation du sieur Marc Bellard relative au chiffre de son indemnité étant mal fondée, les retards apportés au paiement des dits intérêts ou arrérages doivent lui être imputés et ne peuvent donner lieu au paiement d'aucuns autres intérêts à la charge de l'État ;

Notre Conseil d'État au contentieux entendu,

Avons décrété et décrétons ce qui suit :

Art. 1. La requête du sieur Marc Bellard est rejetée.

2. Notre garde-des sceaux ministre de la justice et notre ministre de la guerre sont chargés, chacun en ce qui le concerne, de l'exécution du présent décret.

Du 20 mars 1853. — MM. Daverne, rapp.; Dumartroy, min. pub.; Béchard, av.

Expropriation pour cause d'utilité publique. — Appropriation de l'immeuble à un service public. — Ordonnance du 1er octobre 1844. — Arrêté ministériel du 1er juillet 1848. — Décision ministérielle. — Liquidation des indemnités. Estimation.

Une expropriation antérieure à l'ordonnance du 1er octobre 1844 est réputée consommée quand l'immeuble exproprié a été attribué à un service public.

(Arrêté minist. du 1er juill. 1848, art. 2.) *Dès lors, l'autorité administrative est seule compétente pour liquider les indemnités.*

Mais l'attribution à un service public n'a lieu qu'à partir du jour où elle est approuvée par décision ministérielle. En conséquence, l'indemnité doit être de la valeur de l'immeuble au jour de cette approbation.

LASRY C. LE MINISTRE DE LA GUERRE.

NAPOLÉON, etc. ;

Sur le rapport de la section du contentieux ;

Vu les requêtes sommaire et ampliative présentées au nom du sieur Jacob Lasry, propriétaire à Oran, les dites requêtes enregistrées au secrétariat du contentieux les 14 août et 18 novembre 1851, et tendant à ce qu'il nous plaise annuler pour incompétence une décision rendue, le 18 février 1851, par la commission de liquidation des indemnités dues pour expropriations en Algérie, laquelle a fixé à 1,956 fr. 20 c. l'indemnité due au dit sieur Jacob Lasry, pour la dépossession d'un terrain sis à Oran, dans la partie occupée aujourd'hui par les rues de Wagram et de Masséna, renvoyer la cause devant le Tribunal civil ; subsidiairement, réformant la décision attaquée, fixer à 2 fr. de rente au capital de 20 fr. par mètre la valeur du terrain dont il s'agit, soit, pour 782 m. 48 c., 1,564 fr. 86 c. de rente au capital de 15,648 fr, 60 c. avec les intérêts depuis le 7 mars 1845, date de la dépossession, et condamner le ministre de la guerre aux dépens ;

Vu la décision attaquée ;

Vu la réponse du ministre de la guerre, enregistrée au secrétariat du contentieux le 27 février 1852, et tendant au rejet du pourvoi ;

Vu le Mémoire en réplique du sieur Lasry, le dit Mémoire enregistré comme dessus le 21 juillet 1852, par lequel il persiste dans ses précédentes conclusions, et subsidiairement il conclut à ce qu'il plaise dire que l'indemnité sera fixée sur le pied de la valeur des immeubles en 1838, époque de l'approbation donnée par le ministre de la guerre au procès-verbal de délimitation du terrain militaire d'Oran, et, statuant par décision préparatoire, ordonner la communication d'une convention passée entre le dit sieur Lasry et le commandant du génie Vauban ;

Vu le procès-verbal, en date du 22 avril 1838, contenant délimitation des terrains militaires de la place d'Oran ;

Vu la dépêche ministérielle, en date du 27 mai 1848, approbative du dit procès-verbal ;

Vu toutes les pièces jointes au dossier ;

Vu les arrêtés des 17 octobre 1833 et 9 décembre 1841 ;

Vu l'ordonnance royale du 1er octobre 1844 ;

Vu l'arrêté du gouverneur-général, du 5 mai 1848 ;

Vu l'arrêté du ministre de la guerre, du 1er juillet 1848 ;

Vu le décret du 5 février 1851 qui fixe le terme des travaux de la commission de liquidation et transfère ses attributions aux conseils de préfecture ;

Vu le décret du 25 janvier 1852 ;

Sur la compétence :

Considérant qu'aux termes de l'art. 2 de l'arrêté du ministre de la guerre, du 1er juillet 1848, l'expropriation des immeubles pour les temps antérieurs à l'ordonnance royale du 1er octobre 1844, est réputée consommée par l'attribution des dits immeubles à un service public ;

Considérant que les terrains dont il s'agit ont été définitivement attribués au service des fortifications par une décision ministérielle du 27 mai 1838 ; que, dès lors, la commission instituée par l'arrêté du 5 mai 1848 pour liquider les indemnités des expropriations antérieures au 1er janvier 1845, était compétente pour statuer sur la réclamation du sieur Lasry,

Sur le chiffre de l'indemnité :

Considérant qu'il résulte de l'instruction que l'indemnité allouée au sieur Lasry a été calculée sur la valeur de ses terrains au 22 avril 1839, date du procès-verbal de délimitation des immeubles devant composer le domaine militaire de la ville d'Oran ;

Considérant que l'expropriation des immeubles compris au dit procès-verbal ne peut résulter que de l'approbation ministérielle du 27 mai 1838 ; que, dès lors, l'indemnité due au sieur Lasry doit être fixée d'après la valeur de ses terrains en 1838 ;

Considérant, toutefois, que l'instruction ne fournit pas d'éléments suffisants pour qu'il puisse être procédé dès à présent à cette fixation; qu'il y a, dès lors, lieu à cet égard de renvoyer les parties devant le conseil de préfecture d'Oran ;

Sur les dépens :

Considérant que la loi du 3 mars 1849 dont l'art. 42 rendait applicable à la section du contentieux l'art. 130 du Code de procédure civile relatif aux dépens a été abrogée par le décret du 25 janvier 1852, et qu'aucune autre disposition de loi ou de règlement n'autorise à prononcer de dépens, soit au profit, soit à la charge des administrations publiques, dans les affaires portées devant notre Conseil d'État.

Notre Conseil d'Etat au contentieux entendu,

Avons décrété et décrétons ce qui suit :

Art. 1. L'indemnité due au sieur Lasry sera calculée sur la valeur de ses terrains en 1838.

2. Les parties seront renvoyées devant le conseil de préfecture d'Oran pour faire évaluer la dite indemnité d'après les taux ci-dessus déterminés.

3. La décision du 18 février 1851 est annulée dans celles de ses dispositions qui sont contraires au présent décret.

4. Notre garde-des-sceaux ministre de la justice et notre ministre de la guerre sont chargés, chacun en ce qui le concerne, de l'exécution du présent décret.

Du 29 mars 1853. — MM. Daverne, rapp.; de Forcade, min. pub.; Béchard, av.

Délimitation. — Ordonnance du 20 juillet 1846. — Décision en fait. (1)

Le recours formé devant le Conseil d'Etat contre un arrêté du conseil de préfecture qui, statuant sur la délimitation d'une propriété, en aurait retranché un nombre indéterminé d'hectares qui auraient été ensuite concédés par l'Etat à des particuliers, doit être rejeté si celui qui se prétend propriétaire n'établit pas, par la production de titres réguliers, que les terrains, par lui réclamés, devaient faire partie de la propriété délimitée.

Cette cause de rejet étant péremptoire, il n'y a pas même lieu, lorsqu'elle existe, de rechercher si le pourvoi est tardif ni de statuer sur la question de savoir si la parcelle réclamée était en nature de marais et appartenait par ce motif à l'Etat.

DURAND C. MAISON ET CONSORTS.

NAPOLÉON, etc.;

Sur le rapport de la section du contentieux;

Vu la requête sommaire et le Mémoire ampliatif présentés au nom du sieur Claude-Nicolas Durand, propriétaire, demeurant à l'Agha, la dite requête et ledit Mémoire enregistrés au secrétariat du contentieux les 24 janvier et 13 mars 1851, et tendant à ce qu'il nous plaise, annuler un arrêté, en date

(1) Dans l'espèce, le sieur Durand, pour prouver que les 114 hectares litigieux faisaient partie de Ben-Ahmida, s'appuyait sur les énonciations du procès-verbal de délimitation, énonciations non contredites d'ailleurs par l'arrêté du conseil de préfecture, lequel invoquait, en faveur seulement de l'État, la présomption de propriété fondée sur la possession et sur la nature marécageuse du terrain. (Ordonn. du 21 juillet 1846, art. 46.)

Le Conseil d'État ne s'est pas prononcé sur les deux fins de non recevoir opposées au pourvoi. La seconde, tirée de la nature marécageuse du terraine n'offrait qu'une question de fait; mais la première soulevait une grave question de procédure. Il s'agissait de savoir si l'art. 84 de l'ordonnance du 15 avril 1845, qui fixe à 3 mois le délai du pourvoi au Conseil d'État contre les décisions du conseil du contentieux, a voulu ou même a pu déroger à l'art. 11 du décret du 22 juillet 1806, combiné avec l'art. 73 du Code de procédure qui, aux trois mois du délai ordinaire, ajoutait pour l'Afrique un délai de distance de six mois. Il s'agissait, en outre, de savoir si, quelle que fut la durée du délai, une notification administrative avait suffi pour le faire courir en présence de l'art. 82 de l'ordonnance du 15 avril 1845 qui exige, dans tous les cas, une signification *par huissier*.

du 4 avril 1850, par lequel le conseil de préfecture d'Alger a statué sur la délimitation de l'haouch Ben-Ahmida, en ce que le dit arrêté retranche de ce domaine 114 hectares qui auraient été concédés à tort par l'État au sieur Maison, au sieur Cordier et au sieur Dalmas, déclarer que les 114 hectares litigieux font partie de Ben-Ahmida et condamner l'État et les sieurs Maison et Cordier et les héritiers Dalmas aux dépens ;

Vu l'arrêté attaqué,

Vu la réponse de notre ministre de la guerre, enregistrée au secrétariat du contentieux, le 29 mai 1852, et tendant à ce qu'il nous plaise déclarer le recours du sieur Durand non recevable comme ayant été formé tardivement ; subsidiairement le déclarer mal fondé ; très subsidiairement, dans le cas où il serait par nous accueilli, ne l'admettre que pour le quart appartenant au sieur Durand, dans l'haouch Ben-Ahmida ;

Vu le Mémoire en défense présenté au nom des sieurs Maison et Cordier et des représentants Dalmas, le dit Mémoire enregistré comme dessus le 27 novembre 1852, et tendant à ce qu'il nous plaise rejeter le recours avec dépens ;

Vu le Mémoire en réplique du sieur Durand, le dit Mémoire enregistré comme dessus le 15 janvier 1853, par lequel il persiste dans ses précédentes conclusions ;

Vu toutes les pièces jointes au dossier ;

Vu les ordonnances royales des 15 avril 1845 et 21 juillet 1846 ;

Vu celle du 1er septembre 1847 et l'arrêté du chef du pouvoir exécutif du 9 décembre 1848 ;

Sans qu'il soit besoin de statuer sur la fin de non recevoir tirée de ce que le pourvoi du sieur Durand serait tardif, ni sur la question de savoir si les 114 hectares litigieux étaient en nature de marais et appartenaient par cette raison à l'État à l'époque où il les a concédés aux sieurs Maison et consorts;

Considérant que le sieur Durand n'établit, par la production d'aucun titre, que les terrains dont il s'agit auraient dû être compris dans les limites de l'haouch Ben-Ahmida ;

Notre Conseil d'État au contentieux entendu,

Avons décrété et décrétons ce qui suit :

Art. 1. La requête du sieur Durand est rejetée.

2. Le sieur Durand est condamné aux dépens envers les sieurs Maison et consorts.

3. Notre garde-des-sceaux ministre de la justice et notre ministre de la guerre sont chargés, chacun en ce qui le concerne, de l'exécution du présent décret.

Du 6 mai 1853. — MM. Daverne, rapp. ; de Lavenay, min. publ. ; Dareste et Rigaud, av.

JUSTICE CRIMINELLE.

COUR IMPÉRIALE D'ALGER.

1° Capitaine d'habillement. — Fonctionnaire public.— 2° Bureaux de l'officier d'habillement.— Dépôt public.

Un capitaine d'habillement n'est pas fonctionnaire ou officier public dans le sens de l'art. 145 du Code pénal.

Le bureau de l'officier, chargé de l'habillement dans chaque corps, ne constitue pas un dépôt public, dans le sens de l'art. 254 du Code pénal, et ne peut être considéré comme un des lieux publiquement institués pour y déposer des pièces, procédures criminelles, papiers, registres, actes et effets.

LE MINISTÈRE PUBLIC C. FABRÈGUES.

Ces questions, importantes en droit criminel, ont été tranchées par l'arrêt intervenu dans l'affaire du capitaine Fabrègues, confirmatif du jugement du Tribunal d'Oran qui avait décidé ainsi que le porte le sommaire et par les motifs suivants :

« 1° Sur le chef de faux :

» Attendu qu'il résulte de l'instruction et des débats la preuve que, dans le courant des années 1850 et 1851, Fabrègues a fait altérer les écritures qu'il tenait en sa qualité de capitaine d'habillement du 4e régiment de chasseurs d'Afrique, en garnison à Mostaganem, et intercaler après coup des écritures sur ses registres ;

» Attendu que ces faits constituent le crime de faux ;

» Qu'en effet, à l'altération par écrit de la vérité l'accusé a joint l'intention criminelle, puisqu'en agissant ainsi il avait pour but de présenter des situations fausses et d'échapper, par ce moyen, à la responsabilité que devait entraîner contre lui le déficit aujourd'hui régulièrement constaté ;

» Qu'il est vrai qu'il n'est pas établi qu'un préjudice déterminé ait été la conséquence directe des altérations sus-énoncées; que, spécialement, si le conseill d'administration du régiment est tenu de couvrir le déficit sur ses propres deniers, il est évident que cette perte serait supportée par les membres du dit conseil, alors même qu'aucune altération n'aurait existé sur les registres ou écritures, puisque le déficit et la responsabilité qui en est la suite, résultent soit de détournements antérieurs, soit, dans tous les cas, des manquants en magasin, abstraction faite des moyens employés pour dissimuler ces manquants ;

» Mais attendu que le préjudice causé par ces altérations, quoique indéterminé, n'en est pas moins réel, puisqu'en masquant, par ce moyen, la position effective des magasins dont il avait la gestion, l'accusé prolongeait la sécurité dans laquelle il maintenait sciemment le contrôle local, facilitant ainsi l'augmentation du déficit, et créait, par conséquent, la possibilité d'un préjudice plus considérable ;

» Que, de ce qui précède, il résulte que les altérations reprochées à l'accusé renferment tous les caractères constitutifs du faux en écriture ;

» Mais attendu qu'elles ne constituent pas le crime de faux en écriture publique et authentique ;

» Qu'en effet, l'accusé, simple mandataire du conseil d'administration du 4e régiment de chasseurs d'Afrique, n'était ni fonctionnaire ni officier public, caractère exigé pour l'application de l'article 145 du Code pénal ;

» Qu'en admettant même qu'il dût être considéré comme comptable, cette qualité ne lui attribuerait pas nécessairement le caractère tout spécial de fonctionnaire ou d'officier public ;

» Que, d'ailleurs, la jurisprudence la plus sérieusement motivée a distingué soigneusement les comptables en matière des comptables en argent, en décidant que les premiers ne recevant pas les deniers de l'État et ne payant pas avec les deniers de l'État, ne sont pas astreints aux mêmes obligations que les derniers, et que, par conséquent, on ne peut invoquer les mêmes garanties pénales contre les uns et contre les autres ;

» Que ces distinctions, fondées en ce qui concerne les comptables en matière préposés à un service public, s'appliquent, à plus forte raison, à des agents préposés à la surveillance de matières destinées spécialement à un régiment ;

» Qu'il résulte de ce qui précède, que les faits constatés à la charge de Fabrègues manquent d'un des éléments constitutifs du crime de faux en écriture authentique et publique ;

» Mais attendu que, par ces faits, Fabrègues s'est rendu coupable du crime de faux en écriture privée, prévu et réprimé par l'art. 150 du Code pénal ;

» Attendu, en outre, qu'il résulte de l'instruction et des débats la preuve que le dit Fabrègues a fait sciemment usage des pièces fausses dont il s'agit ;

» Qu'il s'est ainsi rendu coupable du crime prévu et réprimé par l'art. 151 du même Code ;

» Sur le chef d'enlèvement de pièces d'un dépôt public :

» Attendu que le bureau de l'officier chargé de l'armement dans chaque corps ne constitue pas un dépôt public, dans le sens de l'art. 254 du Code pénal ;

» Attendu, d'ailleurs, qu'il n'est pas établi que les deux factures, l'une constatant la livraison de 400 chemises, et l'autre celle de 800 pantalons, aient été déposées dans le dit bureau ou aux mains de l'accusé ; que, par conséquent, rien ne prouve qu'il se soit rendu coupable de la soustraction des dites factures ;

» 3° Sur le chef de détournement d'effets militaires :

» Attendu que, s'il est constaté que quelques objets de peu d'importance ont été donnés par l'accusé, il n'est pas établi que ces objets fissent partie des effets confiés à son administration ;

» 4° Sur le chef de complicité de soustraction frauduleuse :

» Attendu qu'il n'est pas prouvé que les faux relevés à la charge de Fabrègues aient eu pour but d'aider ou d'assister les accusés ci-dessus dénommés, dans les soustractions frauduleuses à eux imputées ;

» En ce qui touche, etc., etc. »

Le capitaine Fabrègues crut devoir interjeter appel de ce jugement.

Le rapport de M. le conseiller André Imberdis, dont nous donnons un résumé, et qui a été présenté à la Cour pendant deux de ses audiences, nous dispensera de rappeler les faits du procès. Nous ne pouvons donc mieux faire que de citer les principaux passages de ce travail qui, ainsi que le disait dans sa plaidoirie le défenseur de l'ex-officier, Mᵉ Gechter : « restera comme un modèle d'analyse, de précision et de déduction légale. »

M. le conseiller commence ainsi :

I.

Messieurs,

L'affaire, dont vous allez entendre le rapport, s'est présentée avec des caractères d'une haute gravité, soit par le nombre des accusés ou prévenus, qui ont comparu devant la justice, soit par la position, le rang, les fonctions du principal inculpé, soit enfin par la qualification des faits dont le ministère public poursuit la répression, et qui constitueraient, à ses yeux, *le faux en écriture authentique et publique et l'usage de faux, — le détournement d'effets militaires, — l'enlèvement de pièces d'un dépôt public, — et la complicité de vol qualifié.*

Le poids le plus lourd de cette incrimination retomberait sur un homme qui avait l'honneur de servir dans l'armée française ; qui était revêtu des insignes d'un grade élevé, et, depuis 1843, avait pris rang dans la Légion-d'Honneur ; à qui l'autorité supérieure avait déféré un emploi de confiance, un emploi engageant, avant tout, la plus scrupuleuse surveillance comme la plus inflexible probité.

Le capitaine Fabrègues, entré comme volontaire au service, en 1823, fut nommé, le 22 août 1841, capitaine d'habillement du 4e régiment de chasseurs d'Afrique qui vint, en 1844, tenir garnison à Mostaganem. C'est dans cette gestion que l'officier aurait failli à ses devoirs. C'est dans son administration que se seraient révélées des malversations coupables ; c'est, sous l'encouragement de son incurie ou sous la protection de sa complicité, suivant l'accusation, que des soustractions frauduleuses auraient été commises dans ses magasins mêmes. Un examen attentif de sa conduite le menaçait ; l'autorité supérieure avait conçu des soupçons et prescrivait une vérification spéciale et sévère ; des constatations accablantes allaient dévoiler une situation entachée de déficit : alors, afin de cacher son état de gestion, afin d'égarer le contrôle auquel il était soumis, il aurait, dans le but de dissimuler le déficit préexistant, soustrait, enlevé ou détruit deux factures, l'une constatant la livraison de cent chemises, et l'autre de huit cents pantalons, lesquelles factures ayant été reçues en sa qualité de dépositaire public, devaient demeurer dans les archives de l'habillement ; il aurait détourné et dissipé des effets militaires existant entre ses mains en vertu de ses fonctions; il aurait altéré et fait altérer les écritures tenues par lui, comme capitaine d'habillement, et sciemment usé de pièces comptables falsifiées; pour perpétrer ces actes criminels, il aurait enfin réclamé l'assistance de ses secrétaires, sacrifiant, dans une semblable connivence, la dignité du chef, la moralité, la force du commandement, ces prescriptions de la conscience auxquelles tout lui ordonnait, à lui, officier comptable, de ne jamais forfaire, et aussi cette voix de l'honneur toujours fièrement entendue, noblement respectée dans cette grande famille militaire dont il faisait partie depuis si longtemps, et, comme capitaine d'habillement, depuis plus de dix années...

L'acte d'accusation dressé contre Fabrègues, ainsi que les autres pièces dont vous recevrez successivement connaissance, vous signaleront l'inculpé sous de tristes aspects : manquant de soins, de vigilance, d'assiduité ; insouciant de ses devoirs jusqu'à l'indifférence ; d'une facilité, d'une faiblesse de caractère qui autorisaient autour de lui les plus regrettables désordres ; contractant des dettes ; livré à une intempérance habituelle; et, malgré l'instruction, malgré l'intelligence qui l'avaient fait distinguer de ses chefs, pour masquer ses déficit, descendant à des manœuvres qui devaient infailliblement le placer, tôt ou tard, dans cette position d'accusé dont, comme père et comme soldat, il n'aurait dû qu'en tremblant envisager les irrémissibles conséquences !

Une vérification du mois de janvier 1851 établit de graves irrégularités. Une deuxième vérification vint, plus énergiquement encore, atteindre le comptable ; l'Intendance, armée de preuves, demanda une information à la justice militaire : Fabrègues fut emprisonné. Les plus sérieux indices de complicité s'étant manifestés contre des individus non militaires, la justice ordinaire dut continuer les investigations commencées. Bientôt un déficit considérable a été reconnu dans les magasins d'habillement du 4e chasseurs, et

au chapitre 6, comprenant le petit équipement ou les effets de linge et chaussure : l'autorité administrative l'a fixé à 5,116 fr. 23 c. le 2 octobre 1852 ; à la date du 9 octobre suivant, l'officier inculpé était frappé par une décision ministérielle qui le mettait en retrait d'emploi.

La procédure criminelle instruite a placé autour de lui, mais dans des conditions et sous des charges différentes, douze co-accusés : six appartiennent ou avaient appartenu au 4e chasseurs ; les autres étaient des marchands ou fabricants ayant à répondre de l'accusation de recel, de provocation aux soustractions frauduleuses qui leur profitaient, et de l'achat organisé d'effets attachés au matériel de l'armée.

Voici le nom de ces co-accusés avec la mention sommaire des griefs relevés contre eux. Cette indication devient, dès ce moment, nécessaire, parce qu'elle mettra la Cour à même de peser, dans leur particularité pour chacun des inculpés liés à l'armée, les déclarations qu'ils ont fournis à l'autorité militaire et civile, les aveux qu'ils ont confessés et la portée des documents produits pour la justification de leur culpabilité ; elle servira aussi à déterminer à quelle distance du premier plan doivent être retenus les autres inculpés, non militaires, que leur coopération présumée aux actes reprochés a fait, sous la charge d'une intime connexité, comprendre dans la même accusation générale comme dans la même poursuite judiciaire.

Le maréchal-des-logis Berbiguier, les chasseurs Flageollet et Chaussonnet sont accusés d'avoir, avec connaissance, concerté et exécuté conjointement avec l'ex-capitaine, les crimes de faux et d'usage de faux dans les circonstances que nous venons de rappeler ; — Flageollet d'avoir à diverses reprises, en 1850 et 1851, frauduleusement soustrait des effets militaires dans les magasins de l'habillement où il travaillait habituellement en qualité de secrétaire ; Chaussonnet et Berbiguier d'avoir, au moyen des faux dont ils seraient co-auteurs, aidé et assisté Flageollet dans les faits qui ont préparé et facilité les soustractions frauduleuses et de s'en être ainsi rendus les complices ; — Auguste Rhomer, cavalier au même régiment, d'avoir avec connaissance aidé et assisté Flageollet, en lui servant d'intermédiaire avec les acheteurs, et de s'être ainsi rendu complice des soustractions qualifiées ; — Charles-Louis-Joseph Marin, ex-brigadier au même corps, Simon Loblein, fripier, Auguste Peupille, marchand papetier, Guillaume Meyer, papetier et marchand de chiffons, Emmanuel Heymann, fripier, Amable Bargouin, fabricant de casquettes, Anne Gineston, épouse Marcelot, cantinière, et Jean Valéry, maître bottier au 4e régiment de chasseurs d'Afrique, d'avoir, par dons et promesses, provoqué les accusés Flageollet et Rhomer à commettre des soustractions frauduleuses dans les magasins d'habillement, et de leur avoir donné des instructions pour les commettre : dans tous les cas, d'avoir aidé et assisté, avec connaissance, les auteurs ou complices des dites soustractions, dans les faits qui les ont préparées et facilitées et dans ceux qui les ont consommées ; et, en outre, d'avoir, en 1850 et 1851, sciemment recélé divers effets militaires enlevés, détournés ou obtenus à l'aide du crime dont Flageollet serait l'auteur principal, et de s'être, par ce moyen, rendus complices de ce crime ; — enfin, Loblein, Heymann et Bargouin d'avoir omis de tenir ou tenu irrégulièrement le registre qui leur était imposé en leur qualité de fripiers, et, en différentes occasions, dans le courant des années 1850, 1851 et 1852, acheté à des militaires ou illégalement détenu des effets de petit équipement ou autres choses mobilières faisant partie du matériel de l'armée.

Nous avons hâte de vous dire, Messieurs, que vous n'avez aujourd'hui à vous occuper que du capitaine Fabrègues. La décision des premiers juges a renvoyé des poursuites Chaussonnet, Berbiguier, Bargouin, Valéry et la femme Marcelot ; elle a frappé de condamnations diverses Fabrègues, Flageollet, Rhomer, Marin, Peupille, Mayer, Loblein et Heymann, et tous les condamnés, à l'exception de l'ex-officier comptable, ont accepté leur sentence ; le ministère public ne s'est point pourvu : tout est donc pour eux souverainement et définitivement jugé. Fabrègues, seul, a appelé du jugement qui, en le renvoyant sur certains chefs, l'a reconnu et déclaré coupable sur certains autres ; le ministère public, de son côté, a relevé appel *a minimâ*.

Voilà, Messieurs, resserré dans l'exposé le plus concis, le résumé de la poursuite dirigée contre Fabrègues et ses co accusés devant le Tribunal d'Oran : mais une affaire de cette nature peut-elle se résumer ?

Si, pour une appréciation générale, nos indications substantielles suffisent à votre expérience, elles deviennent impuissantes pour déterminer la conviction que votre conscience n'admet jamais qu'en face des preuves les plus incontestables et avec cette certitude que fait naître la vérité démontrée. Nous l'avons compris, Messieurs, et nous avons parcouru avec soin toutes les pièces composant les volumineux dossiers qui nous ont été remis : d'un côté, c'était la procédure très régulièrement suivie ; de l'autre, se pressaient les communications de l'autorité militaire. Ici, progrès incessants d'une laborieuse et difficile instruction ; là, renseignements, indices nombreux, pièces officielles, et ces preuves flagrantes résultant moins encore, si c'est possible, des aveux consignés que des traces manifestes laissées tant de fois par la manœuvre du faussaire sur les écritures qu'il importait de gratter et d'altérer.

Voilà pourquoi cette affaire ne se résume pas : elle s'étudie dans toutes ses complications ; elle se suit avec l'examen rigoureux de ses phases multiples ; elle livre enfin, sous la pression de l'évidence, le secret de ce lien étroit et occulte qui partait sans direction, il est vrai, sans but bien avoué, peut-être, de la main du principal accusé, pour s'arrêter dans les combinaisons d'agents subalternes et se perdre ensuite au milieu des spéculateurs de bas étage qu'un lucre illicite attirait et rapprochait.

Vous n'avez plus qu'un seul inculpé devant vous : mais l'absence même de tous ceux qui ont comparu devant les premiers juges implique la nécessité de rappeler les circonstances qui ont établi leur participation punissable, ou qui ont dégagé la responsabilité innocentée par l'acquittement.

La première pièce qui doit passer sous les yeux de la Cour, nous n'avons pas besoin de l'énoncer, c'est l'acte d'accusation.

Cet acte, Messieurs, image fidèle du résultat de l'instruction, a recueilli avec soin et expose avec clarté tout ce qui peut faire jaillir la lumière et amener la démonstration.

Il se divise en deux parties principales :

1° *Examen des Faux en écriture publique imputés au capitaine Fabrègues ou à ses co-accusés ;*

2° *Soustractions commises dans les magasins d'habillement ; — auteurs ou complices.*

La première partie se subdivise en 7 catégories :

1° *Faux dans les quantités de bottes ou bottines ;*

2° — *dans les chemises et souliers ;*

3° — *dans les brosses à habit et à cheval ;*

4° — *dans les sacs à orge ;*

5° — *dans les diverses catégories du petit équipement ;*

6° — *dans les omissions pour chemises et pantalons ;*

7° *Enfin, dans la soustraction de pièces d'un dépôt public.*

La deuxième partie se rattache particulièrement aux complices présumés de l'officier inculpé.

En présence de l'importance de ce document, et malgré son étendue, nous avons le devoir de le soumettre tout entier à votre religieuse attention.

(Lecture de l'acte d'accusation.)

Vous le voyez, Messieurs, trois questions capitales surgissent de l'acte d'accusation :

1° Y a-t-il faux en écriture authentique et publique, ou, seulement, faux en écriture privée, avec usage des pièces fausses ?

2° Y a-t-il enlèvement de pièces d'un dépôt public ?

3° Y a-t-il détournement d'effets militaires confiés à l'administration d'un comptable ?

En ce qui touche le premier chef :

Vous aurez à examiner s'il résulte de l'instruction et des débats la preuve que, dans le courant des années 1850 et 1851, Fabrègues a fait altérer les écritures qu'il tenait en sa qualité de capitaine d'habillement du 4e chasseurs d'Afrique, en garnison à Mostaganem, et, après coup, intercaler des écritures sur ses registres ;

Si ces faits constituent le crime de faux, parce que l'inculpé avait pour but, avec l'intention criminelle de s'en servir (car l'usage d'une pièce fausse est un crime entièrement différent de celui de fabrication ou altération d'un écrit), de présenter des situations fausses, s'efforçant, par ce moyen, d'échapper à la responsabilité que devait entraîner contre lui le déficit régulièrement constaté ;

Si un préjudice déterminé a été la conséquence directe des altérations commises;

Si le conseil d'administration du régiment, demeurant tenu de couvrir le déficit de ses propres deniers, il n'est pas établi que cette perte serait supportée par les membres de ce conseil, alors même qu'aucune altération n'aurait existé sur les registres ou écritures, puisque le déficit et la responsabilité, qui en est la suite, proviennent, soit de détournements antérieurs, soit d'ailleurs des manquants en magasin, abstraction faite des moyens employés pour dissimuler ces manquants;

Si, enfin, ainsi que l'a constaté le jugement, le préjudice causé par ces altérations, quoique indéterminé, n'en est pas moins réel, et n'en était pas, d'ailleurs, éventuellement produit, puisque l'accusé, en masquant ainsi la position effective des magasins dont la gestion lui était remise, prolongeait la sécurité dans laquelle il maintenait sciemment le contrôle local, facilitait dès lors l'augmentation du déficit, et créait conséquemment la possibilité d'un préjudice plus considérable.

Ces faits sont-ils reconnus avec le caractère de faux matériel en écriture, c'est-à-dire avec *cette altération de la vérité, dans une intention criminelle, qui a porté ou pu porter préjudice à des tiers*, d'après cette qualification de Cujas qui est restée peut-être la meilleure, et que les commentaires et arrêts modernes ont sanctionnée d'une autorité devenue souveraine; c'est-à-dire encore avec les trois circonstances ou éléments constitutifs que Voët, dans son abrégé du Digeste, exprimait ainsi avec cette définition distincte, claire et complète qui a été généralement acceptée :

1° *Veritatis suppressio*;

2° *Dolus;*

3° *Detrimentum tertii?*

Vous aurez alors à vous demander s'il est prouvé qu'ils aient eu pour but d'aider ou d'assister les co-accusés dans les soustractions frauduleuses qui leur sont imputées, et s'ils constituent le crime de faux en écriture authentique et publique; car la qualification de l'écriture, objet du faux, est une question complexe, mélangée de fait et de droit.

A ce dernier égard, l'accusé n'était-il que simple mandataire du conseil d'administration du 4e chasseurs?

Pourrez-vous déclarer que Fabrègues était bien fonctionnaire ou officier public, ainsi que l'exige l'art. 145 du Code pénal, qui, vous le savez, s'est moins attaché à définir les différents crimes de faux qu'a en différencier les pénalités?

Vous vous rappellerez, Messieurs, que si, à côté des répressions portées par les Edits et Ordonnances de 1531, 1535, 1536 et 1680, l'Edit de cette dernière année a compris dans ses dispositions la nomenclature des personnes qu'il pouvait atteindre, le Code pénal n'a pas défini ce qu'il fallait entendre par fonctionnaires ou officiers publics, et que les changements survenus dans notre organisation judiciaire et administrative ne permettent plus de puiser des règles sûres dans ces anciennes dispositions. Avec la jurisprudence, serez-vous fondés à appeler fonctionnaires ou officiers publics, dans le sens des art. 145 et 146, tous les agents reconnus par la loi, et que l'autorité publique a institués dans un intérêt général? Cette appréciation arrivera-t-elle à l'inculpé?

En admettant que Fabrègues dut être considéré comme comptable, cette qualité lui attribuerait-elle nécessairement le caractère tout particulier, tout spécial, de fonctionnaire ou d'officier public? Et sa position officielle comportait-elle ces droits et ces devoirs, inhérents à l'exercice des fonctions publiques, dont la violation intéresse par conséquent la paix et l'ordre publics, et quelquefois même la sécurité de l'Etat?

Ne sera-ce pas le cas, dans l'espèce, de distinguer entre les comptables en *matière* et les comptables en *argent*?

N'aurez-vous pas à décider que les comptables en *matière*, ne recevant pas les deniers de l'État et ne payant pas avec les deniers de l'État, ne peuvent être astreints aux mêmes obligations que les comptables en *argent*, qui non-seulement *abusent de confiance*, mais *abusent de la confiance de l'État*, et qu'alors les mêmes garanties pénales ne sauraient également contre les uns et contre les autres être invoquées?

Si vous admettez, avec la décision frappée d'appel, que cette distinction, fondée en ce qui concerne le comptable en *matière* préposé à un service public, s'applique, à plus forte raison, aux agents préposés à la surveillance de matières destinées spécialement à un régiment, ne serez-vous pas conduits à reconnaître que, dans les faits constatés à la charge de Fabrègues, il manque un des éléments constitutifs du crime de faux en écriture authentique et publique?

Messieurs,

En ce qui touche l'enlèvement de pièces d'un dépôt public, il s'agira de décider si le bureau de l'officier, chargé de l'habillement dans chaque corps, constitue un dépôt public, dans le sens de l'art. 254 du Code pénal, et peut être considéré comme un des lieux publiquement institués, d'après la définition des criminalistes, pour y déposer des pièces, procédures criminelles, papiers, registres, actes et effets; si ce bureau, pour devenir un dépôt public, peut être transformé, ainsi que l'a dit l'exposé des motifs sur les art. 249 et suiv., « en un asile sacré où tout enlèvement qui y est commis est une violation de la garantie sociale, un attentat contre la foi publique; » si enfin, puisque l'énumération des dépôts publics et celle des dépositaires publics, que donne l'art. 254, n'est pas limitative, vous ne trouverez point, auprès de la position même de l'inculpé, cette latitude rationnelle qui permet de concilier le vœu de la loi avec les garanties dues à l'accusé et les exigences de la répression?

Quelle que soit votre décision sur cette branche de la question, il vous appartiendra de déclarer si, ou non, il est établi suffisamment que les deux factures ont été déposées dans le bureau ou aux mains de l'accusé, afin de tenir pour constante à sa charge ou de repousser (avec le fait *matériel* et *intentionnel* de détournement, et non pas même le simple déficit ou le défaut de reproduction par suite de négligence ou d'incurie) la soustraction de ces deux factures.

En ce qui touche le détournement d'effets militaires, votre justice dira si les objets de peu d'importance, donnés par l'accusé, faisaient partie des effets confiés à son administration.

C'est à ces solutions que se réduisent, nous le croyons, les difficultés en droit criminel sur lesquelles vous êtes, Messieurs, appelés à vous prononcer.

M. le conseiller entre dans les développements théoriques et pratiques qui sont inhérents aux questions posées, et il passe ensuite, les principes appliqués et les conséquences déduites, à la deuxième partie de son travail.

II.

Déjà, Messieurs, en décembre 1849, l'autorité supérieure avait dû frapper de son blâme et menacer de sa sévérité le capitaine d'habillement du 4e chasseurs. Des divers degrés de la surveillance hiérarchique étaient montées jusqu'au chef de l'armée les plaintes provoquées par la conduite et la gestion de Fabrègues. Déjà, il avait manqué à ces règles d'ordre, de discipline et de direction privée qui s'allient chez nos officiers à la distinction du commandement.

M. le Ministre de la Guerre écrivait au général commandant la division d'Oran que « le capitaine Fabrègues avait été signalé à la dernière inspec-
» tion générale, tant par l'inspecteur-général lui-même, que par le sous-in-
» tendant chargé de l'inspection administrative du corps, comme paresseux,
» peu régulier dans les habitudes de sa vie privée, désordonné dans les af-
» faires du corps et dans celles qui lui sont personnelles, contractant des
» dettes et adonné à l'intempérance.

» Je vous invite, ajoutait M. le Ministre, à réprimander en mon nom cet
» officier de la manière la plus sévère.

» Vous aurez, en outre, à vous faire rendre un compte rigoureux des
» plaintes dont le capitaine d'habillement Fabrègues peut être l'objet, et à
» examiner si un officier qui est sous le coup de reproches aussi graves, peut
» non-seulement conserver un emploi dont le titulaire doit être investi de
» l'entière confiance de ses chefs, mais même être maintenu dans les rangs
» de l'armée. »

Pour un officier jaloux de l'estime de ses supérieurs, soigneux de sa dignité personnelle, et porté, par cette impulsion qui se lie au caractère de homme bien né, à se rétablir dans les bonnes conditions qu'imposait le poste occupé, une telle admonition eût, sur-le-champ, fait rompre avec un passé reprochable. Pourquoi Fabrègues ne l'a-t-il pas senti? Pourquoi aucun amendement n'est-il venu plaider pour lui depuis cette dépêche si nettement expressive du ministre? Pourtant, autour de lui on l'excitait toujours, avec les meilleurs sentiments, à devenir enfin l'officier sous tous les rapports honorable que son grade, que sa qualité devaient faire trouver en lui : Fabrègues serait resté incorrigible. Aussi, en 1851, la mesure était comble. Jusque-là, donc, rien n'aurait pu toucher le capitaine à l'encontre des répréhensions qu'il ne cessait d'encourir. Toute patience fatiguée, toute insistance inutile, le père de famille demeurant sourd, comme le soldat, aux plus fréquents, aux plus énergiques appels, les moyens indulgents furent abandonnés : car, en effet, il n'était plus permis d'espérer un sage retour à une autre conduite, et une régularité d'administration qui pût, sinon effacer complétement, au moins faire oublier les blâmes subis et les fautes commises. Les dispositions paternelles et si bienveillantes du colonel, le souvenir des relations de camarade du major, durent disparaître devant les impérieuses prescriptions du service : l'heure de la justice répressive sonnait pour l'inculpé.

Vous allez juger, Messieurs, sous quelles impressions est formulée la première plainte officielle de M. le major Leuillaut de Wacquant. Vous comprendrez avec quel regret, obligé par l'art. 27 du règlement sur le travail intérieur, de surveiller toutes les parties de l'administration, et par l'art. 34 d'en rendre compte au colonel, il vient accuser le capitaine Fabrègues : afin d[illegible]ner l'ordre dans les magasins d'habillement, il est forcé d'invoquer l'art. 67 et de demander qu'un officier soit *adjoint* au capitaine. Instruits des ménagements généreux dont il était l'objet, vous serez justement surpris que l'ex-officier n'ait pas trouvé dans son cœur ce mouvement de gratitude, n'ait pas entendu dans sa conscience cette voix du devoir qui devaient le porter à se montrer à l'avenir ce qu'il aurait dû toujours être : homme d'ordre, comptable exact, officier irréprochable.

(Lecture de la lettre du major.)

A ces traits qui peignent avec une affligeante, mais très grande vérité, le côté moral du capitaine sous des rapports qui restent encore dans des généralités, viennent, quelques jours après, se joindre des faits particuliers et des circonstances de détail qui font pressentir quelles sérieuses indications sont sur le point de se faire jour. Le maréchal-des-logis Berbiguier parle déjà d'un système de détournement d'effets dont souffrait habituellement le magasin du 4ᵉ chasseurs et de tentatives de soustraction de bons de linge et chaussure, ainsi que de la lacération d'autres bons de même nature, une fois payés. C'est le 30 août 1851 qu'est reçue cette importante déclaration...

Mais, Messieurs, ce ne sont plus des soupçons, des probabilités, des relations plus ou moins exactes, ces on-dit de caserne dont le sous-officier peut n'être pas toujours parfaitement mémoratif, et que, d'ailleurs, vous n'accueillez qu'avec une extrême discrétion ; non, ce ne sont plus des productions incomplètes que vous trouverez en avançant lentement dans l'examen de cette affaire. Le secrétaire du bureau de l'habillement, le chasseur Chaussonnet est indiqué comme ayant pris part aux malversations : pour se disculper, il ne se contente pas de se défendre, il accuse ; il accuse avec des faits, avec des actes, avec des preuves matérielles qui se rattachent, comme force démonstrative, au faisceau de documents donnant à l'instruction une impulsion incessante, un guide sûr, et qui, plus tard, déposeront entre les mains de la vindicte publique, et pour les plus importantes récriminations, une très grande puissance. Le commandant ordonne un rapport à Chaussonnet : il le présente à la date du 3 septembre 1851. Dans cette pièce, il soutient que la situation soumise au sous-intendant militaire, à M. de Las-Cases, le 13 janvier, « était fausse presque en tous points ; que pour le » tromper, outre les emprunts faits, on a établi des bons de prise fictifs, » portant de fausses signatures, que l'on a eu soin de faire disparaître dès » qu'ils sont devenus inutiles. » Il dit que, depuis ce temps, on a fait un marché de linge et chaussure comprenant des objets qui n'ont jamais paru en magasin, et que, conséquemment, les chiffres écrits au Livre des Recettes et Consommations ne sauraient être d'accord avec les entrées réelles. En sa présence et en celle, croit-il, de deux autres personnes, il a été établi, pour certains articles, une pièce fictive signée par le capitaine Fabrègues au nom de Gendrau, négociant à Mostaganem, et cette pièce déclarait prendre à charge, comme objets prêtés, 1,000 brosses à cheval et 1,000 brosses à habit. Inscrite au Livre des Recettes et Consommations, cette même pièce serait venue aux mains du sous-intendant à l'appui des comptes du premier trimestre 1851. M. de Las-Cases est remplacé par M. Faulte du Puy-Parlier. Alors, le capitaine d'habillement songe à anéantir ce monument si dangereux de sa culpabilité ; il ordonne à Chaussonnet de gratter sur le grand-livre l'inscription qu'il y avait faite du titre de la facture d'effets, avec les chiffres figurant dans les colonnes de ces brosses, de manière que leur nombre et leur valeur en argent parviennent à se trouver toujours justes.

Chaussonnet ajoute que le commandant ne connaît encore qu'une faible partie de la vérité ; que les déficit sont considérables, et que la seule chose que l'on pourra constater, c'est le déficit en argent. En ne citant qu'un article, on trouve en moins, comme au 13 janvier, 142 paires de bottes : « Hé » bien, affirme le chasseur, dans le courant de l'année 1850, aux deuxième » et troisième trimestres, on a fait disparaître, après coup, trois cents pai- » res de bottes; c'est-à-dire qu'au premier trimestre 1851, au moment de » l'assemblée du conseil d'administration pour la vérification du bordereau » représentatif et du livre de délibérations du trésorier, ainsi que de celui

» de recettes et consommations de l'habillement, le capitaine Fabrègues » m'a fait inscrire, au deuxième trimestre 1850, un marché de trois cents » paires de bottes. » Et veuillez remarquer, Messieurs, que pour ne rien changer par cette recette aux chiffres des trimestres suivants, il aurait fait charger de 200 le report des consommations (333 au lieu de 133), diminuer de 200, par cette manœuvre, le restant au 30 juin, augmenter encore de 100 le report des consommations du troisième trimestre (212 pour 112), et diminuer de nouveau de 100 le restant au 30 septembre : vous comprenez qu'en opérant ainsi, l'entrée des trois cents paires de bottes se contrebalançait par une sortie forcée de trois cents paires en deux trimestres.

Telles sont, Messieurs, dans leur analyse substantielle, les déclarations du secrétaire du bureau d'habillement, que nous pouvons ainsi nous dispenser de faire arriver textuellement à la connaissance de la Cour.

Le chasseur Flageollet, vous vous le rappelez, Messieurs, était soupçonné d'avoir concerté et exécuté, de concert avec Fabrègues, les faux mis en usage sciemment : ordre aussi du commandant lui est intimé pour qu'il produise sa justification. Le 7 septembre, il obéit en adressant à son chef un exposé de sa situation personnelle et de la part qu'il a prise aux actes criminels pratiqués sur les écritures du bureau d'habillement. Mais, ainsi que Chaussonnet et Berbiguier, il invoque le principe de l'obéissance passive, comme si la loi du devoir militaire pouvait aller jamais jusqu'à la coupable condescendance qui pèse sur eux! Écartant l'intérêt qu'il avait, autant que son chef, à cacher le désordre d'une gestion déjà depuis longtemps troublée par ses infidélités, il se retranche derrière les injonctions du capitaine Fabrègues, et il avoue que ce dernier lui faisait établir des pièces fausses de prêts, gratter plusieurs fois les mêmes chiffres et en surcharger d'autres avec des arrêtés en toutes lettres, avant et après la vérification des officiers de l'intendance militaire. Il reconnaît encore qu'il a refait des bons de remplacement, et il a vu le capitaine Fabrègues en surcharger d'anciens, en signer de nouveaux, et aller jusqu'à apposer, à chaque fin de trimestre, sur des pièces fictives, le nom de tel ou tel de ses camarades, et quelquefois même celui de gens étrangers au corps, celui de divers négociants et fournisseurs...

A la suite de ces pièces, se placent successivement et par ordre de date :

1° *Le rapport du major du 4e chasseurs* ;

2° *La demande en décharge du conseil d'administration de ce régiment, soumise au général de Chalendar, inspecteur-général de la cavalerie d'Afrique ;*

3° *Le procès-verbal d'inventaire du sous-intendant militaire chargé du contrôle administratif du 4e chasseurs ;*

4° *Le rapport détaillé (par chapitres), à propos de l'inventaire de rigueur, sur l'ordre de l'intendant militaire.*

Nous n'avons besoin d'aucun commentaire préalable pour de semblables documents : leur signification est expresse, leur logique est celle de faits avérés et de chiffres irréfutables ; ils émanent d'officiers supérieurs qui ont apporté dans leur mission et dans leur travail les soins les plus scrupuleux, et nous craindrions, avec raison, que l'extrait, même le plus complet, ne vînt en affaiblir la valeur comme Rapport, comme Procès-verbal et comme Inventaire, en tous points incontestables, et, d'ailleurs, incontesté.

(Lecture de ces quatre pièces : application spéciale aux faits qu'elles ont consignés.)

III.

Messieurs,

Il n'était point facile d'embrasser un système exclusif, absolu de dénégation, avec quelque espérance de succès devant la justice, quand la vérité parlait si haut. Aussi, l'inculpé ne l'a-t-il pas voulu, ou, du moins, il ne l'a pas tenté.

Mais, s'il avoue les détournements, c'est, suivant lui, à ses employés qu'il faut toujours en demander compte.

Si des faux ont été commis, par son action même ou par son ordre, sa fidélité de gestion, sa probité de comptable ne doivent pas souffrir des fautes de sa négligence extrême et des conséquences de sa confiance abusée : c'est ainsi qu'il se défend.

Il proteste formellement contre tout ce qui tendrait à venir l'atteindre en dehors de cette position fatale qui, dit-il, lui était imposée par la force même des faits accomplis et celle, plus irritante encore, des nécessités toujours renaissantes.

Quoi qu'il en soit, aux premiers instants de la poursuite il est en proie aux plus vives angoisses ; il sent le besoin de donner des explications ; il a compris quelles révélations peuvent éclater sur sa tête, et, dès le 20 septembre 1851, il envoie du fort de l'Est, où il est détenu, des Notes détaillées qui se reproduiront dans son premier interrogatoire. Le même jour, il adresse à son colonel une lettre dans laquelle il fait part, avec une expression alarmée, des craintes qui le tourmentent depuis que la prison s'est fermée sur lui. Il se repent de son incurie, de sa crédulité aveugle envers ceux qui l'ont trompé, mais il persiste à ne laisser pas arriver à sa conscience d'autre reproche. Il rappelle à son ancien chef le temps où, pur de tout regret, bien éloigné de tout crime, il a eu l'honneur de le remplacer plusieurs fois, et il termine par un cri de supplication et de merci :

« Mon colonel,

» Voilà vingt jours que je suis en prison et je ne sais pas encore ce qu'on » veut faire de moi. J'ai écrit à M. l'inspecteur-général pour lui faire con-

» naître ma position ; rien n'a transpiré jusqu'à moi, de sorte que je suis toujours sur mon sort dans une inquiétude mortelle... Je suis bien malheureux, ô mon colonel ! Je suis coupable d'avoir été si négligent, si confiant envers les hommes, surtout envers des gens comme ce Flageollet qui, connaissant mon déficit, a profité de cela pour l'augmenter impunément.
» Mais ma conscience n'a rien de plus à me reprocher, et je suis certain que mes camarades et tous ceux qui me connaissent savent bien que je dis vrai. Vous-même, mon colonel, vous devez vous souvenir que j'ai été votre adjudant pendant plus de quatre ans, et qu'à plusieurs époques je vous ai remplacé. Je vous en prie, mon colonel, voyez le colonel Dupuch ; intercédez pour moi auprès de lui, afin que la honte et la misère ne terminent pas mes services, et qu'il me reste encore un morceau de pain pour mes vieux jours. »

C'est le 28 novembre 1851 que le capitaine Fabrègues subit son premier interrogatoire. Devant le juge instructeur, il reconnaît sans difficulté, immédiatement, l'existence des détournements d'effets militaires pratiqués dans les magasins du 4e chasseurs d'Afrique, à l'administration desquels il était préposé. Il continue de les attribuer à des soustractions frauduleuses commises par divers chasseurs employés dans ses bureaux, et il entre, à ce sujet, dans quelques détails qu'il est utile de rapporter. Comme ces détails tendent à expliquer l'origine du déficit à sa décharge et à son irresponsabilité, nous voulons que vous puissiez juger ses propres affirmations, que vous entendiez ses propres paroles, et nous laissons parler le capitaine :

« Le 1er janvier 1841, j'ai pris, au 4e chasseurs d'Afrique, cantonné alors à Mustapha-Pacha, subdivision d'Alger, les fonctions de capitaine d'habillement, par permutation avec M. Fouché, qui me remplaça, comme adjudant-major au 1er régiment de la même arme. Jusqu'au départ du 4e chasseurs pour Mostaganem (septembre 1844), mes comptes en effets de toute nature ont été exacts. J'étais secondé alors par un adjudant et un sous-officier, mes magasins étaient bien fermés et bien gardés : je ne puis en dire autant de ceux de Mostaganem ; ils sont mal fermés, isolés, situés loin du quartier et ne sont pas gardés.

» A peine arrivé à Mostaganem, je reçus l'ordre d'envoyer des effets de toute nature au lieutenant Dreux, détaché comme officier de détail à Djemma-Ghazaouat, pour subvenir aux besoins des escadrons détachés dans cette contrée. En 1845, cet officier de détail reçut l'ordre de rentrer à Mostaganem et de me renvoyer ce qui lui restait en effets d'habillement, de linge et chaussure. Cet ordre fut exécuté par le lieutenant Dreux, mais, la mer étant mauvaise, le commandant du bateau qui portait nos fournitures ayant jugé qu'il ne pourrait toucher à Mostaganem, débarqua mes colis sur le port d'Arzew. Huit jours après ce débarquement, je reçus l'ordre du colonel Tartas d'aller à Arzew chercher ces effets. Quand j'arrivai dans ce port il y régnait des temps si mauvais qu'il me fut impossible d'embarquer les colis du régiment ; je les séparai cependant

» d'une quantité d'autres colis au milieu desquels ils étaient confondus sur » la darse d'Arzew, et les fis mettre à l'abri dans le logement du comman- » dant de la place. Trois semaines après environ, ces colis arrivèrent à » Mostaganem ; je constatai leur nombre à leur entrée dans mes magasins, » je crus le trouver exact. Mais, quelque temps après, ayant eu une distri- » bution de brosses à faire, je m'aperçus que sur les quantités de colis que » j'avais reçus de Djemma, il me manquait deux caisses de brosses de toute » nature. Il me vint aussitôt dans la pensée que ces brosses étaient restées à » Arzew ; je m'empressai de m'y rendre, mais je ne trouvai personne qui » pût me donner des nouvelles des objets que je recherchais. De là, l'origine » de mon déficit : je n'ouvris la bouche à personne de ma mésaventure, es- » pérant toujours retrouver les deux caisses de brosses qui me manquaient. » Ce déficit remonte ainsi à l'année 1845. Ces deux caisses valaient à peu » près un millier de francs. »

L'ex-officier poursuit son récit explicatif en se reportant au remplacement du colonel Tartas par le colonel Dupuch, qui eut lieu au mois de juillet 1846. A cette époque, son adjoint retiré, il reste seul pour satisfaire aux exigences du service de l'habillement d'un régiment toujours fort de 1,400 à 1,500 hommes. Il n'a qu'un seul chasseur pour secrétaire, auquel il est obligé de confier l'enregistrement de ses bons. L'un de ces chasseurs aurait été le nommé S..., aujourd'hui congédié. Il lui fut désigné par son maréchal des-logis Vaillant, comme pillant ses magasins. Mais comme Fabrègues n'avait pu acquérir la certitude des soustractions opérées par S:...., il prit le parti de se taire, et se contenta de le renvoyer de son bureau. En janvier 1848, quelque temps après sa sortie, un inventaire du magasin constata qu'il manquait 200 paires de bottines, 100 paires de souliers, 150 chemises et quantité de brosses de toute nature, celles qui auraient été égarées sur le port d'Arzew et qui n'ont pu être retrouvées. L'inculpé se serait vu contraint à garder le silence encore, parce qu'il lui était impossible de prouver le détournement dont il souffrait. Et après le renvoi de S....., ses choix n'auraient pas été plus heureux : ceux qu'il employait « se passaient, assure-t-il, en » se succédant dans le bureau, la consigne de piller les magasins et de » conniver avec les secrétaires des maréchaux de-logis-chefs des escadrons » pour fabriquer des bons qu'ils faisaient plus tard disparaître, à la fin du » trimestre, en réglant au bureau du capitaine d'habillement. » A ces causes de déficit avancées, Fabrègues ajoute cette circonstance qu'en 1846 le colonel Tartas fit faire, par les soins du major, un approvisionnement d'effets de linge et chaussure dont le montant s'éleva a 64,000 francs ; les colis, ne pouvant être tous renfermés dans les magasins insuffisants, sont demeurés dans la cour pendant plus de huit mois ; lorsqu'on a *emmagasiné* ces colis, l'inculpé était à Oran et il aurait toujours ignoré si *les véritables quantités* étaient rentrées à l'habillement.

Il n'hésite pas, d'ailleurs, à attribuer le déficit qui date de son inventaire de 1848, à ce jour, au chasseur Flageollet qui a travaillé dans son bureau jusqu'en janvier 1851.....

M. le rapporteur apprécie l'appui que peut trouver Fabrègues dans ces explications fournies, et ce magistrat soumet à la Cour une correspondance de la maison Dubos frères, d'Alger, mentionnée dans le rapport de M. le sous-intendant Faulte du Puy-Parlier, relative au placement de 1,000 sacs dont l'inculpé avait proposé la vente.

Mais le capitaine, poursuit M. Imberdis, explique sa conduite dans cette circonstance en apprenant qu'en 1849 les magasins étaient encombrés de sacs provenant d'une fourniture opérée en 1846, d'après les ordres du colonel Tartas. Afin de faire disparaître cet encombrement, qui constituait d'ailleurs un capital improductif, le colonel Dupuch lui enjoignit d'en placer 2,000, au moins. C'est à la suite de cet ordre, reçu au conseil d'administration, qu'est intervenue sa correspondance avec la maison Dubos. En même temps, il aurait offert nombre de ces sacs à un sieur Jeaudrot qui n'en prit pas, et il en a livré 1,000 à la maison Arnollon, de Montpellier : leur prix serait venu en déduction « des sommes considérables dues alors à ces négo» ciants par le 4e chasseurs. » La Cour appréciera.

Deux autres faits détachés sont relevés ici par M. le rapporteur : le premier a trait au sou de poche du peloton hors rang qui charge d'un découvert le capitaine, d'après la note même qu'il a écrite et signée à Mostaganem, le 1er septembre 1851 ; le second se réfère à la vente de vieux effets consommée par l'adjudant Saulnier. « Ce qui a été vendu » par Saulnier, dit Fabrègues, ne mérite pas le nom d'effets : c'étaient » des chiffons et morceaux de vêtements qui encombraient mes magasins » et que le colonel m'avait ordonné de jeter à la mer ou au ravin. J'ai » autorisé mon maréchal-des-logis à s'en défaire. » En effet, Saulnier établit qu'il a vendu ces vieux effets pour 40 francs qu'il a employés à payer des fournitures de bureau chez MM. Lorenty et Châtelin.

Il importe à présent, continue M. le conseiller, de vous faire connaître les états de service de l'ex-officier. A côté de relations dont un soldat d'élite pourrait justement s'enorgueillir ; après l'énumération des titres qu l'avaient conduit au grade dont il était revêtu, nous aurons le regret, Messieurs, de placer le relevé des punitions qui lui ont été infligées, car c'est un regret pour le magistrat, comme pour le citoyen, de voir perdue et brisée une carrière qui pouvait se promettre l'avenir. Le capitaine Fabrègues est entré au service, enrôlé volontaire, le 27 mars 1823, dans le 3e régiment de chasseurs devenu le 3e lanciers. En 1824, 1837, 1828 et 1830, il a été successivement brigadier, maréchal-des-logis, maréchal-des-logis fourrier. Libéré en 1830, il s'est engagé de nouveau dans le 1er régiment de chasseurs d'Afrique, et de 1832 à 1841, il parcourt tous les grades jusqu'à celui de capitaine d'habillement. En 1823, jusqu'en 1827, il sert en Espagne ; en 1828 et 1829, il est en Morée; de 1832 jusqu'en 1851, il est attaché à l'armée d'Afrique. Le 30 novembre 1835, il est cité comme s'étant distingué à un parti d'Arabes à Douéra, et nous vous l'avons dit, Messieurs, le 19 avril 1843, il était appelé à décorer sa poitrine de l'étoile des braves. Voilà, certes, une page militaire bien remplie !

Mais, dès 1847, l'autorité supérieure était contrainte de sévir contre le capitaine oublieux de son service et de ses devoirs. Le 25 février de cette année, il est mis à huit jours d'arrêts simples par le général Pélissier, « pour » avoir présenté à sa signature des états de réforme, dix mois après sa » décision. »

Le 4 mai, il est puni de trente jours des mêmes arrêts par le colonel, « pour gestion déplorable et compromettante pour le corps et les intérêts du » conseil d'administration. »

Le 24 juillet, il doit faire encore quatre jours des mêmes arrêts, que prononce le général Pélissier, « pour avoir été vu en ville dans une tenue ir» régulière. »

Ce n'est malheureusement pas tout.

Le 11 décembre, le colonel lui inflige quinze jours d'arrêts de rigueur, « pour dettes nombreuses et pour billets protestés. »

Le 6 juillet 1851, il a huit jours d'arrêts simples dont le punit le major Laillaut, « pour n'avoir point établi les observations qui justifient la diffé» rence d'effectif des ateliers du corps, de celui que prescrit l'ordonnance » d'organisation ; lui avoir soutenu que ce travail ne le regardait pas, et » l'avoir trompé en lui assurant qu'il avait été envoyé au trésorier par lui, » ce qui était faux. »

Le 14 août, le colonel Dupuch prescrit trente jours d'arrêts de rigueur, « pour intempérance et inconduite compromettant l'intérêt du corps et celui « de l'État. »

Enfin, le même officier supérieur frappe l'inculpé de trente jours de prison de ville, « pour malversation dans la comptabilité de l'habillement, et pour » dissipation du prêt d'avance affecté au peloton hors rang. »

Vous le voyez, il y a de fâcheuses additions aux bons états de service de l'ancien capitaine...

M. le conseiller rappelle ici, dans une analyse serrée et concise, les circonstances qui s'appliquent plus particulièrement soit au retrait de linge et chaussure des ballots d'effets fournis au régiment et non encore entrés dans les magasins avec écritures; soit à la connaissance des détournements constituant le déficit, dû à la disparition des archives des factures dues par le conseil d'administration ; soit à la fabrication de fausses pièces, plus tard détruites ; soit aux effets réformés qui n'auraient pas été portés en recette ou en consommation et dont les états auraient été supprimés ; soit aux bons de distribution perdus dans les bureaux, ou à ceux de remplacement établis dans ces mêmes bureaux ; soit à l'appropriation d'objets provenant des excédants dissimulés ; soit enfin aux déficit masqués au contrôle de l'Intendance.

Après avoir bien fixé la Cour sur ces nombreux faits principaux, qui comprennent tous les détails minutieux des diverses opérations accomplies pendant l'administration de l'inculpé, M. le rapporteur arrive à l'information d'audience, et au jugement de première instance que nous avons reproduit en commençant ; il les fait suivre d'un rapide résumé de tous les points saillants de la cause.

Des considérations d'un ordre élevé terminent le Rapport, et la Cour renvoie l'audience pour entendre le ministère public et la défense.

Au jour fixé, M. l'avocat-général Robinet de Cléry prononce un réquisitoire remarquable d'où il résulte que la qualité de fonctionnaire public doit s'attacher à l'officier inculpé, et, selon ce magistrat, le bureau du comptable pourrait être considéré comme un dépôt public dans le sens de la loi pénale. Quant aux questions de complicité avec les autres accusés, poursuivis pour soustractions frauduleuses, d'enlèvement des deux factures et de détournement d'effets militaires confiés à l'administration de l'ex-capitaine, l'organe du ministère public s'en remet à la sagesse de la Cour.

Me Gechier présente la défense du capitaine Fabrègues. Dans une discussion qui traite avec force les questions de droit soulevées et qui leur rattache avec habileté les faits antérieurs à la gestion de l'officier et ceux qu'il était contraint de subir pendant cette gestion même, l'avocat dégage son client de toute responsabilité : « Il n'y a devant la Cour qu'un bon » et brave soldat, vieux déjà dans un service qui n'a pas été sans dis» tinction ni sans gloire ; il y a un homme faible, négligent, trompé, » volé par ses subalternes : mais il n'y a pas de coupable. »

Les débats terminés, la Cour, après délibéré en chambre du conseil, a rendu l'arrêt suivant :

LA COUR ; — Attendu que l'accusé Fabrègues ne saurait, en sa qualité de capitaine d'habillement, être considéré comme fonctionnaire public comptable envers l'État ;

Que ce qui le prouve, c'est, d'une part, qu'il n'a pas été soumis à verser un cautionnement, et, d'autre part, que dans sa qualité, M. le ministre de la guerre, loin de le forcer en recette, ne rend que le conseil d'administration, comme être moral, responsable des détournements qui ont eu lieu;

PAR CES MOTIFS et ceux des premiers juges qui sont adoptés; a confirmé et confirme purement et simplement le jugement attaqué, etc., etc.

2e chambre, 13 mai 1853. — MM. Marion, cons. prés.; Robinet de Cléry, av.-gén.; Gechter, av. plaid.

Juge de paix,—Insulte.— Répression immédiate. —Poursuites ultérieures dirigées pour le même délit. — Double condamnation.— Compétence.

Le juge de paix qui use, envers l'auteur de l'injure qui lui est adressée, des pouvoirs qui lui sont conférés par l'art. 11 du Code de proc. civ., épuise-t-il, par la condamnation qu'il prononce, le droit de poursuite ? (Résol. nég.)

Le Tribunal de police correctionnelle qui, après que le condamné a subi cette première peine et sur la poursuite du ministère public, fait à ce même individu, et pour le même fait, l'application de l'art. 222 du Code pénal, viole-t-il la maxime non bis in idem, *en vertu de laquelle deux condamnations ne peuvent jamais être prononcées pour le même fait ?* (Rés. nég.) (1)

---

(1) « Le besoin de chercher des vengeurs hors de leur propre enceinte, disait l'orateur du gouvernement, Berlier, a paru, en ce qui regarde les Cours et Tribunaux, contraster avec leur institution même. Écoutons la loi romaine : OMNIBUS MAGISTRATIBUS *secundum jus potestatis suæ concessum est jurisdictionem suam defendere penali judicio.* Ce texte confirme d'une manière précise la pensée principale qui a présidé à la rédaction du chapitre que nous examinons. Ainsi, en accordant aux Cours et Tribunaux le droit de statuer incontinent sur les crimes ou délits qui les blessent et qui ont été commis à l'audience même, l'on comprend pourquoi toutes les autorités judiciaires ne sauraient jouir d'un tel droit avec la même latitude, et qu'un juge seul, par exemple, ne peut être investi du même pouvoir qu'une Cour toute entière, ni un Tribunal sujet à l'appel investi de la même autorité qu'une Cour qui prononce en dernier ressort.

» C'est d'après ces données que le projet statue que les peines de simple police prononcées en cette matière seront sans appel, de quelque tribunal ou juge qu'elles émanent, et que celles de police correctionnelle seront seulement prononcées à la charge de l'appel si elles émanent d'un Tribunal sujet à l'appel ou d'un juge seul. »

De ces paroles, — qui reproduisent avec précision et netteté la pensée du législateur et qui donnent le véritable sens dans lequel l'art. 505 du Code

MINISTÈRE PUBLIC C. MARTRON.

Le 19 avril 1853, Martron est condamné par le juge de paix de Blida à 24 heures d'emprisonnement pour avoir dit à ce magistrat dans l'exer-

---

d'inst. crim. doit être entendu, — peut sortir, croyons-nous, la solution exacte de la question soumise à la Cour et résolue par elle contrairement à toutes nos prévisions. Nous voyons en effet, par l'exposé de l'orateur du gouvernement, que les juges de paix, les Tribunaux de première instance et les Cours impériales sont compétents lorsqu'un outrage leur est adressé pendant l'audience, pour appliquer aux délinquants une peine correctionnelle ; la seule différence qui, dans ce cas, distingue la nature de leurs pouvoirs, c'est que les juges de paix comme les Tribunaux ne prononcent de peines correctionnelles qu'à charge d'appel, tandis que les Cours impériales jugent toujours en dernier ressort. Ainsi, il n'est plus douteux que les juges de paix aient le droit d'appliquer les peines prévues et énumérées dans l'art. 222 du Code pénal, lorsqu'un outrage, de nature à porter atteinte à leur honneur ou à leur délicatesse, aura été fait à leur personne pendant la durée de leur audience.

Ce point une fois établi, il s'agit de rechercher si la latitude accordée dans cette circonstance aux juges de paix et cette compétence dont ils sont exceptionnellement — et pour ce cas spécial seulement — revêtus, doit s'appliquer au cas où ils tiennent leurs audiences civiles comme à celui où ils jugent en matière de simple police.

La négative ne saurait évidemment être admise lorsqu'ils jugent en cette dernière qualité. Un arrêt de la Cour de cassation, du 8 décembre 1849 (ch. crim.), l'a formellement décidé.

« Attendu, dit-il, que l'art. 505 du Code d'instr. crim. attribue, même aux Tribunaux de simple police, le pouvoir de punir les injures qui sont adressées dans le cours de leurs audiences aux magistrats qui en font partie ; — que le fait dont s'est rendu coupable le prévenu constitue, aux termes de l'art. 222 du Code pénal, un outrage envers un magistrat de l'ordre judiciaire dans l'exercice de ses fonctions ; — que le Tribunal devait, selon les dispositions combinées de cet article avec l'art. 505 du Code d'instr. crim., condamner le délinquant à un emprisonnement de deux à cinq ans, etc. »

Mais on peut se demander s'il en est de même en matière civile, et si, dans ce cas, le juge de paix qui appliquerait une peine correctionnelle ne dépasserait pas les limites des pouvoirs que la loi lui confère. Quelqu'*exorbitante* que soit au premier aspect cette latitude, nous pensons néanmoins avec des autorités à coup sûr fort compétentes, qu'elle ne peut leur être sérieusement refusée. En effet, le principe du respect dû à la dignité du magistrat est général et absolu ; il s'étend à tous les tribunaux ; quelque soit le

cice de ses fonctions et à la suite d'une instance dans laquelle il venait de succomber : « Je savais, monsieur le juge de paix, que Lachenet était » votre compatriote ; qu'il suffisait qu'il se présentât à l'audience pour » obtenir tout ce qu'il voudrait, son adversaire ne pouvant espérer que » justice lui serait faite. »

---

degré de leur juridiction, qu'ils jugent en matière civile ou en matière criminelle, leur caractère ne varie pas ; ils parlent toujours au nom du souverain ; par conséquent, ils doivent être entourés des mêmes moyens de protection et d'appui pour faire respecter l'autorité de leurs décisions et maintenir à l'égard de leur personne le respect que le caractère dont ils sont revêtus leur donne le droit d'exiger.

Nous ne pouvons donc point admettre l'opinion de M. Chauveau qui, adoptant à cet égard celle de M. Carré, croit que dans le cas où le juge de paix est outragé, la loi lui impose l'obligation de renvoyer, pour faire juger le délit, devant les juges compétents. (Voy. Chauveau, *Lois de la Procédure civile*, t. I, p. 49 ; Carré, *du Droit français dans ses rapports avec la juridiction des justices de paix*, t. IV, p. 40 et suiv.) C'est la même pensée qu'a développée M. le conseiller Rives dans le rapport qu'il fit devant la chambre criminelle de la Cour de cassation dans l'affaire du nommé Millet Morgalu, et qui donna lieu à l'arrêt que nous avons déjà cité : « La répression, disait devant la Cour suprême cet honorable magistrat, semble devoir être d'autant plus spontanée en matière criminelle quand le Tribunal juge devoir user de la faculté qui lui est donnée de l'infliger, qu'en matière civile, le Code spécial qui la régit, dispose tout autrement. » C'est une erreur. Du principe général que nous avons rappelé, il résulte au contraire, comme l'a très bien vu M. Chassan (*Délits et Contraventions de la parole*, etc., t. I, p. 375 et suiv.) que, quoique l'art. 91 fasse partie du Code de proc. civ., il s'applique aux audiences criminelles et correctionnelles aussi bien qu'aux audiences civiles. De même, l'art. 11 (Code proc. civ.) est applicable à toutes les audiences civiles ou de simple police tenues par le juge de paix. La distinction établie par le savant membre de la Cour de cassation ne nous paraît donc pas fondée. Elle ferait, d'ailleurs, supposer dans les textes une contradiction qui n'existe pas. Or, voici quel est, selon nous, le seul système véritablement légal qui résulte de la combinaison des art. 11 et 91 (C. proc. civ.), 505 (C. d'instr. crim.) et 222 (C. pénal).

L'art. 11 prévoit un cas spécial, celui où un individu se rendrait coupable envers un juge de paix d'une insulte ou d'une irrévérence grave. Le même article détermine la peine que le coupable doit subir. Mais à l'exception de ce qui vient d'être dit pour le cas d'insulte ou d'irrévérence grave envers le juge de paix, la loi ne distingue pas entre les divers Tribunaux, d'où il suit que ces dispositions les comprennent tous, aussi bien les Tribunaux de police que les Cours les plus nombreuses, les Tribunaux ordinaires que les Tribu-

Cette condamnation prononcée, M. le juge de paix adresse au procureur impérial un rapport dans lequel, après avoir rappelé les faits, il expose qu'ayant vu, dans les paroles de Martron, l'insulte prévue par l'art. 11 du Code de proc. civ., il l'a condamné à 24 heures d'emprisonne-

---

naux d'exception. De là vient que l'art. 505 s'applique indistinctement à toutes les juridictions.— Si, cependant, les termes de cet article étaient impératifs, nous comprendrions jusqu'à un certain point l'objection ; mais remarquez que la loi se sert du mot *pourront*, et que dès lors, même en matière criminelle, il est permis au juge de ne point user de cette faculté et de s'en référer aux dispositions de l'art. 91 (Code de procédure civile); mais puisque ce dernier article est applicable en matière criminelle, pourquoi voudrait-on que l'art. 505 (Code d'instr. crim.) ne le fût point en matière civile ? Il ne faut pas non plus perdre de vue que l'art. 504 (Code d'instr. crim.)— qui n'est que le préambule de l'art. 505 du même Code,— s'exprime d'une manière absolue et qui ne laisse aucun doute : *Lorsqu'à l'audience ou en tout autre lieu*, dit-il, *où se fait publiquement une instruction judiciaire*, etc. On le voit, il n'est point question d'une instruction déterminée, qu'elle soit civile ou criminelle, peu importe, la loi est générale et elle ne spécifie point.

A ces raisons qui nous paraissent péremptoires, nous devons ajouter l'opinion de Carnot qui, dans son *Traité de l'Instruction criminelle*, (t. III, p. 397), s'exprime ainsi sur l'art. 505 : « Les réquisitions du ministère public ne sont pas de rigueur; c'est une conséquence nécessaire de ce que l'art. 505 s'applique à tous les Tribunaux, *lors même qu'ils ne sont composés que d'un seul juge*, car les tribunaux de commerce, les justices de paix, n'ont pas d'officier du ministère public attaché au tribunal. » — M. Pigeau, dans ses *Observations* sur l'art. 11 du Code de proc. civ., dit textuellement : « Si c'est un manquement, on applique l'art. 11 ; s'il y a lieu à peines correctionnelles, le juge constate et prononce la peine, mais à la charge d'appel. » (Voy. Pigeau, *Observations sur l'art.* 11, t. I.)

De ce que nous venons de dire, nous croyons donc être autorisés à conclure :

1° Que les juges de paix sont compétents pour user de la faculté accordée par l'art. 505 du Code d'instr. crim., et par suite pour appliquer instantanément, dans le cas où ils sont outragés, les peines déterminées par les art. 91 (Code proc. civ.) et 222 (Code pénal), suivant la nature et le caractère de l'injure ;

2° Que cette compétence existe pour eux, soit qu'ils tiennent l'audience civile, soit qu'ils président celle de simple police.

Ces principes généraux posés, la question qui se rattache à l'espèce de l'arrêt se simplifie. Outragé par Martron, M. le juge de paix de Blida pouvait, ou bien user de la faculté qui lui est accordée par l'art. 505 et condam-

ment, et qu'attendu, en outre, que ce même propos constitue le délit prévu et puni par les dispositions de l'art 222 du Code pénal, il a, conformément à l'art 11 du Code de proc. civ., dressé procès-verbal pour être statué ce que de droit.

---

ner séance tenante le délinquant aux peines édictées par l'art. 222 du Code pénal, ou bien se borner à dresser procès-verbal des faits et faire traduire le prévenu devant la chambre correctionnelle du tribunal de Blida ; au lieu de cela, il considère que le fait dont s'est rendu coupable Martron est une irrévérence grave et il le condamne à 24 heures d'emprisonnement, et en outre attendu que, d'après lui, le même fait constitue le délit prévu et puni par l'art. 222, il en réfère au procureur impérial pour que ce dernier prenne, dans l'intérêt de la dignité de la justice, telle mesure que de droit.

Ou je me trompe fort, ou il y a dans cette procédure quelque chose qui choque le bon sens et qui jure avec les principes sur lesquels est fondée l'application de la loi pénale. Oui, sans doute, l'irrévérence grave se trouve implicitement comprise dans l'outrage comme la partie dans le tout ; mais est-ce à dire pour cela qu'un délit étant donné, on soit en droit de l'analyser, de le disséquer en quelque sorte, de rechercher s'il ne renferme pas en même temps une contravention, et de le punir d'une peine en tant que contravention, et d'une autre peine en tant que délit : évidemment non. Nous ne comprenons point, dès lors, comment la Cour a pu se fonder pour maintenir la décision des premiers juges sur ce que telle a été l'intention du juge de paix de Blida. Cette intention n'a pas été, assurément, de violer la loi ; et cependant, par suite d'une erreur de vue, la loi a été violée. Il était loisible à M. le juge de paix d'appliquer l'art. 222 du Code pénal, de même qu'il pouvait se borner à dresser procès-verbal des faits et à le transmettre immédiatement au procureur impérial ; mais appliquer une peine spécialement prévue pour un cas tout particulier, et provoquer pour le même fait, de la part d'un autre Tribunal, un châtiment qu'il avait le droit d'infliger lui-même, voilà, je le répète, ce qui ne saurait se justifier et qui n'aurait jamais dû être accueilli. Ne voit-on pas, en outre, que ce système étrange est en désaccord formel avec les art. 365 et 379 du Code d'instr. crim. ?

La prohibition du cumul des peines prescrite dans ces articles est fondée, suivant la remarque d'un judicieux auteur, sur ce qu'il est injuste et inutile de faire peser plusieurs peines sur un prévenu pour des infractions commises avant qu'il n'ait reçu le solennel avertissement d'une première condamnation. Ainsi, il répugne au législateur d'appliquer à un même individu condamné pour plusieurs crimes ou délits les diverses peines infligées par la loi à ces divers crimes ou délits, et il serait permis, que dis-je, il serait légal d'appliquer à un coupable deux peines pour le même délit ! — « C'est aux Tribunaux, dit M. Bourguignon (t. III), à apprécier si les paroles proférées contre un fonctionnaire public constituent le délit d'outrage prévu par l'art. 222 ;

Traduit pour ce fait, le 22 avril 1853, devant la chambre correctionnelle de Blida, Martron a été condamné à six mois d'emprisonnement.

Sur l'appel interjeté par le condamné, la Cour a par les motifs qui suivent confirmé, quant au point de droit, la décision des premiers juges :

---

les Cours et les Tribunaux outragés en pleine audience peuvent appliquer des peines correctionnelles séance tenante ; lorsqu'ils n'ont pas usé de cette faculté, ces délits doivent être poursuivis devant le tribunal correctionnel. »

Ces mots tracent d'une manière exacte la ligne que les juges de paix doivent suivre lorsqu'une injure vient les atteindre. Seuls, ils apprécient sa nature, son caractère, la portée qu'elle peut avoir ; si c'est une irrévérence, ils doivent la punir ; si c'est un outrage, ils peuvent en laisser la répression aux Tribunaux correctionnels. Mais, qu'on le remarque bien, précisément parce qu'ils peuvent appliquer les peines édictées, pour l'un et l'autre cas, il y a plus qu'une présomption, il y a une certitude légale, qu'ils n'ont entendu punir qu'une irrévérence lorsqu'ils ont cru devoir appliquer les dispositions de l'art. 11. En présence du jugement qui condamnait Martron à 24 heures d'emprisonnement, le devoir du ministère public était de provoquer la cassation du jugement du magistrat de paix qui avait appliqué à un délit puni d'une peine correctionnelle les dispositins de l'art. 11 du Code de proc. civ. Soumise à la censure de la Cour suprême, sa décision eût été infailliblement cassée. (Voy. arrêt précité,)

Mais ici on nous arrête et on nous dit : — Prenez garde, la décision du juge de paix n'est qu'une mesure provisoire appliquée pour maintenir la dignité du juge, et qui ne saurait préjuger l'action du ministère public pour la poursuite ultérieure du délit d'outrages. En vérité ! mais en admettant que la dignité du magistrat soit compromise, que l'audience soit troublée, est-ce que le juge de paix n'a pas un pouvoir restreint, il est vrai, mais suffisant pour maintenir sa dignité intacte ! Est-ce que l'art. 504 du Code d'instr. crim. ne l'autorise pas à faire saisir le coupable et à le faire conduire à la maison d'arrêt? En usant de cette faculté, remarquez qu'il ne prononce pas un jugement, et que, par conséquent, des poursuites ultérieures peuvent fort bien être dirigées contre le prévenu.

On nous oppose encore l'analogie qui existe entre le cas qui nous occupe et celui où un prévenu subit, dans certaines circonstances, l'application de la loi commune et celle de certains règlements qui régissent la corporation dont il fait partie. Nous n'avons pas le courage, nous l'avouons, après tout ce que nous avons dit, de réfuter ce dernier argument qui tombe de lui-même lorsqu'on le pèse avec impartialité. N'oublions pas que nous sommes ici dans le droit commun, que nous ne pouvons invoquer que celui-là, que Martron ne devait obéissance qu'à lui seul, qu'il était devant un tribunal qui ne pouvait que lui faire l'application de la loi générale, et que, par consé-

ARRÊT.

LA COUR ; — Attendu que le juge de paix de Blida, en condamnant Martron à 24 heures d'emprisonnement pour insulte et irrévérence commises à l'audience, a usé du droit qui lui est conféré par l'art. 11 du Code de pr. c.;

Que cette mesure tendant à assurer la police de l'audience et à sauvegarder la dignité de la justice, est, de sa nature, purement provisoire, et ne saurait préjuger l'action du Ministère public pour la poursuite ultérieure du délit d'outrages;

Que telle a été surtout l'intention manifeste du juge de paix de Blida, puisqu'après avoir constaté les paroles incriminées pouvant donner lieu à l'application de l'art. 222 du Code pénal, il a renvoyé les pièces et le prévenu devant M. le procureur impérial;

Que les art. 505 et suivants du Code d'instr. crim., en introduisant de graves modifications dans la répression des délits contraires au respect dû aux autorités constituées, n'ont pas abrogé les art. 11 et 12 du Code de pr. civ., pour les cas qui y sont textuellement prévus;

Attendu, d'après ces considérations, que le Tribunal correctionnel de Blida, également saisi par le Ministère public, n'a pas violé le principe *non bis in idem*, en condamnant Martron pour délit d'outrages par paroles prononcées à l'audience du juge de paix de Blida, qu'ainsi la fin de non recevoir n'est pas fondée;

Adoptant au fond les motifs des premiers juges, mais attendu que les circonstances de la cause, et notamment les bons antécédents du prévenu et les regrets par lui manifestés, soit en première instance, soit à l'audience de la Cour, sont de nature à faire modérer la peine à son égard;

PAR CES MOTIFS ; vu les art. 222, 463 du Code pénal et 194 du Code d'instruction criminelle, déjà visés par les premiers juges ; a confirmé et confirme au fond le jugement attaqué; réduit néanmoins à un mois la durée d'emprisonnement, etc., etc.

2e chambre, 27 mai 1853.—MM. Bertora, vice-prés. ; Robinet de Cléry, av.-gén.; Branthomme, av. plaid.

---

quent, l'analogie dont on voudrait exciper s'évanouit quand on considère la différence des situations, des caractères et des personnes.

Nous avons terminé ce que nous avions à dire sur cette délicate question. Nous nous sommes laissés entraîner en l'étudiant, à des développements trop longs peut-être; mais l'absence de tout document juridique nous forçait de parcourir les divers points de vue du sujet. Nous regrettons que l'intérêt de l'accusé ne nous ait pas permis de soumettre à la censure de la Cour de cassation l'arrêt de la Cour d'Alger et de provoquer ainsi, sur l'une des plus intéressantes questions du droit criminel qu'aucun arrêt n'a jusqu'ici tranché, une décision de la Cour suprême.

JUSTICE CIVILE.

JURISPRUDENCE ANCIENNE.

COUR IMPÉRIALE D'ALGER.

Arrimage. — Constatation. — Obligation du capitaine.— Consignataire. — Responsabilité.— Décharge.

Le consignataire est libre d'affranchir le capitaine de l'obligation de faire constater, dans le cas d'avarie, l'état de son arrimage.

Dans ce cas, l'ordre de débarquer donné par le consignataire décharge le capitaine de toute responsabilité.

Cavallier C. Blanc.

ARRÊT.

LA COUR ; -- Attendu que si, pour se mettre à couvert, le capitaine est tenu, avant de débarquer, de faire constater l'état de son arrimage, il est libre au consignataire de l'affranchir de cette obligation ;

Attendu qu'il est résulté des déclarations des témoins entendus à l'audience, que le capitaine Cavallier n'avait pas laissé ignorer au sieur Blanc ou à ses représentants, que les sucres venus à sa destination pouvaient être avariés et qu'il y avait utilité de faire constater leur état par des experts ;

Que le sieur Blanc, malgré ses avis, lui a donné l'ordre de débarquer quelque fut l'état de la marchandise, et l'a, par là, dégagé de l'obligation de faire procéder, au préalable, à la vérification de son arrimage ;

Au fond : — Attendu qu'il résulte du rapport des experts que les sucres dont s'agit ont été avariés par l'eau de mer qui a pénétré dans le navire à la suite des gros temps au milieu desquels s'est effectué le voyage ;

Que les mêmes experts expliquent d'une manière satisfaisante toutes les causes qui ont déterminé cette avarie ;

Que les accidents sont, en outre, régulièrement établis par le rapport de mer déposé par le capitaine au tribunal de commerce ;

Que même les experts, à la vue du manifeste du chargement, ont reconnu qu'aucune faute d'arrimage ne pouvait être imputée au capitaine ;

Que, dans de telles circonstances, aucune responsabilité ne saurait peser sur lui à raison de l'avarie dont s'agit ;

Par ces motifs ; décharge le capitaine Cavallier des condamnations prononcées contre lui par le jugement dont est appel ; condamne Blanc aux dépens, etc., etc.

Chambre civile, 11 oct. 1842. — MM. Giaccobbi, cons. prés. ; Pierrey, av.-gén. ; Lussac, Tioch, Baudrand, av. déf.

Juridiction. — Caractère. — Nullités. — Acquiescement.

La juridiction étant d'ordre public, les nullités qui résultent de la violation des règles qui les constituent, ne sauraient être couvertes par le silence ou l'acquiescement des parties.

FLINGAU C. BARROIL ET MERIC.

ARRÊT.

LA COUR ; — Attendu qu'aux termes de la loi institutrice des justices de paix et des lois postérieures, l'appel des jugements rendus par ces tribunaux est porté devant le tribunal civil du ressort ;

Attendu que la législation de l'Algérie ne contient aucune dérogation à cette règle ;

Que, loin de là, l'ordonnance portant création des commissaires civils dont celle qui institue un juge de paix à Bouffarick n'est que la copie littérale, porte (art. 23) que l'appel des jugements de ces magistrats sera porté devant le Tribunal civil d'Alger ;

Attendu, d'un autre côté, que les juridictions sont d'ordre public, et que les nullités résultant de la violation des règles qui les constituent ne sauraient être couvertes par le silence ou par l'acquiescement des parties ;

PAR CES MOTIFS ; se déclare incompétente pour connaître du dit appel, etc.

Chambre civile, 18 oct. 1842. — MM. Giacoobbi, cons. prés. ; Pierrey, av.-gén. ; Ecoiffier et Lussac, av. déf.

JURISPRUDENCE MODERNE.

COUR IMPÉRIALE D'ALGER.

Droit musulman. — Fondé de pouvoirs. — Midjelès. — Intervention de deux officiers français. — Sentence. — Nullité. — Acquiescement. — Protestation antérieure. — Exécution. — Appel.

La mention, insérée dans le texte d'une sentence rendue par le cadi en midjelès, et qui porte qu'une partie s'est présentée devant les membres de cette assemblée et qu'elle a agi tant en son nom personnel que comme fondé de pouvoirs de ses co-intéressés, justifie l'appel interjeté à son égard de cette même sentence (1).

Les assemblées connues sous le nom de midjelès n'étant, aux termes de la loi musulmane, consacrée d'ailleurs par le texte des ordonnances, décrets et arrêtés qui régissent la matière en Algérie, composées uniquement que des juges et des conseillers musulmans, le fait, par des officiers français, d'avoir siégé parmi les ulémas et d'avoir ouvert un avis contraire aux leurs, auquel cependant ils se sont rangés, frappe la sentence prononcée sur cet avis d'une nullité radicale comme ayant été rendue par un tribunal irrégulièrement composé et par conséquent sans pouvoir légal.

Le consentement donné par l'une des parties à cette sentence, à l'audience même, ne saurait plus tard lui être opposé, lorsqu'il est constant que, dès avant le jugement et dans la prévision d'une influence à laquelle elle craignait de ne pouvoir se soustraire, elle avait protesté par avance devant le

(1) On rencontre quelquefois dans le commencement des actes arabes la formule suivante : *Tel a comparu tant pour lui que pour ses co-intéressés.* La même personne est désignée le plus souvent ensuite dans le cours de l'acte sous la qualification pure et simple de mandataire, ce qui pourrait jeter quelque confusion sur la véritable qualité en vertu de laquelle cet individu se présente. Je crois donc devoir donner l'explication de ce fait qui trouve sa cause toute naturelle dans les formes de la procédure musulmane.

L'Arabe qu'une contestation amène devant le cadi, se fait presque toujours assister d'un *oukil* (mandataire) pour exposer l'affaire et défendre les intérêts dont il est chargé. Les oukils ne plaident jamais que le fait ; les points de droit que le litige peut faire naître sont toujours réservés à la seule appréciation des cadis ou des autres membres du midjelès. On détruirait le prestige dont la science du droit se trouve environnée si on livrait aux discussions des particuliers le texte des savants et des docteurs de la loi. Le mandataire, qui n'a aucun intérêt dans la cause, n'est jamais dénommé dans l'acte ou dans le jugement que par la qualité en laquelle il agit; et de là vient sans doute que la partie qui est dite avoir comparu tant pour elle que pour ses co-intéressés, ayant elle-même fort souvent un mandataire pour tous les droits qu'elle représente, n'est désignée dans la rédaction du jugement que par ces mots : « Le mandataire de la partie. »

Je dois ajouter que les nécessités du mandat devant les cadis en ayant fait une habitude généralement consacrée par l'usage, et la précision dans le choix des termes n'étant pas très recherchés dans la rédaction des sentences émanant de l'autorité judiciaire musulmane, il n'est pas étonnant que l'unique qualification de mandataire soit le plus souvent appliquée à celui qui, muni d'une procuration de ses co-intéressés, se présente également pour soutenir un intérêt qui lui est propre.

cadi, et qu'elle s'était, en présence de ce magistrat, réservé la faculté de l'appel.

Dans ces circonstances, l'exécution de la sentence par cette même partie, ne saurait constituer de sa part un acquiescement libre. Dans tous les cas, cette exception ne pourrait, dans une cause où toutes les parties sont indigènes, être opposée en appel comme une fin de non-recevoir, puisque les usages musulmans permettent d'appeler, en tout état de cause, d'une sentence rendue par les magistrats indigènes.

MOHAMMED et BEN-YOUSSEF-BEL-GHRIT C. MOHAMMED BEN-HASSEIN.

En vertu de titres qui remontent à une époque antérieure à l'occupation de Médéa, les nommés Ben-Youssef et Mohammed-bel-Ghrit détiennent, aux environs de cette ville, un jardin grevé au profit de Mohammed-ben-Hassein, Ali-ben-Kali et Mohammed-Sghir-ben-Kali, d'un ana de 3 fr. payable chaque année. Les bénéficiaires de l'ana trouvant, sans doute, cette rente au-dessous de la valeur réelle du jardin, intentèrent vers 1848, contre les détenteurs de cet immeuble, une action devant le cadi de Médéa qui jugea l'affaire assez grave pour être portée devant le midjelès. Les magistrats, qui composaient cette assemblée, n'ayant pu parvenir à concilier les parties, les renvoyèrent devant le midjelès d'Alger. Deux adouls de ce prétoire se rendirent sur les lieux pour examiner l'objet du litige et procéder à une enquête sur les faits de la cause : leur rapport, tout en faveur de Mohammed et Ben-Youssef-bel-Ghrit, constate la légitimité de leur possession et explique les motifs pour lesquels l'ana a été fixé à un chiffre aussi faible.

Cependant, le cadi d'Alger n'ayant pas cru devoir prendre une décision, l'affaire subit un troisième renvoi, et le midjelès de Médéa en fut une troisième fois saisi. La cause ayant été de nouveau plaidée, le cadi, sur l'avis des ulémas, proposa une conciliation. Mohammed-ben-Hassein, tant en son nom que pour ses co-intéressés, refusa d'y souscrire.

A l'issue de l'audience, Mohammed-ben-Hassein se rend chez le général commandant la subdivision, implore sa protection, dit qu'il est frustré dans ses droits et obtient la promesse d'un appui devant lequel toutes les volontés doivent s'incliner.

Moins protégé, mais beaucoup plus prudent, l'adversaire de Mohammed-ben-Hassein, craignant les suites d'une opposition qui indisposerait contre lui une autorité presque souveraine, se rend chez le cadi, et là, en présence de ce magistrat et de deux témoins, déclare qu'il proteste contre les illégalités dont il est peut-être la victime, et qu'en présence des éventualités dont il ne prévoit que trop le caractère, il se réserve pour lui et pour sa postérité la faculté de l'appel.

Pour la quatrième fois, les parties comparaissent au midjelès. Tout à coup le général se présente suivi d'un officier du bureau arabe. Selon lui, le chiffre de la conciliation doit être de 60 fr. et non de 32 fr. comme l'avaient pensé les ulémas. L'avis du général est aussitôt unanimement adopté. La sentence déclare même que Ben-Youssef y a consenti, et le litige est ainsi terminé.

Ben-Youssef a exécuté pendant quatre années la sentence. Quand il a cru que l'influence devant laquelle il s'était incliné s'était elle-même effacée, il a interjeté appel de la décision du midjelès.

La Cour a fait droit à ses conclusions dans l'arrêt qui suit :

ARRÊT.

LA COUR ;— En ce qui touche la recevabilité de l'appel ;

Attendu que, devant les premiers juges, Mohammed-ben-Hassein-ben-Kali s'est présenté et a agi tant en son nom personnel que comme fondé de pouvoirs de ses co-intéressés Mohammed-Sghir et Ali-ben-Kali ; que cela résulte positivement du texte de la sentence dont est appel, et que dès lors Mohammed et Ben-Youssef-Bel-Ghrit sont recevables à interjeter appel à son égard d'une sentence dans laquelle il a été partie ;

En ce qui touche le fond :

Attendu que les assemblées connues sous le nom de midjelès et réunies pour connaître d'une affaire judiciaire entre des indigènes, sont composées uniquement des muphtis et des cadis de la localité auxquels s'adjoignent les ulémas, en un mot, de juges ou conseillers musulmans ; qu'aucune ordonnance ni qu'aucun arrêté particulier à l'Algérie n'a donné à des officiers français le droit d'y siéger avec voix consultative ou délibérative en nulle matière, mais surtout en matière purement civile ;

Attendu que la sentence dont est appel rendue en midjelès à Médéa, constate que deux officiers français ont siégé avec les ulémas, délibéré avec eux, et même que l'un d'eux, désigné sous le titre de commandant supérieur et de général, a ouvert un avis contraire à celui des dits ulémas, mais auquel ceux-ci se sont rangés, d'où suit que la dite sentence a été rendue par un tribunal irrégulièrement composé et par conséquent sans pouvoir légal ;

Attendu qu'il est bien exprimé dans la sentence que les parties ont consenti à l'avis et à la sentence rendue en midjelès, mais que cette mention, dans les circonstances où se présente la cause, est de nulle valeur, puisque, dès avant le jugement, les parties appelantes ont pris soin de se présenter accompagnées de témoins devant le cadi de Médéa, à l'effet de déclarer qu'elles se réservaient la faculté d'en appeler dans la cause alors pendante et qu'elles ont requis un acte, aujourd'hui représenté, de leur déclaration ;

Attendu que l'exécution que l'on oppose comme ayant réellement eu lieu jusqu'au moment où l'appel a été interjeté, ne peut, par la même raison, être regardée comme un acquiescement, et que, d'ailleurs, une cause où toutes les parties sont indigènes doit être jugée, non d'après les règles du droit français, mais d'après les usages musulmans qui permettent d'appeler dans tous les cas d'une sentence rendue par les magistrats indigènes ;

PAR CES MOTIFS; reçoit l'appel interjeté par Mohammed-Bel-Ghrit, etc.

Chambre civile, 10 avril 1853. — MM. de Vaulx, prés. ; Robinet de Cléry, av.-gén. ; Sabatéry et Calmels, av. déf. ; plaid. Me Branthomme, pour Mohammed-Bel-Ghrit.

Décret des 19 et 31 décembre 1851. — Subrogation. — Effets.

Le tiers qui, conformément à l'art. 4 du décret des 19-31 décembre 1851, a acquitté, avant la promulgation de ce décret, le montant soit de la rente, soit de l'annuité du capital échue, est subrogé par la quittance aux droits de l'État.

Cette subrogation doit être entendue dans ce sens que le subrogé est fondé à réclamer au débiteur de la rente tout ce que l'État aurait été en droit d'exiger de lui avant la promulgation du décret.

MUSSAULT C. Dme VEUVE DE LA VILLEGONTIER.

Le contraire avait été décidé en ces termes par un jugement du Tribunal civil d'Alger, le 4 décembre 1852 :

« Considérant qu'il y a lieu d'écarter la rente de 263 fr. 84 c. réclamée par la dame de la Villegontier comme subrogée aux droits du Domaine ; qu'en effet, par les décrets d'allégeance, c'est le débiteur seul de la rente qui doit bénéficier des abandonnements faits par l'État ; que le débiteur est sans contestation le propriétaire de l'immeuble auquel la dame de la Villegontier a délégué la charge de payer ; que si elle a payé elle-même et acheté la dite rente, elle ne peut exiger du sieur Mussault, comme subrogée aux droits du domaine, que la somme que le sieur Mussault serait tenu de payer lui-même à l'État, d'où la conséquence que le sieur Mussault, en offrant à la dame de la Villegontier la somme de 1,088 fr. par elle déboursée pour le rachat de la dite rente, a fait à la dite dame une offre satisfaisante. »

Sur l'appel dont ce jugement a été frappé par la dame de la Villegontier, la Cour a eu à examiner si les premiers juges avaient fait une saine interprétation du texte du décret des 19-31 décembre 1851. Après avoir rectifié en fait plusieurs points du jugement attaqué, elle a rejeté, comme contraire à l'esprit général de notre législation et à la lettre assurément très explicite du décret, les conséquences que le Tribunal avait cru devoir en déduire. Partant de cette idée, vraie au fond, mais trop absolue quand on l'applique à l'espèce, que le décret avait été rendu dans le but de dégrever la propriété et de venir par conséquent en aide aux débiteurs des rentes domaniales, les premiers juges avaient, — dans la préoccupation trop exclusive de cette pensée du législateur, — méconnu une disposition importante que la loi, sagement protectrice de tous les droits et de tous les intérêts, porte toujours dans son texte, et qui se retrouve d'ailleurs formellement reproduite dans le paragraphe 2 de l'art. 4 du décret précité. « Les tiers, dit ce paragraphe, qui auront effectué le dit paiement, seront subrogés par la quittance aux droits de l'État. » Mais quelle sera la limite et l'étendue de ce droit? Doit-on dire, avec le Tribunal, que le débiteur de la rente ne sera tenu de rembourser au tiers qui aura payé en son lieu et place que ce qu'il serait tenu de payer lui-même à l'Etat, si le remboursement n'avait pas été opéré ni la subrogation accomplie ? Nous sommes très loin de le penser, et voici pourquoi :

Supposez un instant que ce système doive prévaloir et qu'il soit appliqué dans l'espèce, la conclusion à laquelle on serait logiquement conduit serait rationnellement illégale et injuste, car on déclarerait que la subrogation opérée en faveur de la dame de la Villegontier, avant le 30 décembre 1851, a pu être atteinte par le décret promulgué ce jour-là, ce qui est évidemment contraire à tous les droits et en opposition avec tous les principes juridiques; mais il y a plus, — et c'est ici que se révèle surtout ce qu'il y a de véritablement erroné dans la sentence des premiers juges, — on peut, en effet, admettre par hypothèse qu'au lieu d'une simple remise des arrérages, l'Etat ait fait, dans le décret du 31 décembre 1851, abandon complet de tous ses droits. Eh bien ! dans ce cas, celui qui aurait, avant le 31 décembre, désintéressé l'État et qui aurait été par cela même subrogé à tous ses droits, se verrait, par la seule volonté du législateur, privé de sa créance et frappé légalement dans sa propriété par une mesure politique ou administrative ! L'État qui fait la libéralité serait désintéressé, le débiteur libéré, et le tiers qui aurait payé de bonne foi n'aurait pour le recouvrement des droits auquel il a été subrogé aucune action légale !

Mais, s'il en était ainsi, le paragraphe que nous avons cité aurait été inutilement inséré dans le décret; car quel serait le tiers qui consentirait à désintéresser l'État et à voir la subrogation opérée de droit, à son profit, soumise en fait à toutes les incertitudes des décrets à venir! Au reste, il suffit d'un raisonnement très court pour décider péremptoirement la question. Le tiers qui désintéresse l'État est subrogé à tous les droits que l'État possède au moment de la subrogation, ni plus ni moins. L'État se dessaisit de sa créance, qui devient la propriété du cessionnaire et qui se trouve ainsi à l'abri des mesures administratives qui ne peuvent, dans tous les cas et en vertu du principe que nul ne peut céder la chose d'autrui, disposer que de ce qui constitue la propriété même de l'Etat.

ARRÊT.

LA COUR; — En ce qui concerne le premier chef de l'appel principal relatif à une somme de 1,046 fr. 05 c., formant le tiers des dépens liquidés à la charge de la dame de la Villegontier :

Considérant que cette somme figurait dans les exploits des 9 et 28 juin 1852, de même que dans les conclusions signifiées à la requête de Mussault;

Considérant que la dame de la Villegontier ayant droit et qualité pour vérifier au greffe le bien fondé de la réclamation de Mussault, elle doit s'imputer de ne pas l'avoir fait;

Considérant, au surplus, que Mussault rapporte aujourd'hui un état taxé de ses dépens et qui justifie, dans toutes ses parties, la demande par lui formée à cet égard;

Qu'en l'état, il y a lieu ainsi de porter à 7,646 fr. 5 c. le montant des sommes payées par Mussault, soit à la dame de la Villegontier directement, soit à sa décharge;

Sur les autres chefs de l'appel principal :

Considérant qu'il y a lieu d'adopter les motifs des premiers juges;

Sur le premier chef de l'appel incident :

Considérant qu'aux termes de l'art. 3 du décret du 21 février 1850, le tiers intéressé qui a payé l'Etat, au lieu et place du débiteur des rentes, lorsque celui-ci aura laissé expirer les délais impartis par le dit décret, est subrogé aux droits de l'État;

Considérant que, le 30 décembre 1851, la dame de la Villegontier a satisfait à toutes les conditions imposées par l'art. 4 du décret susdit;

Qu'elle l'a fait, en l'absence de toute manifestation ou déclaration de la part de Mussault dans les délais à lui donnés, qu'il s'en suit qu'elle est apte ainsi à invoquer le bénéfice de ce décret, et à se dire subrogée dans tous les droits de l'Etat à l'encontre de Mussault;

Que cette subrogation pleine et entière, dès le 30 décembre 1851, n'a évidemment pu être atteinte par le décret du 19 du même mois, promulgué à Alger seulement le 31 décembre;

Que ce décret, quoique rendu dans la vue de dégrever la propriété, n'a évidemment pu nuire à des droits acquis et consacrés en vertu de décrets antérieurs;

Considérant qu'en l'état, et par suite du maintien au bénéfice de la subrogation dans les droits du Domaine au profit de la dame de la Villegontier, il y a lieu de soustraire de la somme de 11,996 fr. 19 c. retenue au jugement comme étant due par Mussault, celle de 1,088 fr. que ce dernier offre de payer en remboursement de la somme par elle versée, le 30 décembre 1851, dans les mains du Domaine ;

Considérant que, cette déduction faite, le montant des sommes dues par Mussault n'est plus que de 10,908 fr. 19 c. ; que le montant des sommes par lui payées, tant à la dame de la Villegontier qu'à la décharge de cette dame, étant de 7,046 fr. 5 c., il est constant qu'en dehors de l'action résultant au profit de la dite dame de la Villegontier de sa subrogation dans les droits de l'État, elle n'a à répéter contre Mussault que la somme de 3,862 fr. 14 c. ;

Sur le second chef de l'appel principal :

Considérant qu'il y a lieu d'adopter les motifs des premiers juges ;

Par ces motifs ; statuant tant sur l'appel principal que sur l'appel incident, infirme le jugement dont est appel, etc., etc.

Chambre civile, 12 mai 1853.— MM. de Vaulx, prés. ; Robinet de Cléry, av.-gén. ; Chabert-Moreau et Villacrose, av. déf.

1° Bailleur de fonds. — Privilége. — Formalités. — 2° Acquéreur. — Obligation. — Tiers détenteur. — Délaissement.— Effets.

Le bailleur de fonds ne saurait être admis à exercer un privilége sur un immeuble amélioré ou construit à l'aide des deniers par lui avancés, s'il n'a fait, avant les nouvelles constructions, constater par un expert nommé aux formes de droit, l'état préalable des lieux, et si le procès-verbal qui établit l'achèvement des travaux n'a été dressé qu'après les deux mois de leur perfection. (Art. 2103, § 4 et 5, du Code Nap.)

Il perd encore son privilége lorsque, tout en ayant le soin de remplir les formalités prescrites par l'art. 2103, § 4, il néglige de se conformer à celles ordonnées par l'art. 2110 du même Code, pour la conservation de son privilége de bailleur de fonds, ou lorsqu'après la vente de l'immeuble amélioré ou construit avec ses deniers, il ne fait inscrire son privilége que quinzaine après la transcription du contrat ou du jugement d'adjudication. (Art. 2110 du Code Nap. et 834 du Code de proc. civ.)

L'adjudicataire d'un terrain qui, aux termes d'une clause du cahier des charges, est tenu de servir une rente au créancier originaire, vendeur primitif, peut être considéré à son égard comme débiteur direct et déclaré per-

sonnellement obligé envers ce créancier pour l'accomplissement des conditions insérées au cahier d'enchères et auxquelles il s'est soumis en se rendant adjudicataire.

Par suite, les constructions par lui édifiées sur ce terrain deviennent affectées par privilége, comme le terrain lui-même, à la garantie de la créance du vendeur originaire.

En conséquence, le délaissement même régulier opéré par celui qui a acheté de l'adjudicataire le terrain et les constructions, ne lui donne point le droit d'exercer à l'égard de ces constructions une réclamation quelconque, puisqu'il ne peut avoir plus de droits que n'en avait son cédant, et que ce dernier se trouve personnellement débiteur du créancier originaire.

Néanmoins, il ne doit être, quant à lui, considéré à l'égard du vendeur primitif que comme tiers détenteur, et par suite il a droit en cette qualité à la plus value résultant des impenses qu'il a faites pour l'amélioration des constructions par lui acquises ou pour les constructions nouvelles qu'il a pu lui-même édifier.

Cela est vrai surtout si le créancier primitif n'a pas fait obstacle au délaissement et y a au contraire acquiescé(1).

DAME VEUVE CURET C. SABATAULT.

Le 8 septembre 1842, vente, par les époux Sabatault au sieur Oberic, d'un terrain moyennant un prix de 9,000 fr. Des poursuites en expropriation sont dirigées pour défaut de paiement. — 15 mai 1845, jugement qui déclare Stora, Petroqui et Soldini, propriétaires de 235 m. moyennant un prix principal de 17,000 fr., outre le service, au profit des époux

---

(1) C'est ce qui résulte positivement de l'arrêt, bien que sous ce rapport la rédaction renferme une lacune regrettable qui nuit à l'intelligence du texte. Ainsi, en ce qui touche les droits de Frey et Sionville, l'arrêt dit qu'ils ne peuvent être considérés, à l'égard des époux Sabatault, que comme des tiers détenteurs, et il ajoute que Petroqui et Soldini ne peuvent être tenus, vis-à-vis les époux Sabatault, que jusqu'à concurrence des clauses insérées dans le cahier des charges.

Or, d'après le cahier des charges, les constructions qui pourraient être élevées sur le terrain ne devaient pas être affectées au privilége du vendeur. L'arrêt aurait donc dû ajouter que quoique le cahier d'enchères ne renfermât pas la clause insérée dans l'acte de vente de 1842, clause d'après laquelle les constructions, élevées par la suite sur le terrain, devaient être affectées par

Sabatault, d'une rente de 1,500 fr. — Le 1er avril 1847, Soldini et Petroqui vendent à Sionville leur part dans le terrain avec les constructions qu'ils y ont élevées pour la somme de 28,300 fr., sur laquelle 7,500 fr. devaient être payés aux époux Sabatault. L'immeuble licité entre Stora et Sionville est adjugé, le 9 décembre 1848, à Frey et Sionville au prix de 26,000 fr., outre les charges. Commandement par les époux Sabatault aux nouveaux adjudicataires d'avoir, conformément aux clauses de l'adjudication, à leur payer la somme de 15,000 fr. Ce commandement étant resté infructueux, les époux Sabatault poursuivent la vente du terrain pour avoir paiement de la somme de 35,000 fr., restant due sur le prix stipulé dans l'acte de vente du 3 septembre 1842. — Adjudication à leur profit, le 30 avril 1851, moyennant la somme de 15,100 fr.

L'ordre ouvert, la dame veuve Curet expose que : pendant les poursuites dirigées par les époux Sabatault, les sieurs Frey et Sionville, voulant continuer les constructions avec le crédit ouvert par elle à leur profit, ont, par jugement du 19 juillet 1851, provoqué la nomination d'un expert chargé de procéder à la ventilation du terrain et des constructions déjà commencées ; que cet expert a fixé la valeur du terrain à 3,768 fr. et celle des constructions à 9,500 fr. ; qu'ayant payé à la suite du rapport de l'expert une somme de 5,115 fr. aux ouvriers fournisseurs Poiré et Matty, une inscription a été prise par elle pour sûreté de cette somme le 30 août 1851 ; que, par suite, elle demande à être colloquée par privilége pour le montant de sa créance.

De leur côté, Frey et Sionville qui avaient, sur la poursuite des époux Sabatault, délaissé l'immeuble, demandent, en leur qualité de tiers détenteurs et en se fondant sur l'art. 2175 du Code Nap., à être colloqués par privilége pour la somme de 9,400 fr., montant de la valeur des constructions à eux vendues par Petroqui et Soldini.

31 octobre 1851, règlement provisoire dans lequel le juge-commissaire colloque au premier rang, après les frais de poursuite d'ordre, la dame veuve Curet pour la somme de 1,932 fr., montant de la plus value

---

privilége à la garantie de la somme due aux époux Sabatault, ce privilége existait néanmoins sur les constructions élevées par Petroqui et Soldini, en vertu de leur adjudication qui les rendait débiteurs directs des époux Sabatault ; mais qu'à l'égard de Frey et Sionville,— qui n'étaient point des acquéreurs directs,— le cahier des charges devait seul faire loi, et que, par suite, le privilége qui existait sur les constructions de Petroqui et Soldini ne pouvait, aux termes du cahier des charges, grever celles élevées par Frey et Sionville.

apportée par Frey et Sionville à l'immeuble, mais à la charge par elle de justifier de l'accomplissement des formalités prescrites par le § 2 de l'art. 2110 (C. Nap.), et au deuxième rang des priviléges les époux Sabatault pour la somme de 35,455 fr. Sur la demande de Frey et Sionville, dit qu'il n'y a lieu d'y faire droit : 1° parce que l'art. 2175 ne confère aux tiers détenteurs aucun privilége pour les impenses et les améliorations, et que si un droit de rétention peut leur être reconnu, ce droit ne saurait appartenir ni à l'acquéreur primitif qui a revendu la chose après l'avoir amélioré, ni au nouveau possesseur qui vient du chef de ce dernier ; 2° parce que l'expert n'était point appelé à fixer distinctement la valeur des travaux exécutés par Petroqui et Soldini en vue de la demande aujourd'hui formée par Frey et Sionville, et que son rapport, en date du 9 août 1850, ne saurait constater la plus value résultant des mêmes travaux au 31 avril 1851, jour de l'adjudication faite à Sabatault. — Contredit formé par les sieurs Frey et Sionville pour lesquels on expose qu'ils ont un droit incontestable au remboursement des impenses et améliorations, que ce droit résulte de ce qu'ils ne sont que des tiers détenteurs et non les débiteurs directs des époux Sabatault ; que la valeur des travaux peut être déterminée par l'acte de vente de Petroqui et Soldini à Sionville, et que la loi n'impose pas l'obligation de faire précéder la demande en remboursement de la plus value résultant des constructions, d'une expertise qui peut être ordonnée en tout état de cause si le Tribunal ne se trouve pas suffisamment édifié par les actes produits. — On répond, pour les époux Sabatault, que si Frey et Sionville ne sont point, aux termes de leur contrat d'acquisition, obligés personnellement envers les époux Sabatault, il est incontestable en présence : 1° de l'acte de vente du 3 septembre 1842, contenant affectation de privilége sur le terrain et les constructions y édifiées ; 2° de l'adjudication du 15 mai 1845, au profit de Stora, Petroqui et Soldini, moyennant 17,000 fr. de prix principal et le service, en faveur des époux Sabatault, d'une rente de 1,500 fr., que les constructions élevées par Petroqui et consorts étaient grevées du privilége de vendeurs, militant en faveur des époux Sabatault avant d'arriver dans les mains de Frey et Sionville, et que le délaissement opéré par ceux-ci ne saurait purger des constructions qui ne sont pas leur œuvre ; que, dès lors, c'est à bon droit que le juge-commissaire ne les a pas colloqués. — En ce qui touche la collocation de la dame Curet, déclarer qu'elle n'y a aucun droit, parce qu'elle ne s'est conformée à aucune des dispositions imposées, par les art. 2103 et 2110 du Code Nap., aux bailleurs de fonds pour la conservation de leurs priviléges.

12 juin 1852, jugement qui accueille les prétentions des époux Sabatault à l'égard des droits réclamés par la dame Curet, en se fondant sur les dispositions des art. 2103, 2110 du Code Nap. et 834 du Code de proc. civ., et repousse les conclusions prises par Frey et Sionville par les motifs suivants :

» Considérant que si l'art. 2175 du Code Nap. confère aux tiers détenteurs le droit de répéter les impenses et améliorations, cela *ne peut s'entendre* du cas où celui-ci se serait vu obligé *en son nom personnel* et où les travaux mêmes qu'il a effectués, seraient affectés par privilége à la garantie de son obligation ;

« Que les sieurs *Oberio et Bocca* en achetant des époux Sabatault, par acte reçu Leroy, notaire à Alger, le 3 septembre 1842, les terrains composant l'immeuble dont il s'agit, ont stipulé au dit acte que les dits terrains, ainsi que les constructions devant être élevées sur iceux, seraient spécialement affectés du privilége de vendeur et la sûreté de la somme en principal et intérêts ;

» Que les sieurs *Petroqui et Soldini* qui s'étaient rendus, sur les poursuites en expropriation dirigées contre la faillite Oberio et suivant jugement du 15 mai 1845, adjudicataires de la moitié des mêmes terrains, non-seulement ont succédé aux engagements de leurs auteurs, *mais encore se sont obligés personnellement à payer au sieur Sabatault une rente de 1,500 fr.* ;

» Que les dits adjudicataires n'auraient pu dès lors, quelque fut le chiffre de leurs impenses et la valeur de leurs améliorations, invoquer, en vertu de l'acte précité, aucun droit de retrait ou de distraction tant que leur créancier lui-même, le sieur Sabatault, n'aurait pas été complétement désintéressé ;

» Que les sieurs *Frey et Sionville*, devenus à leur tour acquéreurs en suite de licitation et par jugement rendu le 9 décembre 1848, ne pouvaient exercer du chef des dits sieurs Petroqui et Soldini des droits que ceux-ci ne possédaient point, et qu'*au surplus, d'après un jugement du Tribunal de céans, en date du 9 décembre 1848, ces nouveaux adjudicataires étaient eux-mêmes tenus envers les époux Sabatault au paiement* d'une *somme de* 1,500 *fr.* ;

» Qu'en l'état, et vu l'indivisibilité du privilége, il y a donc lieu de débouter les sieurs Frey et Sionville des fins de leurs contredits sans examiner même si la plus value produite par leurs travaux s'élève bien à la somme de 9,200 fr., fixée par l'expert Flacheron, etc. »

C'est cette distinction entre les constructions faites par Petroqui et Soldini et celles élevées par Frey et Sionville que, sur l'appel interjeté par ces derniers et la dame veuve Curet, la Cour a faite en indiquant quels étaient, à l'égard de chacune de ces constructions, la nature des droits des époux Sabatault.

ARRÊT.

LA COUR; — Attendu, en ce qui touche la dame veuve Curet, qu'en droit pour qu'elle put être admise à exercer le privilége de bailleur de fonds qu'elle réclame, il aurait fallu : 1° qu'elle eût fait dresser un procès-verbal de l'état des lieux avant les nouvelles constructions, et 2° qu'elle eût fait recevoir les nouveaux travaux dans les six mois au plus de leur perfection ;

Attendu, cela posé, que si, en fait, il est constant que ces formalités ont été remplies, il faut néanmoins reconnaître que le procès-verbal relatif à la réception des travaux n'a pas eu lieu dans le délai fixé par la loi;

Qu'en effet, il est certain que les travaux étaient terminés déjà au 15 février 1851; du moins en ce sens que les sieurs Frey et Sionville avaient renoncé formellement à en faire exécuter d'autres, puisque, à la dite date, répondant à la sommation des époux Sabatault, ils offraient de délaisser et poursuivaient une instance en validité du dit délaissement;

Que néanmoins, il est positif au procès que c'est seulement le 22 septembre suivant, c'est-à-dire plus de sept mois après l'abandon des travaux et la perfection de ceux déjà faits, que le procès-verbal exigé par les art. 2104 et 2110 du Code Napoléon a été dressé ;

Attendu, dans ces circonstances, que tout étant de droit étroit en matière de privilége, il est hors de doute qu'en ne se conformant pas aux exigences de la loi, la dame veuve Curet s'est rendue non recevable, sous ce premier rapport, à exercer son privilége;

Attendu, au reste, que sa demande doit être repoussée par un autre motif, celui pris de ce que l'inscription qui aurait dû suivre le procès-verbal de la réception des travaux, n'a été prise par elle que postérieurement à la quinzaine de la transcription du jugement d'adjudication ;

Qu'ainsi donc il est certain qu'en écartant la dame veuve Curet de l'ordre au moins comme procédant de son chef propre, les premiers juges ont bien jugé, que leur sentence doit donc être maintenue sur ce point;

Attendu, en ce qui concerne les sieurs Frey et Sionville, que ceux-ci procèdent en une double qualité ; d'abord comme cessionnaires des sieurs Petroqui et Soldini, leurs vendeurs, et ensuite de leur chef personnel comme tiers détenteurs; qu'il y a donc lieu d'examiner leurs prétentions sous ce double rapport ;

Attendu, sur le premier, que comme ayant-cause des dits Petroqui et Soldini, il est incontestable que les dits sieurs Frey et Sionville ne sauraient avoir plus de droits que leurs cédants ne pouvaient en avoir eux-mêmes ; que, conséquemment, pour apprécier sainement leur demande, il faut rechercher quelle était et quelle serait encore aujourd'hui la position des dits Petroqui et Soldini vis-à-vis les époux Sabatault ;

Attendu, à cet égard, qu'il est indubitable que, comme acquéreurs aux enchères publiques, les dits Petroqui et Soldini ont été personnellement obligés à la dette; que, ce qui le prouve, c'est qu'en cette qualité, d'une part, le délaissement leur était interdit, et, d'autre part, en cas de folle enchère, la loi les déclarait responsables, même par corps, de la différence en moins du prix qui aurait été obtenu ;

Qu'en cet état, il est bien évident que les dits Petroqui et Soldini seraient aujourd'hui sans droit et qualité pour réclamer le montant de leurs impenses; que, loin de là, il est hors de doute que, comme obligés directs, ils devraient l'entier prix, même sur les constructions qu'ils auraient pu faire élever ;

Attendu, cela posé, qu'il est certain que les dits Petroqui et Soldini n'ont pas pu changer leur position ni les droits des époux Sabatault, en faisant, relativement aux dites constructions, une cession au profit des sieurs Frey et Sionville; que, par suite, ces derniers qui n'ont et ne peuvent avoir que les droits de leurs cédants, ne sauraient être admis, pas plus que ceux-ci ne l'eussent été, à exercer une réclamation quelconque à l'occasion des constructions dont il s'agit ;

Que les premiers juges ont donc encore bien fait de repousser cette demande ;

Attendu, en ce qui est relatif aux conclusions des sieurs Frey et Sionville, procédant de leur chef personnel, qu'il est reconnu, en fait, qu'après leur acquisition, ils ont augmenté les constructions qui existaient déjà ; que, dès lors, il y a à rechercher si, ce point de fait étant constant, les dits Frey et Sionville ont droit à réclamer une plus value ;

Attendu, sur ce point, qu'il est positif que les dits Frey et Sionville ne sont et ne peuvent être considérés, vis-à-vis les époux Sabatault, que comme les tiers détenteurs ;

Qu'à cet égard, aucun doute ne saurait s'élever, car la question a été jugée dans ce sens entre les parties, le 5 mars 1851, à l'occasion du délaissement fait par les dits sieurs Frey et Sionville, et ce jugement non-seulement n'a pas été attaqué par les époux Sabatault, mais a, au contraire, été acquiescé et exécuté par ces derniers ;

Que les dits mariés Sabatault ne sauraient donc plus être reçus à soutenir que leurs adversaires sont leurs obligés directs et personnels ;

Que les premiers juges ont donc mal jugé en disant droit sur de pareilles prétentions ;

Qu'à la vérité, ces magistrats se sont appuyés, pour le décider ainsi, sur la teneur du premier acte de vente consenti en 1842 par les époux Sabatault aux sieurs Oberlo et Bocca ; mais que cet acte est sans application dans la cause et ne saurait, dans aucune de ses dispositions, être opposable aux sieurs Frey et Sionville ;

Qu'en effet, il ne faut pas perdre de vue que lorsque les sieurs Petroqui et Soldini sont devenus acquéreurs, ce n'a pas été directement des époux Sabatault, ni même de ceux à qui ceux-ci avaient vendus ;

Qu'il en a été autrement, qu'ainsi il est établi en fait que les premiers acquéreurs étant tombés en faillite, l'expropriation du terrain vendu fut poursuivie, et que c'est à suite de cette poursuite que les sieurs Petroqui et Soldini devinrent adjudicataires ;

Attendu, cela posé, qu'il est hors de doute que ces derniers et leur ayant-cause n'ont pu et ne peuvent être tenus, vis-à-vis les époux Sabatault, que jusque et à concurrence des clauses insérées dans le cahier des charges, puisque ce n'est qu'à ces conditions qu'ils ont acquis ; or, il est certain que la clause insérée dans l'acte de vente de 1842, et par laquelle les époux Sabatault avaient déclaré apporter à leur privilége, non-seulement le terrain vendu, mais encore les constructions qui pourraient y être faites, n'a pas été reproduite par le cahier des charges de 1845 ; qu'il est évident, dès lors, que cette disposition doit être considérée aujourd'hui, vis-à-vis les sieurs Frey et Sionville, comme n'ayant jamais existé ;

Qu'il doit en être surtout ainsi quand on considère que les époux Sabatault étaient parties à la dite saisie ; qu'ils avaient même été sommés d'exercer leur droit de résolution ; que, dès lors, c'était à eux à veiller à ce que le cahier des charges reproduisit toutes les clauses favorables à leurs intérêts ;

Qu'ils auraient dû d'autant plus prendre ce soin dans l'espèce, que la clause dont il s'agit, était, vis-à-vis les tiers détenteurs, exorbitante du droit commun, et qu'il était, dès lors, indispensable qu'elle fut connue de tous de la manière la plus explicite ;

Que cela n'ayant pas été fait, il est certain que les parties sont rentrées dans le droit commun d'après lequel tout tiers détenteur qui délaisse a droit à la plus value résultant des impenses ou améliorations par lui faites à l'immeuble pendant sa possession ;

Que le jugement attaqué, ayant refusé cette action aux sieurs Frey et Sionville, doit donc être repoussé sur ce chef ;

Attendu, maintenant, qu'il y a lieu de rechercher en quoi consiste la plus value accordée ;

Attendu, à cet égard, qu'il existe bien au procès un procès-verbal d'expert, mais que n'ayant pas été fait contradictoirement, cette opération ne saurait servir de base à une fixation de chiffres ;

Qu'il y a lieu, dès lors, ainsi, du reste, que le demandent les époux Sabatault, d'ordonner une nouvelle expertise ;

Par ces motifs ; a démis et démet la dame veuve Curet de son appel ; a démis et démet les sieurs Frey et Sionville de leur appel, etc., etc.

Chambre civile, 19 nov. 1852. — MM. Marion, cons. prés. ; Barny, av.-gén. ; Sabatéry et Lussac, av. déf.

QUESTIONS.

Les jugements des midjelès attachés aux bureaux arabes sont-ils, dans l'état actuel de notre législation, susceptibles d'appel devant la Cour impériale (1)?

Ces jugements, lorsque les parties qui les ont obtenus veulent les faire exécuter à l'aide des moyens fournis par la loi française peuvent-ils être revêtus, conformément à l'art. 22 de l'ordonnance du 16 avril 1843, de la formule d'exequatur?

Au moment où je me préoccupais de l'examen théorique de ces graves questions, je fus informé que deux décisions venaient d'être rendues sur cette importante matière, l'une par la Cour impériale d'Alger, l'autre par le Tribunal de première instance de Blida. J'ai donc cru devoir, dans l'intérêt des observations que je voulais présenter, recueillir le texte du jugement et de l'arrêt, et apporter ainsi, à l'appui de mes propres idées, la haute autorité d'une opinion souveraine.

Mais comme la question que je vais traiter est neuve et qu'elle touche au côté le plus local de notre législation algérienne; que, d'ailleurs, elle exige pour être bien comprise une connaissance claire et nettement précise de l'organisation de la justice indigène, je vais très sommairement, mais de manière néanmoins à me faire parfaitement comprendre, esquisser en quelques lignes le tableau historique de nos institutions

(1) Je donne plus loin l'explication du motif qui m'a conduit à parler des jugements rendus par les midjelès et non des jugements rendus par les cadis.

judiciaires et montrer comment, dans certains cas, les formes de procédure suivies devant les tribunaux musulmans ont été modifiées par degrés, dans les territoires situés en dehors des limites de la juridiction civile par des actes émanant de l'autorité militaire, et dans les territoires purement civils par les dispositions des ordonnances qui nous ont régi et de celles auxquelles nous obéissons encore.

I.

L'arrêté du 22 octobre 1830, rendu par le général en chef de l'armée d'occupation, est le premier acte tenté dans ce pays par le gouvernement français pour y régulariser, soit entre indigènes, soit entre Français et étrangers, l'action de la justice. Entre musulmans, tous pouvoirs sont conférés au cadi maure tant au civil qu'au criminel ; mais aux termes de l'art. 8 du même arrêté, les causes entre musulmans et israélites, que le cadi était appelé à juger, ne pouvaient l'être par lui que sauf appel devant la Cour de justice. Cette Cour était composée du membre du comité du gouvernement, chargé de la section de la justice, auquel étaient adjoints deux juges français ; elle devait connaître de toute cause civile et commerciale où un Français se trouverait intéressé. On était encore trop près des événements et surtout de la capitulation du 5 juillet 1830, pour agir d'une manière très rigoureuse envers les tribunaux musulmans et pour se montrer très radical dans les modifications que leur institution devait nécessairement subir. Cependant, une large part est déjà faite à notre influence, puisque, tout en maintenant aux magistrats indigènes les pouvoirs que la loi du pays leur conférait, on appelle la justice française à connaître en appel des affaires civiles ou criminelles où un musulman et un israélite sont simultanément en cause.

Cet arrêté qui fût, comme on peut le comprendre, une œuvre de tâtonnements et d'essais, mais dans lequel on retrouve cependant une rare énergie de vue jointe à un sentiment de patriotisme élevé, témoigne d'une vive sollicitude de la part du gouvernement pour assurer, dans l'avenir, à la législation française la salutaire influence de ses dispositions.

L'arrêté du 16 août 1832 alla plus loin encore dans cette voie. Son art. 6 attribue à la Cour de justice l'appel des jugements rendus entre musulmans par le cadi en matière correctionnelle, et au Conseil d'administration ceux rendus par le même juge en matière criminelle. Le 8 octobre suivant, la Cour criminelle fut appelée à connaître des appels qui, d'après l'art. 6 de l'arrêté précédent, devaient être portés devant le Conseil d'administration.

Le même état de choses subsista sous l'empire de l'ordonnance royale du 10 août 1834. Le Tribunal supérieur créé par cette ordonnance hérita des pouvoirs de la chambre criminelle et retint dans ses attributions la connaissance en appel des jugements rendus par le cadi entre les musulmans en matière criminelle.

L'ordonnance royale, rendue le 28 février 1841, donna naissance à un droit nouveau, inconnu jusqu'alors et qui, à vrai dire, déplaça le siége de l'action judiciaire. En vertu des dispositions de la nouvelle loi, les tribunaux musulmans sont maintenus, mais ils ne continuent à connaître des affaires civiles et commerciales qu'entre musulmans seuls (art 31 et 44). Toute compétence en matière criminelle est distraite de leurs pouvoirs, et grâce à une innovation aussi heureuse que hardie, la Cour royale peut statuer désormais sur l'appel de leurs jugements civils (art. 5). On s'éloigne beaucoup, ainsi qu'on peut le voir, des idées qui suivirent l'occupation et qui durent présider à nos premiers essais d'organisation judiciaire. Au respect exagéré pour des droits dont la conservation avait pu être le résultat de nécessités politiques faciles à comprendre, mais qui, en 1841, n'étaient plus qu'un obstacle qu'il fallait renverser à tout prix, succède une institution très imparfaite encore sans doute, mais plus conforme cependant aux besoins nés du développement de la colonisation et plus en harmonie avec notre dignité, notre grandeur et notre force.

L'ordonnance du 10 août 1834 avait embrassé dans le ressort du tribunal supérieur *la totalité des possessions françaises dans le nord de l'Afrique* (art. 4). L'art. 4 de l'ordonnance du 28 février 1841 renferme la même disposition sous une autre forme : « Le ressort de la » Cour royale, dit-il, embrasse la totalité de l'Algérie ; » et ce qui serait de nature à faire croire que sa juridiction n'avait pas de limites, c'est ce qui suit : « Sauf la juridiction des conseils de guerre réservée par l'article 43 (1). »

Cependant, une grave difficulté s'élève quand on compare aux dispositions des art. 4 et 43 de l'ordonnance du 28 février, les termes de l'art. 46 de la même ordonnance. Cet article porte, en effet, qu'en dehors des limites fixées conformément à l'art. 4, les cadis musulmans, nommés et institués par le gouverneur-général, conservent *leurs anciennes at-*

(1) Art. 43, ordonn. du 28 fév. 1841. — Demeure réservée aux Conseils de guerre la connaissance des crimes et délits commis en dehors des limites telles qu'elles auront été déterminées en exécution de l'art. 4.

tributions, sauf la juridiction des Conseils de guerre et les autres exceptions déterminées par la législation locale. »

Ne serait-on pas fondé à voir dans cet article une dérogation aux dispositions combinées des art. 4 et 43 ? Ne détruit-il pas ce qu'ils ont de trop général et de trop absolu ? En outre, cette réserve faite pour les conseils de guerre et qui se retrouve dans l'art. 4, ne prouve-t-elle pas que le législateur a entendu parler, dans l'un et l'autre cas, des mêmes circonscriptions ; et que si, d'une part, il limite dans un territoire restreint la juridiction criminelle de la Cour, il renferme encore dans la même sphère sa compétence civile ? Je serais personnellement porté à le croire, sans néanmoins pouvoir l'affirmer d'une manière certaine et positive.

L'obscurité et, pour ainsi parler, le vague des expressions contenues dans l'art. 46, laissent le champ libre à toutes les suppositions et justifient la diversité des interprétations. Quelles étaient ces anciennes attributions conférées aux cadis exerçant hors des limites ? Étaient-ce celles dont ils jouissaient sous l'empire de l'arrêté du 22 octobre 1830, ou bien sous celui de l'arrêté du 16 août 1832 et du 8 octobre suivant ? Ces attributions étaient-elles enfin celles que leur conférait l'ordonnance du 10 août 1834 ? Rien n'autorise à décider d'une manière vraie quelle était à cet égard la pensée du législateur. On éprouve encore le même embarras lorsqu'on se demande ce qu'étaient *ces exceptions déterminées par la législation locale,* en quoi elles consistaient, sur quels objets elles portaient et quel était le texte enfin qui les mentionnait.

Quoi qu'il en soit, nous devons reconnaître que toutes ces questions qui sont aujourd'hui insolubles pour nous, étaient, à l'époque dont nous parlons, généralement tranchées en faveur de la juridiction illimitée de la Cour royale ; des arrêts importants consacraient, d'ailleurs, cette doctrine.

Les modifications apportées par l'ordonnance du 26 septembre 1842 à celle du 28 février 1841, laissèrent à peu près intactes les dispositions dont s'était servie la première pour statuer sur la compétence de la Cour royale.

Les art. 4, 43 et 45 de l'ordonn. du 26 septembre ne sont sur ce point que la fidèle reproduction des art. 4, 43 et 46 de l'ordonnance du 28 février.

Telles étaient les principales dispositions de notre droit local en ce qui touche la question que j'examine, lorsque survint l'ordonnance du 16 avril 1843. Jusqu'à cette époque, les indigènes n'avaient, pour faire exécuter les jugements par eux obtenus devant les cadis, que des moyens de coercition sans force et mal définis, d'ailleurs, par l'ordonnance du 26 septembre. On comprit, en 1843, que, puisque l'autorité française maintenait les tribunaux musulmans, elle devait au moins mettre les parties déclarées fondées dans leur droit, à même d'obtenir de leurs adversaires l'exécution sérieuse des obligations nées des condamnations prononcées à leur profit.

Les dispositions du Code de procédure civile, relatives à l'exécution des jugements, furent appliquées, moyennant certaines formalités préalables, aux jugements des magistrats du pays. L'art, 22 de l'ordonnance du 16 avril trace nettement la voie à suivre pour donner à ces décisions le caractère et la puissance exécutoire des jugements rendus par les tribunaux français.

Je retrouve ici la même difficulté que je signalais tout à l'heure en rappelant, sur la compétence territoriale de la Cour, les termes des décisions législatives antérieures. Cette ordonnance d'*exequatur* pouvait-elle être apposée sur un jugement rendu par les cadis exerçant en dehors des limites déterminées par le ministre de la guerre et au-delà desquelles ne s'étendait pas la compétence de ces mêmes tribunaux ?

Deux motifs également fondés sur la logique des conséquences légales qui découlent de la solution affirmative ou négative de cette question, laissent difficilement entrevoir comment, dans la pensée de la loi, elle pouvait être résolue.

Mais quelque fut le sens pour lequel on se décidât, il était impossible à moins de décliner, pour la Cour comme pour les tribunaux civils, toute compétence d'échapper à une contradiction évidente.

Je passe rapidement sur toutes ces questions qui n'ont plus aujourd'hui pour nous qu'un intérêt purement historique, et j'arrive à l'ordonnance du 30 novembre 1844 qui, par la netteté de ses dispositions, pose en termes explicitement formels les limites de la juridiction de la Cour royale. Désormais, son ressort n'embrasse plus que les territoires compris dans la juridiction des tribunaux de première instance, et comme complément de ce qui précède, l'art. 3 ajoute : « La chambre civile connaît » des appels des jugements rendus en matière civile et commerciale, par » les tribunaux de première instance et de commerce et par les tribunaux » musulmans. »

La double question que j'examine se trouve donc ainsi péremptoirement tranchée par l'ordonnance du 30 novembre 1844 ; elle établit avec clarté et de manière à dissiper tous les doutes, que la Cour royale ne peut connaître que de l'appel des tribunaux musulmans qui se trouvent dans la juridiction des tribunaux de première instance, disposition qui renferme implicitement la probibition, pour les tribunaux de première instance, de statuer sur des demandes en homologation relatives à des jugements rendus par des cadis ou des midjelès en dehors des limites de leur compétence (1).

La même pensée d'exclusion se retrouve dans l'ordonnance du 15 avril 1845 où on lit, art. 15 : « Les territoires mixtes sont soumis à un » régime administratif exceptionnel. Les autorités militaires remplissent » sur ces territoires les fonctions administratives, civiles et *judi-* » *ciaires.* »

Lorsqu'en 1848, le vice de la division territoriale de l'Algérie, créée par l'ordonnance royale du 15 avril 1845, eût donné lieu à l'arrêté du chef du pouvoir exécutif en date du 9 décembre, la restriction apportée par la décision royale à la compétence de la Cour d'Alger, fut maintenue et sa juridiction ne continua à s'étendre que dans l'intérieur des limites que les ordonnances des 30 novembre 1844 et 15 avril 1845 lui avaient fixées.

Au moment où j'écris ces lignes, aucune décision du Pouvoir n'est venue modifier ces dispositions législatives ; c'est donc sous leur empire que nous vivons aujourd'hui. Nous devons nous l'avouer, quelque désir que nous ayons de voir l'influence de notre législation s'étendre dans des pays dont les habitants, las d'un régime qui n'est plus fait pour leurs idées et leurs mœurs, appellent de tous leurs vœux le moment où il leur sera donné de pouvoir soumettre à la décision souveraine et définitive des tribunaux français, les questions d'intérêt privé qui les divisent. (2)

---

(1) Il ne faut pas un grand effort d'esprit pour reconnaître ce qu'il y aurait d'illogique à soutenir le contraire. La Cour est compétente, cela n'est point douteux, pour statuer sur l'appel d'une ordonnance *d'exequatur* rendue par le magistrat de première instance. Or, si toute sentence émanée d'un Tribunal musulman situé en territoire militaire pouvait être déclarée exécutoire aux termes de l'art 22 de l'ordonnance du 16 avril, il s'en suivrait que, par ce moyen détourné, la Cour pourrait être saisie de l'appel des jugements rendus par ces mêmes Tribunaux, lorsque cependant il résulte positivement du texte des ordonnances de 1844 et 1845, qu'elle ne saurait en connaître.

On doit rechercher avant tout ce qu'a voulu le législateur et rejeter tout ce qui, de près ou de loin, directement ou par voie de conséquence, porte atteinte à ses intentions et méconnaît sa pensée.

(2) Je ne voudrais pas qu'on donnât à ces paroles plus d'étendue que je ne leur en attribue moi-même. Je suis très loin de vouloir dire que tous les Arabes soumis de l'Algérie désirent être jugés par les Tribunaux français ; mais ce que j'affirme, c'est qu'autour de nos grands centres de population, partout où des rapprochements nombreux et des relations fréquentes, ont laissé

Pendant que des ordonnances royales organisaient l'action de la justice dans les territoires civils, l'autorité militaire dut aussi se préoccuper de créer, dans l'étendue des territoires qu'elle était appelée seule à régir, des tribunaux indigènes placés par une raison facile à comprendre sous la surveillance immédiate des chefs des bureaux arabes ; c'est à quoi ont pourvu l'arrêté ministériel du 1er février 1844, et diverses instructions ministérielles qui ont successivement modifié l'organisation de ces tribunaux, déterminé la nature et la limite de leurs fonctions et créé des moyens énergiques d'exécution.

Je me propose, après l'exposé que je viens de faire, et à la suite des observations que m'a suggéré l'état de chose actuel de donner un aperçu général de cette organisation qui n'est mal appréciée que parce qu'elle est mal connue, et dans laquelle on retrouve parfois des vues certainement profondes et un but éminemment politique.

La seule observation que je veuille me permettre aujourd'hui a uniquement pour but d'expliquer pourquoi je me suis servi, dans le préambule de ce travail, du mot *midjelès*. La raison en est que si, aux termes de la loi musulmane, ainsi que je l'ai démontré ailleurs (1), le cadi a seul le droit de prononcer un jugement, et si, dans les territoires civils, l'organisation actuelle des tribunaux indigènes est restée, sauf quelques modifications sans importance, ce qu'elle était avant la conquête, il n'en est pas de même de l'organisation de ces mêmes tribunaux dans les territoires militaires. Les midjelès n'y sont jamais composés que de cadis qui jugent à la majorité des voix, sous la présidence du cadi du bureau arabe de la subdivision ou de la division : on comprend dès lors que puisque les sentences judiciaires émanent non des cadis, mais des midjelès, j'ai dû substituer le dernier mot au premier.

SID EBOU-ABDALLAH C. MOHAMMED-BEN-DJEKIKEN.

« LE TRIBUNAL,

» En fait : attendu qu'en janvier 1852, sid Mohammed-ben-Djekiken et sid Ebou-Abdallah, propriétaires indigènes de la tribu des Aouara, site

---

entrevoir aux indigènes ce qu'il y aurait pour eux de garanties vraiment sérieuses à pouvoir se présenter devant les Tribunaux français et y porter leurs différents, il existe un grand nombre d'indigènes qui applaudiraient au décret qui les rendrait justiciables de nos propres Tribunaux.

(1) Voyez les notes de l'arrêt Boukandoura C. dame Khadoudja, p. 80, 1re partie du présent Recueil.

aux environs de Médéa, dans la circonscription du territoire militaire, eurent, au sujet d'un immeuble également situé en territoire militaire, une contestation qui se termina par l'attribution de partie de cet immeuble à sid Ebou-Abdallah ;

» Attendu que, dans cet état, sid Mohammed-ben-Djekiken prétendant avoir droit d'exercer le retrait successoral ou droit de chefâa, s'adressa au cadi du bureau arabe de Médéa, qui, par sentence du 6 janvier 1852, le débouta de sa demande ;

» Attendu que cette sentence, frappée d'appel par sid Mohammed-ben-Djekiken, a été infirmée par jugement rendu par le cadi du bureau arabe de Blida, siégeant en midjeles supérieur, du 24 janvier au 2 février 1852; (a)

» Attendu que, malgré cette sentence prononcée contradictoirement avec lui, sid Ebou-Abdallah prétend que la Cour d'Alger , seule, peut connaître en appel d'un jugement du cadi ; que, tant que la Cour n'a pas infirmé le jugement rendu en premier ressort, ce jugement conserve sa force et devient définitif après l'expiration du délai d'appel, c'est-à-dire des trente jours qui suivent sa signification ;

» Que, dans cette situation, sid Ebou-Abdallah ne pouvant faire signifier son titre, sans qu'il ait été d'abord revêtu de la formule *d'exequatur*, s'est conformément aux prescriptions de l'art. 22 de l'ordonnance du 16 avril 1843, pourvu devant le président du Tribunal de Blida à l'effet de faire rendre exécutoire le premier jugement de Médéa, du 6 janvier 1852 ;

« Attendu que la partie adverse, préalablement citée et entendue, a décliné la compétence du juge civil, et, subsidiairement, pour le cas où ce juge connaîtrait de l'affaire, sid Mohammed-ben-Djekiken a demandé aussi *l'exequatur* pour le jugement infirmatif prononcé par le cadi du bureau arabe de Blida ,

» Attendu qu'en date du 8 février 1853, le président ayant rendu une ordonnance par laquelle il se déclare incompétent, sid Ebou-Abdallah s'est pourvu contre cette ordonnance devant le Tribunal de céans, afin de faire décider que *l'exequatur*, à tort refusé, serait accordé ;

» Au fond : attendu qu'il s'agit de l'exécution d'un acte émanant de l'administration militaire, ne rentrant pas dans le cercle de la juridiction du Tribunal de Blida, et ne pouvant, même en appel, être déféré à la Cour d'Alger; que la demande formée par sid Ebou-Abdallah, a été introduite, comme

---

(a) Le Tribunal commet ici une erreur ; le cadi du bureau arabe qui siége en midjelès ne rend jamais de sa propre autorité une décision. — Il ne fait, en sa qualité de président du midjelès, que prononcer la sentence qui a été délibérée entre les ulémas et qui est rendue à la majorité des voix. (*Voy. suprà.*).

aurait pu l'être celle d'un indigène, relevant du territoire civil, ayant obtenu un jugement du cadi civil ;

» Qu'à la vérité, d'après les ordonnances de l'administration de la justice en Algérie, la Cour impériale d'Alger a, seule, le droit et le pouvoir de prononcer sur l'appel formé contre les jugements rendus dans son ressort par les magistrats indigènes ; mais que ce droit ne s'applique qu'aux Tribunaux musulmans qui sont situés en territoire civil, et qui agissent sur une population administrée par l'autorité civile ;

» Que, si d'après les ordonnances des 28 février 1841 et 26 septembre 1842, *le ressort de la Cour d'Alger embrasse la totalité de l'Algérie*, c'est, en dernier lieu, l'ordonnance du 30 novembre 1844 qui a définitivement déterminé l'étendue et les limites de ce ressort par son art. 1er, lequel est ainsi conçu : « *Le ressort de la Cour royale d'Alger embrasse tous les territoires compris dans la juridiction des Tribunaux de 1re instance* » ;

» Attendu que les termes de cet article ont laissé en dehors de la compétence de la Cour d'Alger les territoires non soumis à la juridiction des Tribunaux de 1re instance, c'est-à-dire les territoires militaires dans lesquels, jusqu'à l'arrêté du gouverneur-général du 5 août 1843, la population civile se trouvait sans juges ;

» Attendu que cet arrêté du 5 août 1843 n'a pas compris dans la juridiction des Tribunaux ces localités qui sont demeurées *soumises à la juridiction militaire, jusqu'à ce qu'il en ait été autrement ordonné.* (Art. 1er, arrêté du 5 août 1843) ;

» Qu'à ce moment, et pendant plusieurs années, le ressort de la Cour d'Alger n'embrassait donc pas ces territoires faisant pourtant partie de la *totalité de l'Algérie* ; qu'en effet, dans ces localités où *l'autorité civile n'existait pas*, l'appel des jugements des commandants de place ne ressortissait pas de la Cour, mais du commandant supérieur de la subdivision ;

» Attendu que cette organisation spéciale et toute de transition (V. considérant de l'arrêté), appliquée seulement aux Européens des territoires militaires, a été modifiée par le décret du 22 mars 1852, qui a rendu, à la juridiction des Tribunaux de droit commun, tout à la fois les affaires civiles et commerciales excédant la compétence limitée des commandants de place, et de plus, les appels des jugements rendus en premier ressort ;

» Mais, attendu que, dans le décret exclusivement relatif aux Européens, il n'est aucunement question des jugements rendus par les cadis de ces mêmes territoires militaires ; que, par suite, les Tribunaux de 1re instance de l'Algérie ont il est vrai une nouvelle juridiction qui comprend ces territoires et les fait ressortir de la Cour, mais que cette juridiction partielle est restreinte aux Européens ; (a)

(a) Ce motif me paraît décisif. — Avant le décret du 22 mars 1852, la population civile des territoires militaires se trouvait sans juges pour

» Attendu que dans la circonscription de ces territoires militaires, l'administration de la guerre a établi pour les indigènes des Tribunaux particuliers relevant non des commandants de place, mais des bureaux arabes;

» Attendu que l'organisation de la justice indigène, fonctionnant dans les territoires militaires, constitue un acte essentiellement administratif que les Tribunaux ordinaires ne peuvent apprécier (a);

» Qu'il est constant que les midjelès des bureaux arabes sont institués avec divers degrés de juridiction à la différence des cadis civils, jugeant uniquement en territoire civil, dont les décisions, toujours en premier ressort, ne sont susceptibles d'appel que devant la Cour impériale d'Alger;

» Attendu, dans l'espèce, qu'il est établi que sid Ebou-Abdallah et sid Mohammed ben-Djekiken, sont domiciliés en territoire militaire; que les con-

---

toutes les contestations qui dépassaient le taux de la compétence des commandants de place. L'arrêté du 22 mars a comblé cette lacune de la législation coloniale en appelant les tribunaux de première instance à connaître des actions civiles ou commerciales excédant la compétence des commandants de place et des appels de leurs jugements. — Mais cette décision du chef de l'État ne prouve-t-elle pas, précisément par les termes restrictifs dans lesquels elle est conçue, que l'auteur du décret n'a voulu faire profiter du bénéfice de ses dispositions que les Européens seuls? Il serait difficile de soutenir raisonnablement le contraire.

Comment admettre, d'ailleurs, que les indigènes des territoires militaires eussent eu le droit de saisir les tribunaux français de leurs différents, quand ce droit était formellement refusé à la population européenne, et puisque le décret du 22 mars n'est relatif qu'à cette dernière, je crois qu'il est logique et rationnel de penser que la population indigène ne saurait, dans aucun cas, s'en appliquer les conséquences et y trouver virtuellement l'origine et la raison d'être d'un droit que le décret ne laisse même pas soupçonner.

(a) L'organisation des tribunaux musulmans dans les territoires soumis à l'autorité militaire, constitue, ainsi que le remarque fort bien le Tribunal, un acte essentiellement administratif qui échappe par cela même à la compétence des tribunaux civils. C'est un point constamment admis en jurisprudence, qu'il n'appartient pas à l'autorité judiciaire de s'immiscer dans les actes émanant d'une autorité administrative quelconque, et de prononcer sur toute contestation précédemment réglée, soit par des actes, soit par des arrêtés ministériels. La loi organique du 24 août 1790 et celle du 16 fructidor an III sont formelles à cet égard, et, sous ce point de vue encore, nous ne pouvons qu'approuver la décision du tribunal de Blida.

testations qui se sont élevées entre eux, relativement à un droit immobilier, ont dû être portées devant le Tribunal de la situation de l'objet litigieux ; qu'ainsi les contestations ont été compétemment soumises au juge du lieu, c'est-à-dire au cadi du bureau arabe de Médéa, puis en appel au midjelès supérieur divisionnaire siégeant à Blida et institué par l'autorité militaire ; qu'enfin après le jugement de ce midjelès supérieur, il n'y a plus d'appel possible, et le jugement est devenu exécutoire (a) ;

» Attendu, dans cet état, qu'alors même que sid Mohammed-ben Djekiken n'exciperait pas du jugement infirmatif rendu par le midjelès supérieur de la division de Blida, le Tribunal de 1re instance de céans, n'ayant aucune espèce de juridiction civile sur les indigènes des territoires militaires, ne pourrait pas rendre exécutoire la sentence du midjelès subdivisionnaire de Blida qui ne tombe pas sous son appréciation ;

» En la forme, reçoit, etc. ;

» Au fond : dit que c'est à tort que sid Ebou-Abdallah a formé opposition, l'en déboute, dit que le tribunal n'est pas compétent pour décerner l'*exequatur* à un jugement rendu en territoire militaire par les cadis du bureau arabe ; le condamne aux dépens, etc.

Trib. civ. de Blida, 7 juin 1853.— MM. Deroste, prés. ; Lefrançois, proc. imp. ; Fourrier et Baliel de Montagny, av. déf.

Voici maintenant les motifs de l'arrêt : je les donne sans commentaire. Il est facile de voir que la Cour a eu surtout en vue de se conformer à la pensée du législateur et qu'elle s'est inspirée, pour rendre sa décision, du même esprit de prudence qui a présidé à l'organisation de la justice en

---

(a) On a beaucoup parlé dans ces derniers temps — et à propos de la question sur laquelle le Tribunal a statué — d'une circulaire du général Blangini, commandant la division de Blida, datée du 9 novembre 1850. J'avoue ne connaître cette pièce officielle que par l'extrait qu'en relatent habituellement les chefs des bureaux arabes sur les originaux des exploits d'appel signifiés aux parties situées en territoire militaire et relatifs aux jugements du midjelès divisionnaire de Blida. Cet extrait porte : « Les jugements rendus par le midjelès divisionnaire de la division siégeant à Blida, sont sans appel et exécutoires dans toute l'étendue du territoire militaire. » On voit que le Tribunal a visé cette disposition dans son jugement.

Je reviendrai, d'ailleurs, sur cette circulaire et sur les conséquences que les chefs des bureaux arabes croient pouvoir en tirer pour se rendre personnellement juges de la recevabilité de l'appel.

Algérie, et aux règles qui ont déterminé la compétence respective, soit de l'autorité civile, soit de l'autorité militaire.

SAÏD-BEN BOUDA C. FATHMA-BENT-MOULOUD.

LA COUR ; — Considérant que la contestation déférée à l'autorité de la Cour par l'indigène Saïd-ben-Bouda ou Badou s'est élevée entre musulmans appartenant au territoire exclusivement soumis à l'autorité militaire et au sujet de propriétés immobilières également situées dans les limites du même territoire ;

Considérant que cette contestation, d'abord soumise à la décision du cadi de la tribu, a subi devant ce magistrat un premier degré de juridiction, ainsi que le constate une sentence rendue sous la date du 27 janvier dernier ; — que plus tard elle a été portée devant un midjelès réuni à Alger et présidé par le cadi spécialement attaché au bureau arabe de la subdivision, lequel a statué par décision du 28 février au 1er mars dernier ; — que c'est à la suite de cette seconde sentence et par acte du ministère de Baille, huissier à Alger, en date du 29 mars suivant, que Saïd-ben-Boudo, a cru devoir ajourner ses adversaires devant la Cour pour faire réformer la dite sentence et se faire adjuger la propriété des immeubles formant l'objet de la contestation ;

Considérant qu'en cet état il y a lieu d'examiner préalablement si le litige, ainsi déterminé, peut être soumis à l'appréciation de la Cour en conformité des règles constituées de sa juridiction ; qu'il s'agit, en un mot, d'une question de compétence ;

Considérant, sur cette question de compétence, qu'en examinant attentivement les divers documents qui peuvent en éclairer la solution, on est rigoureusement amené à reconnaître que le législateur, tout en manifestant sa ferme résolution d'appliquer à l'Algérie les institutions judiciaires de la Métropole, a évidemment voulu procéder progressivement et ne conférer cet avantage que sucessivement dans certaines parties de territoire, selon que notre domination y était plus ou moins consolidée, selon que l'élément européen s'y développait avec plus ou moins de consistance, se réservant avec soin de procéder par voie d'exception pour toutes les parties qui ne seraient pas formellement comprises dans la même limite ; — que cette volonté de soumettre certaines circonscriptions à une administration exceptionnelle, qui se révèle à chaque phase de la colonisation dans les divers actes d'organisation générale, est surtout clairement exprimée dans le rapport qui a précédé l'ordonnance du 15 avril 1845 et dans plusieurs dispositions de cette ordonnance ; — qu'elle se retrouve dans les art. 12, 13, 14, 15, 16 et 18 ; — que l'art. 12 porte textuellement que dans chaque province on distingue suivant l'état de localité et le mode d'administration qu'elles comportent : — le territoire civil ; — le territoire mixte ; — et le territoire arabe ; — et qu'enfin les art. 15, 16 et 18 déclarent le territoire mixte et le territoire arabe soumis à l'autorité militaire pour toutes les fonctions administratives, civiles et judiciaires ;

Considérant que plus tard les arrêtés des 9 et 16 décembre 1848, rendus par le chef du pouvoir exécutif, ont tranché ces divisions de territoires, et ces deux régimes d'administration de territoire militaire sont essentiellement inhérentes au commandement militaire ;

Considérant que si, eu égard à ces dispositions relatives à l'organisation générale, on examine l'ensemble des actes spécialement relatifs à l'organisation judiciaire, on reconnaît bientôt que la même volonté qui distingue les territoires a précédé à leur rédaction, que toujours le législateur a manifesté l'intention de restreindre l'action juridique des Tribunaux de 1re instance de même que le ressort souverain de la Cour en conformité du principe des circonscriptions territoriales ; qu'à la vérité quelques expressions un peu vagues, un peu trop générales, que l'on rencontre et dans l'ord. du 10 août 1834 et dans celle du 26 septembre 1842, pourraient laisser place au doute et donner lieu à interprétation ;—qu' on lit en effet, dans l'art. 4 de la première de ces ordonnances, que le ressort du Tribunal supérieur embrasse toutes les possessions françaises du nord de l'Afrique, et dans l'art. 4 de la seconde, que le ressort de la Cour embrasse la totalité de l'Algérie ; — mais qu'il est évident que ces expressions bien entendues, ne sauraient s'appliquer qu'aux parties du territoire algérien où l'action ordinaire de la justice était régulièrement établie, c'est-à-dire aux territoires purement civils et non pas aux territoires soumis à un régime exceptionnel ;— que le doute, au surplus, ne serait plus possible aujourd hui que l'ordonnance du 30 novembre 1844 a mieux précisé l'étendue du ressort de la Cour en déclarant, dans son art. 1er, que ce ressort embrassait tous les territoires compris dans la juridiction des Tribunaux de 1re instance ; — que si l'art. 3 porte dans son 2e paragraphe que la chambre civile connaît des appels des jugements rendus par les tribunaux de 1re instance et de commerce et par les tribunaux musulmans, ces dernières expressions : Tribunaux musulmans, qui se trouvent aussi dans l'ordonnance de 1842, ne sauraient, par les motifs déjà déduits, s'appliquer qu'aux Tribunaux musulmans régulièrement institués dans les périmètres des territoires civils et fonctionnant d'après les règles de l'administration civile ; — qu'il est donc permis de conclure de l'ensemble des considérations qui précèdent, que le ressort de la Cour d'Alger est limité à l'étendue de la juridiction des Tribunaux de 1re instance, ainsi que le porte l'art. 1er de l'ordonnance du 30 novembre 1844, et que, jusqu'à ce qu'il en ait été autrement ordonné, elle ne saurait s'immiscer dans l'appréciation des décisions rendues par une juridiction exceptionnelle sans méconnaître les bornes que le législateur a cru devoir poser à sa compétence ;

Considérant que, dans l'espèce, la sentence dont s'agit, est émanée de l'une de ces juridictions ; — que vainement on voudrait soutenir que cette sentence a été rendue à Alger par un magistrat résidant à Alger, que cette double circonstance s'explique par la hiérarchie militaire qui place à Alger la subdivision de laquelle dépendent toutes les parties en cause, de même que le Tribunal supérieur auquel doivent être portées leurs contestations ;—

qu'on ne saurait non plus tirer argument d'un acte récent qui défère aux Tribunaux civils l'appel des décisions rendues par les commandants de place et camp; que c'est là une décision toute spéciale qui doit être restreinte aux localités qu'elle concerne et ne saurait s'étendre aux territoires militaires, placés dans une catégorie toute différente;

PAR CES MOTIFS; de l'avis conforme de l'assesseur musulman, se déclare incompétente, etc.

Chambre civile, 15 juin 1853. — MM. de Vaulx prés.; Robinet de Cléry, av.-gén.; Quinquin, av. déf.

Je n'ajoute rien à ces documents juridiques : je les crois suffisants pour que désormais la solution qu'ils consacrent soit acceptée comme la base invariable d'une jurisprudence constante. Qu'on l'examine au point de vue historique ou qu'on essaie de la résoudre par l'examen des dispositions législatives encore en vigueur, la question est aujourd'hui définitivement jugée. — Il ne s'agit donc plus maintenant que de rechercher de quelles modifications la législation algérienne est sous ce rapport susceptible.

Depuis 1844 et 1845, l'aspect général des choses a changé : des causes nombreuses ont profondément modifié l'état de la société arabe : un instinct irrésistible l'entraîne vers nos institutions, dont elle commence à comprendre les avantages et à sentir les bienfaits. Le moment est venu de refaire sur une donnée plus large le système de notre organisation judiciaire et de hâter par une assimilation sagement progressive les conquêtes de la civilisation. A cet entraînement des populations vers nous, entraînement dû à des causes que je n'ai point à expliquer ici, nous devons répondre par le ferme vouloir d'associer au bénéfice de nos institutions civiles la partie de ce peuple déjà pénétrée de l'esprit français.

Il me reste donc à parler, pour compléter ce travail, des changements que réclame l'organisation actuelle des tribunaux indigènes et de la limite territoriale dans laquelle il serait prudent de les renfermer; mais, avant d'aborder ce nouveau côté de la question, il convient, ce me semble, afin de faire plus convenablement apprécier le caractère et la portée de mes observations sur ce point, d'exposer l'état actuel de l'organisation des tribunaux musulmans, soit dans les territoires civils, soit dans les territoires militaires; en un mot, d'indiquer ce qui est, pour mieux faire comprendre ce qui peut et doit être : — c'est ce que je me propose de faire dans la prochaine livraison.

H. Branthomme.

OBSERVATIONS

à propos

DE L'ARRÊT SAIGET C. KARSENTY,

RELATIF

à l'hypothèque légale de la femme juive d'Alger sur les biens de son mari en Algérie (1).

Rectores imperiorum id comiter agunt ut jura cujusque populi intrà terminos ejus exercita teneant ubique suam vim, quatenùs nihil potestati aut juri alterius imperantis ejusque civium præjudicetur..... quatenùs sine præjudicio indulgentium fieri potest ob reciprocam utilitatem. — Huber, *De Conflictu legum diversarum.* — Id. *Jus publicum universale*, lib. 3, cap. 8, § 7.

Je ne vois pas de difficulté à décider que l'hypothèque légale d'un lieu ne peut pas s'étendre dans un autre qui n'est pas soumis aux lois de ce lieu : ma raison est que cette hypothèque naît de l'autorité des lois ; c'est un effet de la juridiction. Or, l'autorité des lois et l'empire des juridictions sont bornés et resserrés dans l'étendue de leur domination : partout ailleurs ces lois sont sans force et sans vertu. — Boullenois, *Traité de la personnalité ou de la réalité des lois, coutumes ou statuts*, t. 1, p. 651.

Dans notre dernière livraison, nous avons promis de publier, sous le titre d'*Observations*, une étude consciencieuse, approfondie sur la délicate et difficile question tranchée en fait plutôt qu'en droit par l'arrêt précité, en faveur de la femme juive d'Alger.

---

(1) Pour donner à notre travail une couleur, autant que possible locale, nous reproduirons ici, en même temps que le jugement du tribunal de Bône du 2 décembre 1851, qui accorde à la femme juive l'hypothèque légale, l'arrêt de la Cour d'Alger, en date du 25 mai 1852, qui infirme ce jugement. On remarquera qu'en thèse générale du moins, cet arrêt est contraire à l'arrêt Saiget c. Karsenty :

Nous venons tenter de remplir notre promesse.

Incertain d'abord sur la forme à donner à ces *Observations*, après avoir longtemps hésité entre la dissertation proprement dite, susceptible de développements plus ou moins étendus, nous dirions volontiers plus ou moins littéraires, et la simple thèse ou exposition sévère, analytique, incisive, d'une question de droit, nous avons cru devoir opter pour la dernière. D'une part, les bornes étroites de ce *Recueil*, de l'autre, la nécessité pour nous, au moment où nous écrivons ces lignes, de retracer d'un seul trait l'argumentation pour ou contre l'opinion que nous avons embrassée, tout nous invitait à sacrifier, en quelque manière, l'élégance et l'éclat de la forme à la correction et à la solidité du fond. Plus tard, dans un travail, dont ces courtes *Observations* ne sont que la rapide esquisse, nous essaierons d'unir l'attrait du style à l'intérêt de la pensée, si toutefois, comme nous osons l'espérer, nos modestes efforts pour découvrir la véritable solution de notre important problème, ne sont pas trouvés trop indignes de l'approbation et de l'encouragement de nos lecteurs et de nos juges.

Avant tout, précisons nettement, mathématiquement, l'objet de nos *Observations*.

Notre but n'est pas seulement d'étudier la question résolue en sens

---

CORDONNIER C. DAME DAYAN.

LE TRIBUNAL ;

Attendu que l'hypothèque légale forme un statut réel qui affecte tout immeuble en Algérie et en France ; que le mérite de cette hypothèque ne saurait ainsi dépendre de la qualité des ayant-droits, puisque leur gage doit rester invariable ; — attendu que la constitution de ce droit, dont l'utile application est toujours réservée par la stabilité et le maintien du gage, doit donc se trouver dans la seule constatation du principe même de l'hypothèque légale, doit conséquemment s'établir par la seule reconnaissance de l'acte de mariage quand il s'agit de l'hypothèque de la femme qui résulte du mariage comme en découle la légitimité elle-même des enfants ; — qu'il ne reste plus ensuite qu'à déterminer l'étendue du même droit au moyen de stipulations matrimoniales sur lesquelles il s'appuie ;

Attendu, néanmoins, qu'on a soutenu que l'hypothèque légale ne saurait être invoquée au préjudice des créanciers du mari quand la femme est étrangère ; qu'en effet, la constitution de son droit ne peut être entourée des conditions et des garanties de publicité qui doivent en légitimer l'exercice ; que l'hypothèque légale n'est ainsi, entre les mains de la femme étrangère, qu'un droit nécessairement occulte, repoussé par l'esprit de nos lois et sur-

contraire, à certains égards, par les deux arrêts Cordonnier et Saiget. Nous voulons encore, à l'occasion de ces deux mémorables documents de jurisprudence algérienne, traiter *in decursu*, sous leur aspect le plus vaste et le plus compréhensif, toutes celles qui s'y rattachent, et faire ainsi, dans la mesure de nos forces, une étude complète de l'hypothèque légale de la femme, telle qu'elle est établie par le Code Napoléon, dans ses rapports avec les étrangers et la femme étrangère.

Nous l'avons dit: le sujet est grave; déjà, dans plus d'une circonstance, il a soulevé, parmi les oracles de la doctrine contemporaine, les plus vives controverses et les plus profonds dissentiments. Aussi, nous proposons-nous de ne rien négliger de ce qui, de près ou de loin, doit nous mettre sur la voie de sa solution. Textes et esprit du Code civil français, du droit intermédiaire, du droit ancien de la France, du droit étranger et du droit romain, enseignements de l'histoire juridique des peuples anciens et modernes, documents de la jurisprudence, opinions des auteurs : tout sera, par nous, recherché, analysé, résumé.

Une question bien posée est, dit-on, à moitié résolue : à plus forte raison, une question bien comprise.

Voici donc, dans les termes les plus clairs et les plus généraux, celle que nous allons examiner.

La femme d'un étranger a-t-elle sur les biens de son mari, situés en

---

tout les tendances de la jurisprudence ; — mais attendu qu'en admettant même ce dernier système, on ne saurait l'appliquer aux femmes israélites, Esther Taïeb et Esther Gozlan, dans les contestations élevées sur le mérite des collocations faites en leur faveur, dans le règlement provisoire mis en discussion pour le montant de leurs hypothèques légales ; — qu'en effet, on ne peut assimiler à des étrangers les israélites indigènes de l'Algérie, devenue une terre française : attendu que tous leurs actes subsistent et ont lieu sous la protection et la garantie de nos lois, et sont ainsi entourés de toutes les conditions de publicité qui doivent en faire assurer le maintien ; que si leur état civil, leurs actes de mariage, ne sont pas soumis à l'observation exacte des formes de la loi française, ces actes n'en sont pas moins certains et n'en doivent pas moins donner ouverture aux droits dont ils sont le premier fondement dans l'état de mariage, l'hypothèque légale pour la femme, la légitimité pour les enfants ;

Attendu que la législation spéciale de l'Algérie a si bien compris qu'il devait en être ainsi, qu'elle a prévu les contestations pouvant s'élever relativement à l'état civil et aux mariages des israélites, et déclaré dans l'art. 49 de l'ordonnance du 26 septembre 1842, que les rabbins seraient consultés sur ces contestations ; vu, en conséquence, l'avis écrit du rabbin, qui demeurera

France, l'hypothèque légale accordée sur ces biens par la loi française à la femme française ?

Nous verrons plus bas qu'ainsi formulée, la question comprend tous les points de vue sous lesquels elle peut être envisagée.

Nous avons dit notre but : disons maintenant nos moyens de l'atteindre.

Ils se réduisent au triple examen : 1° des principes généraux de notre droit hypothécaire, de l'origine et du caractère juridique de l'hypothèque en général et de l'hypothèque légale en particulier ; 2° de la nature des droits émanant de la loi civile ; 3° du genre de statut qui régit toute hypothèque et spécialement l'hypothèque légale.

Inutile de dire que le développement de chaque membre de notre division tripartite nous forcera plus d'une fois de toucher à des moyens accessoires, subsidiaires, sans connexité directe, en apparence, avec les moyens principaux de notre démonstration. Dans une matière aussi difficile, nous aurons grand soin d'en user ; mais nous n'aurons garde d'en pousser l'usage jusqu'à l'abus.

Fidèle au précepte du poète latin, afin de rendre aussi sensible que possible le lien logique qui rattachera nos conclusions à nos prémisses, nous nous jetterons *in medias res* ; nous attaquerons résolument tous les arguments, toutes les objections, toutes les difficultés ; en un mot,

---

annexé au présent jugement, sur l'état de mariage des femmes israélites, Esther Taïeb et Esther Gozlan, et la constitution de leurs droits, en vertu de leurs actes de mariage Kétoubout ; prenant également en considération les dispositions de l'art. 37 de la même ordonnance, voulant que, dans les contestations entre Français et indigènes, la loi française ou celle du pays soit appliquée selon les circonstances et l'intention présumée des parties ;

Attendu que la loi qui protège les droits de la femme israélite est basée sur les mêmes principes que la loi française, et lui confère également un droit de préférence sur les biens de son mari pour des reprises matrimoniales, que ces reprises consistent dans la dot composée de toutes les valeurs reconnues dans les stipulations matrimoniales, et peuvent s'exercer en tout temps, le régime de la communauté n'existant point dans le mariage israélite, pourvu que les droits des créanciers que la femme vient ainsi primer soient postérieurs à l'acte de mariage ;— attendu que ce droit de la femme est sacré devant la loi israélite, qui dit : « que le mari doit se dépouiller de son dernier vêtement pour que la femme ne puisse perdre sa dot ; »

Attendu que l'hypothèque légale des femmes, Esther Taïeb et Esther Gozlan, doit donc être maintenue au rang qu'elle occupe et doit occuper dans le règlement provisoire, suivant toutes les règles de la loi française et de la con-

et pour nous servir d'une expression vulgaire, *nous irons droit au but.*

Commençons par déblayer le terrain.

Pour arriver à la solution de cette question, trois systèmes ont été proposés dont deux diamétralement opposés entre eux, et un troisième qui cherche à les concilier par une espèce de moyen terme tenant tout à la fois de la nature de l'un et de la nature de l'autre.

Suivant le premier, l'hypothèque légale n'appartient qu'à la femme française. On dit à l'appui de ce système : — L'hypothèque, quelle qu'elle soit, à plus forte raison l'hypothèque légale, est un droit civil exclusivement réservé aux Français par la loi française, — ou aux étrangers jouissant des droits civils des Français. — Donc, toute femme qui n'est ni Française, — ni admise à jouir des droits civils de la femme française, est incontestablement exclue du droit d'hypothèque légale.

Suivant le second, l'hypothèque légale appartient à la femme française et à la femme étrangère. On dit à l'appui de ce système : — Quoique de droit civil, quant à la manière de l'acquérir, l'hypothèque, même l'hypothèque légale, n'en est pas moins du droit des gens, comme les obligations, les contrats, etc. — Refuser cette hypothèque à la femme étrangère par cela seul qu'elle n'est pas française, ce serait, par voie de conséquence, refuser aussi à l'étranger, par cela seul qu'il est étranger, des droits

---

stitution même des droits israélites ; — que le montant de leurs reprises a été en même temps constaté par les stipulations contenues dans leurs actes de mariages, qui fixent et garantissent leurs dots ; que les collocations faites en leur faveur, sont donc bien justifiées ;

PAR CES MOTIFS ; déclare les parties contestantes mal fondées dans leurs contredits, et les condamne aux dépens de la contestation ; — confirme le règlement provisoire, et ordonne, en conséquence, qu'il sera procédé au règlement définitif conformément à la loi.

ARRÊT.

LA COUR ; — Considérant que le contrat de mariage rapporté par Esther Gozlan, femme Bahabout, est du 24 février 1835 ; — considérant que le contrat de mariage sur lequel Esther Taïeb fonde ses prétentions, est du 28 août 1836 ; — considérant que ces deux contrats ont été inscrits au bureau des hypothèques de Bône, le 12 du même mois ;

Considérant que ces deux contrats sont conçus en termes presque identiques qu'ils n'offrent de différence qu'en ce qui concerne le montant de la dot ; que les parties déclarent, à plusieurs reprises, dans les actes, qu'elles se marient selon la loi de Moïse ; qu'il n'est pas douteux, que de même que le rabbin

que nul n'a jamais songé à lui contester : le droit d'hypothèque conventionnelle, — le droit d'hypothèque judiciaire, et même, *à fortiori*, — le droit de ces hypothèques privilégiées que la loi française appelle priviléges sur les immeubles. — Le Code ne parle que de la femme mariée. — Dès là qu'il y a mariage, cela suffit ; tout comme la légitimité des enfants, l'hypothèque légale est un droit attaché au seul fait du mariage. — Donc, la femme étrangère, — de même que la femme française, — doit jouir de cette hypothèque. — On dit encore : Peu importe que l'hypothèque soit du droit civil ou du droit des gens ? Fût-elle de droit civil, telle est la faveur accordée par tous les législateurs au mariage, qu'il ne faudrait pas hésiter à compter l'hypothèque légale parmi les droits civils dont le Code Napoléon n'a nullement entendu priver les étrangers. — La loi française n'est pas une loi envieuse et jalouse. — Ce qu'elle ne dénie pas formellement, elle l'accorde tacitement ; elle permet ce qu'elle ne défend pas. A ses yeux, l'incapacité civile est l'exception, la capacité civile est la règle. Or, en ce qui concerne l'hypothèque légale, sur quel texte fonde-t-on une exception au droit commun à l'encontre de la femme étrangère ? Donc, même en admettant que l'hypothèque légale soit de droit civil, elle appartient incontestablement à la femme étrangère.

Suivant le troisième, l'hypothèque légale appartient ou n'appartient pas à la femme étrangère, selon que la loi de son pays la lui donne — ou la lui refuse. A l'appui de ce dernier système, on dit : — L'hypothèque légale est un statut personnel quant à son existence, réel quant à son exercice ; — comme statut personnel, elle est régie par la loi nationale de la

---

rédacteur de l'acte, elles ont entendu se conformer et se sont conformées à cette loi ;

Considérant que, dans les deux contrats, les époux déclarent : 1° s'engager eux et leurs héritiers à raison de la dot ; 2° affecter par hypothèque au remboursement de la dot, non-seulement les meubles et immeubles qu'ils possèdent, mais ceux qu'ils posséderont à l'époque de la dissolution de l'union conjugale ;

Considérant que l'union conjugale, en vue de laquelle ont été faits les deux contrats, continue d'exister ;

Considérant que pour apprécier le mérite de la demande en collocation formée par les femmes intimées, il importe, d'abord, de déterminer le sens et la valeur qu'a l'hypothèque stipulée au profit de la femme selon le droit mosaïque ;

Considérant que l'hypothèque de la femme sous l'empire de la loi mosaïque, quoique en germe dans le contrat de mariage, ne prend, néanmoins, force et vie que du jour de la dissolution de l'union conjugale ;

femme; — comme statut réel, elle s'établit, se règle et s'exerce conformément à la loi de la situation des biens du mari.

On pourrait ajouter : — L'hypothèque légale résulte d'un contrat spécial du droit des gens dont le législateur doit assurer l'exécution, abstraction faite de la nationalité de la personne qui la réclame. Donc, tant que l'ordre public n'est pas violé, tant qu'une loi expresse n'interdit pas à la femme étrangère la conséquence de ce contrat, c'est-à-dire l'hypothèque légale, rien ne s'oppose à ce qu'elle en jouisse quand ce contrat a été passé sous la foi de cette garantie reconnue par la loi des contractants.

Or, de ce ces trois systèmes, lequel doit être préféré ?

C'est ce que nous dira l'examen attentif de chacun d'eux. Mais, avant de nous livrer à cet examen, posons, en peu de mots, les principes généraux de notre droit hypothécaire.

§ 1er.

Principes généraux de notre droit hypothécaire.

L'hypothèque est un droit réel, incorporel, indépendant de toute détention ou possession matérielle, sur des immeubles *exceptionnellement* affectés à l'acquittement d'une obligation quelconque. (Art. 2114 C. N.)

Exceptionnellement. — En effet, elle est une modification de cette simple règle de droit observée par tous les peuples, consacrée par toutes

---

Considérant que la restriction, quant au temps, sort de l'étendue et de la nature des droits que la loi mosaïque accorde au mari pendant la durée de l'union conjugale sur les biens qui forment la dot ;

Considérant qu'il est constant que, sous l'empire de la loi mosaïque, le mari a, pendant toute la durée de l'union conjugale, l'entier usage de la dot et peut l'aliéner sans que la femme ait le droit de s'y opposer ;

Considérant que les formalités usitées et rapportées par Selden ne peuvent laisser aucun doute à ce sujet ; — que l'on y voit que les biens apportés en mariage par la femme (Nedunia) passent dans la possession du mari et deviennent sa chose, que l'on ne saurait attribuer d'autre sens au mot *totum* Nedunia) *autem sponsi huic acceptum in ejus possessionem transit et illius fit potestatis* ; — qu'en présence de ces termes, l'on ne saurait donner au mot hypothèque, dans la langue mosaïque, le sens qu'il a dans la langue du droit moderne, et admettre qu'il frappe, pendant la durée de l'union conjugale, les choses qui en sont l'objet, sans reconnaître dans l'acte deux clauses

les législations, expressément sanctionnée par notre Code : *Tous les biens du débiteur sont le gage commun de tous ses créanciers.* (Art. 2093 C. N.)

—

Trois sortes d'hypothèques— *légale*, -- *judiciaire*, -- *conventionnelle*, résultant — de la loi.--d'un jugement ou acte judiciaire, — d'une convention revêtue de certaines formes. (Art. 2116 et 2117 C. N.)

—

Il ne faut pas confondre la cause constitutivé de l'hypothèque avec son mode d'acquisition.

—

Elle se constitue -- par contrat (convention expresse),— par quasi-contrat (jugement), — par convention tacite (mariage, minorité, acceptation de certaines fonctions).

—

Quelque soit l'hypothèque, sa cause constitutive est un fait du droit des gens. (*Vid. inf.*)

—

L'hypothèque conventionnelle, sauf disposition formellement contraire dans les lois politiques et dans les traités, si elle a été stipulée en pays étranger, ne s'acquiert que par stipulation expresse, consentie en France, sous une forme authentique passée devant deux notaires ou devant un notaire et deux témoins. (Art. 2127 et 2128 C. N.)

—

L'hypothèque judiciaire ne s'acquiert que -- par jugements, reconnaissances ou vérifications faites en jugement de signatures apposées à un acte obligatoire sous-seing privé, et -- par décisions arbitrales revêtues de l'ordonnance d'*exéquatur*.

---

contradictiores et qui s'excluent l'une l'autre ; — que, pour qu'elles puissent se concilier, il faut évidemment que l'hypothèque consentie ne passe à l'état de droit réel et certain sur les immeubles et meubles, que par l'événement de la dissolution de la communauté ;-- qu'il y a d'autant plus lieu de décider qu'il en est ainsi, que la loi mosaïque, entendue dans ce sens, se trouve en harmonie avec les lois qui régissaient les peuples antiques, et qu'elle se présente comme la conséquence directe de la puissance accordée au mari et de l'état d'infériorité et dépendance qui, avant le christianisme, était fait à la femme ;— que l'us et la coutume qui existent à ce sujet, et qu'il faut admettre à défaut de texte précis, sont attestés par documents versés au procès, et qui, émanés de personnes ayant droit et qualités, ne permettent pas le moindre doute ;— que le grand-rabbin d'Alger, consulté sur la question de savoir si la femme juive peut se prévaloir du droit résultant de son contrat de mariage, pen-

—

Sauf la même restriction que pour l'hypothèque conventionnelle, l'hypothèque judiciaire ne s'acquiert, en vertu de jugements rendus en pays étrangers, qu'autant qu'un tribunal français les a déclarés exécutoires. (Art. 2123 C. N.)

—

L'hypothèque légale ne s'acquiert que par la seule volonté de la loi appliquée au fait qui la constitue, en quelque lieu que ce fait se soit réalisé. (*Vid. infra.*)

Quelle que soit l'hypothèque, son mode d'acquisition est un fait de droit civil (*vid. inf.*) indirect — dans le cas d'hypothèque conventionnelle et judiciaire, — direct, dans le cas d'hypothèque légale, — naissant du concours et de la volonté explicite des contractants et de la loi, s'il s'agit d'hypothèque conventionnelle, — de la volonté implicite des parties litigantes et — de la loi, s'il s'agit de l'hypothèque judiciaire, — *de la seule volonté de la loi*, s'il s'agit de l'hypothèque *légale*.

—

En cas d'hypothèque légale, la loi stipule pour les parties. Qu'elles le veuillent ou ne le veuillent pas, qu'elles le sachent ou qu'elles l'ignorent, elle substitue sa volonté à la leur; c'est elle seule qui contracte pour elles. Pleinement passives, c'est pour elles qu'elle seule parle, pour elles qu'elle seule agit : sa volonté est si impérative qu'en général elles ne peuvent s'y soustraire.

—

En cas d'hypothèque judiciaire ou conventionnelle, la loi laisse faire. Elle offre une garantie de l'exécution du quasi-contrat ou du contrat intervenu entre plaideurs ou contractants; mais elle ne l'impose pas.

---

dant l'existence du mariage, n'a pas hésité, en effet, à répondre, en se fondant sur le code matrimonial. *Traité des contrats de mariage*, chap. 43, que du vivant de son mari, la femme israélite n'exerce aucun droit sur les biens, de celui-ci, relativement à sa dot et à son contrat; — que l'impossibilité qu'il en soit autrement découle d'ailleurs de la force des choses; — que l'hypothèque légale, dans toutes les formules soigneusement colligées par Selden, comme dans celles qu'ont empruntées les rédacteurs des deux contrats de mariage, embrasse, en effet, les meubles comme les immeubles; — que l'on ne saurait dès lors admettre que le droit d'hypothèque saisit, dès le jour de l'union conjugale, les choses qui y sont soumises, sans reconnaître que les meubles deviendraient, contre leur nature, immeubles, pendant toute la durée de l'union conjugale, ce qui est inadmissible et en contradiction avec les principes qui ont présidé à la prospérité et au maintien de la population juive;

Libre au plaideur victorieux ou — au créancier de l'accepter ou de la refuser, de faire qu'elle existe ou qu'elle n'existe pas. (Art. 2134, 2135, 2166, 2180, etc. C. N.)

—

Tout privilége et toute hypothèque engendre, au profit du créancier contre le tiers détenteur de l'immeuble hypothéqué à sa créance, un droit de suite (art. 2166) qui confère au premier la faculté de poursuivre et de saisir cet immeuble, en quelques mains qu'il passe, pour être colloqué sur le prix en provenant, suivant l'ordre et la qualité de sa créance.

En thèse générale, tout privilége immobilier et toute hypothèque, pour être efficace à l'égard des tiers, doivent être transcrites sur les registres du conservateur, avec indication de l'espèce et de la situation des biens grevés du privilége ou de l'hypothèque. (Art. 2106 et 2154 C. N.)

—

L'hypothèque conventionnelle ne frappe que les biens présents ; l'hypothèque légale et judiciaire les biens présents et à venir.

—

En principe donc, l'hypothèque conventionnelle est spéciale, l'hypothèque judiciaire et l'hypothèque légale ne le sont pas.

—

En principe encore, l'hypothèque légale, sauf le cas de purge, est dispensée d'inscription.

—

Quoique dispensée d'inscription et de spécialité, l'hypothèque légale survit au fait qui l'a fait naître.

—

S'il n'existe pas d'inscriptions sur les biens de ceux qui en jouissent,

---

Considérant que, sous ce point de vue encore, il faut donc admettre que le droit d'hypothèque, sur les immeubles comme sur meubles, ne prend vie qu'au moment de la dissolution de l'union conjugale ;

Considérant, d'ailleurs, qu'il n'est pas même articulé par les intimés, qu'à aucunne époque, la femme israélite, mariée sous l'empire de la loi mosaïque, ait exercé, contre son mari, aucune querelle à raison de la dot ou des sommes qui en faisaient partie;

Considérant que, mariées sous l'empire de la loi de Moïse, les intimées ne sauraient évidemment invoquer le bénéfice de la loi française, et faire valoir le droit d'hypothèque tel qu'il est établi par cette loi, qu'autant qu'elles y seraient formellement autorisées par la législation de l'Algérie ;

Considérant que loin de donner un point d'appui à la prétention des intimées la législation spéciale la repousse en termes formels ;

la purge de l'hypothèque légale est soumise à des règles particulières. (Art. 2193 C. N.)

—

Enfin, et pour ne plus parler que d'une des nombreuses exceptions au droit commun qui régit les autres sortes d'hypothèque, et surtout l'hypothèque conventionnelle, exceptions que la loi française n'a établies qu'en faveur de l'hypothèque légale,— alors même que la femme et le mineur ont perdu leur droit de suite par défaut d'inscription dans les deux mois du purgement de leur hypothèque, ils ne perdent pas leur droit de préférence, à l'égard des autres créanciers, sur le prix de l'immeuble grevé de leur hypothèque (1).

—

Ou nous nous trompons étrangement,— ou de ce qui précède il est légitime et nécessaire de conclure : 1° que l'hypothèque est un droit exceptionnel, une dérogation à la règle du droit des gens posé dans l'art. 2093 précité, et qui partant doit être restrictivement interprété ; 2° que l'hypothèque légale puise sa raison d'être et sa cause constitutive dans la seule volonté de la loi, ou dans la convention *légalement* tacite et présumée des parties (2) ; que l'hypothèque légale est une exception au droit commun hypothécaire, et, si j'ose le dire, une exception à une exception ; que, conséquemment, et *à fortiori*, comme toute hypothèque, *elle n'a lieu que dans les cas et suivant les formes autorisées par la loi*. (Art. 2115 C. N.)

Cela posé, arrivons au second objet de la première partie de notre tâche.

Considérant que les deux contrats de mariage ont été passés sous l'empire de l'ordonnance d'août 1834 ;

Considérant qu'aux termes de l'art. 31 de cette ordonnance, les indigènes sont présumés avoir contracté entre eux selon la loi du pays, à moins qu'il n'y ait convention contraire ;

Considérant que les intimés n'ont point usé de la faculté que, dans une haute pensée de sollicitude et d'avenir, le législateur leur a accordée ;

Considérant qu'aucun doute ne saurait s'élever sur la question de savoir si le mot *indigène* comprenait les membres de la communauté israélite, établis sur le sol de l'Algérie ;

Considérant que, quoique Cordonnier soit français, c'est comme étant aux droit du mari indigène qu'il se présente pour repousser l'action de la femme indigène ;

(1) Opinion contraire à la jurisprudence de la Cour de cassation, mais enseignée par un grand nombre d'auteurs, notamment par l'éminent jurisconsulte qui préside aujourd'hui la Cour suprême.

(2) Neguzantius, 1, memb. 4 n° 11.

Origine et caractère juridique de l'hypothèque en général et de l'hypothèque légale en particulier.

Est-elle du droit des gens, est-elle du droit civil ?

Éclairé du double flambeau de la philosophie et de l'histoire, exposons brièvement la filiation et la nature de ces deux branches de la science du droit. Décrivons-en rapidement les similitudes et les différences, et, afin de mieux les distinguer, plaçons-les, pour ainsi dire, en face l'une de l'autre, sur le théâtre de leur commune action, au sein d'un état ou d'une souveraineté en contact juridique avec un autre état ou une autre souveraineté.

Trois espèces de droit régissent l'homme dans ses rapports avec l'homme,— en tant que membre de la société humaine, ou de l'*Humanité*, le droit *naturel*, *général* ou *des gens* — en tant que membre d'un corps politique, *Cité* ou *Etat*, le droit *civil* ou le droit propre et particulier à une cité ou à un état ; — en tant que membre d'un Corps politique ayant des relations avec un autre corps politique, le droit *international*. (*V. inf*).

Occupons-nous d'abord de la distinction entre le droit civil et le droit des gens.

Par ces mots : *droit des gens*, (*jus gentium, jus inter gentes*), pris

---

Considérant qu'aucune disposition intervenue depuis n'a attribué aux membres de la communauté israélite, établis en Algérie, la qualité de citoyen français accordée à leurs co-religionnaires de l'ancienne France, par un article formel du décret spécial du 27 septembre 1791 ; — que cette qualité n'est point de celles dont l'attribution puisse être reconnue en vertu de simples présomptions ;

Considérant que même en fût-il ainsi, les conventions antérieurement intervenues entre indigènes conserveraient toute leur force, en vertu de la rétroactivité des lois ;

Considérant que le principe de non rétroactivité serait d'autant plus applicable qu'il est constant en droit international, que les conventions intervenues appartiennent au statut personnel et sont protégées par les garanties toutes spéciales dont est entouré le statut personnel ;

Considérant que la modification au statut personnel ne se présume point, qu'il faut qu'elle s'appuie sur des textes formels ; — que, dans l'espèce, elle doit d'autant moins être admise qu'elle toucherait d'une manière directe aux intérêts généraux de la communauté israélite, qu'elle porterait atteinte aux

dans leur acception la plus large, nous entendons ici le droit pratiqué par tous les peuples civilisés, le droit général de toutes les nations entre elles, le *droit de l'humanité. — Jus quo gentes humanæ utuntur. — Hominibus inter se commune. — Jus omnium hominum commune.* (D. L. 1, 1, § 4. *ib.* 9.)

Par ces mots : *Droit civil (Jus civile, jus civitatis)*, pris également dans leur acception la plus large, nous entendons ici le droit pratiqué chez un seul peuple, le droit particulier d'une seule nation, le *droit de cité. — Jus civile -- quod quisque populus ipse sibi. Jus constituit. Jus proprium civitatis. Ibid.*

La possession et la propriété des choses, le commerce, les conventions, tout ce qui naît des communications et des besoins des hommes entre eux, en tant qu'hommes ou membres du genre humain (1), découle du *droit des gens.*

Le droit des gens est le droit *naturel* appliqué à toutes les nations.

L'*extension* ou la *restriction* de ce droit aux usages, aux mœurs, à la religion d'une collection d'individus composant une cité, un peuple, une nation, régis par une seule et même législation, par un seul et même pouvoir social, les formes de ce droit, ses conditions accidentelles, son organisation et sa règlementation, tout ce qui naît des relations de ces individus entre eux, en tant que citoyens ou membres d'un même peuple, d'une même nation, d'une même cité, découle du *droit civil* (2). D. *ibid.* L. 6, *pr.*

---

bases mêmes sur lesquelles repose, dans les croyances de cette communauté, l'institution du mariage ;

Considérant que la modification, quand elle porte sur le droit commun, ne saurait davantage être présumée ; — qu'il y a donc moins lieu d'admettre sous ce rapport la prétention des intimées que, présupposant une dispense de partie des conditions imposées à l'hypothèque légale, elle porterait atteinte au crédit, en constituant, en Algérie, au profit d'une fraction notable de la population soumise, un véritable privilége à l'encontre des nationaux et des diverses populations avec lesquelles elle se trouve en contact ;

Par ces motifs ; infirmant le jugement dont est appel et le mettant à néant, dit qu'il n'y avait lieu à admettre la demande en collocation formée par les intimées, les exime en conséquence de l'ordre provisoire, etc.

(1) *Communem humani generis societatem*. Cicér., *De Offic.*, lib. 1, cap. 5.

(2) Gary, Discours au Corps législatif (Locré, t. 2, p. 337). Cet orateur a pu dire *sensu lato* que les successions, les mariages, les tutelles, la puissance paternelle, et généralement tous les rapports entre les personnes, sont *réglés* par le droit civil.

Le droit civil est le droit des gens approprié à un peuple.

Le droit des gens est la substance du droit civil (1).

Le droit civil est dans le droit des gens comme le droit des gens est dans le droit naturel, lequel est le fonds commun du droit des gens et du droit civil (2).

Le droit des gens est le droit naturel des nations.

Le droit civil est le droit des gens d'une nation.

Le droit des gens est un, invariable, absolu, éternel, divin.

Le droit civil est multiple, variable, conditionnel, passager, humain.

Le droit des gens ne connaît pas de frontières; — il est universel.

Le droit civil est limité par le territoire d'un peuple; — il est local.

Le droit des gens est l'universalisation du droit naturel.

Le droit civil est la localisation du droit des gens.

Le premier s'appelle aussi simplement *droit naturel.*

Le second s'appelle aussi simplement *droit positif.*

Le droit des gens est le droit brut, spontané, nécessaire de l'homme dans ses relations avec l'homme.

Le droit civil est le droit organisé, réfléchi, contingent, du citoyen dans ses relations avec le citoyen.

Le droit des gens est contemporain de la société.

Le droit civil est contemporain de la cité ou de l'État.

De là vient que l'un n'a pas de date, et que l'autre en a une.

Tous deux, le premier immédiatement, le second médiatement, émanent d'un droit supérieur et antérieur à tous les droits, et qui est la source de tout droit, du droit divin.

Le droit des gens est créé à l'image de Dieu; le droit civil est fait à l'image de l'homme.

D'où il suit : 1° que tout droit écrit ou non écrit, qui est un, universel, immuable, nécessaire, spontané, et sans origine historique, fait partie du droit des gens, est une création du droit des gens; 2° qu'au contraire, tout droit, écrit ou non écrit, qui est multiple, local, variable, contingent, réfléchi, et remonte à une origine historique, fait partie du

---

(1) C'est le *Jus commune* et la *ratio naturalis* de Gaius. *Institut.*, lib. 1, — le *dictatum rectæ rationis*, de Grotius. *De Jur. pace et bell.* — Les rédacteurs du Code civil ont dit cette parole remarquable : « Les membres de chaque cité sont régis comme hommes par le droit naturel. »

(2) Suivant la pensée de Burke, ce sont comme deux ruisseaux découlant d'une même source de justice. (*Dig. and adv. of learn.*)

droit civil, est une institution du droit civil ; 3° que le droit des gens est essentiellement un droit primitif, simple comme une inspiration de la nature, ennemi de toute forme, de toute subtilité, de toute fiction, ne vivant que de réalités palpables, matérielles, sensibles, — de *tradition* ; 4° que le droit civil est essentiellement un droit secondaire, compliqué comme un produit de la civilisation, se plaisant plus ou moins dans les inventions des jurisconsultes et dans les fictions d'un esprit subtil, ami du symbole et de la forme, incorporel, immatériel, idéal, s'attachant d'ordinaire — à l'abstraction (1).

Mais *sensu stricto*, le droit des gens qui règle les rapports de nation à nation en tant que collection d'individus, de même que le droit civil règle les rapports d'individus à individus en tant que citoyens, joue quelquefois un rôle important dans toutes les questions de droit privé et individuel s'agitant entre nationaux de nations différentes.

Il importe donc de déterminer la nature et les limites respectives de ces deux sortes de droit dans leur contact avec le droit des gens *proprement dit*, ou droit naturel des nations et des individus entre eux.

Pour cela, il est nécessaire de donner ici une notion exacte de la souveraineté ou de l'État.

L'État est une unité d'obéissance, de domination, de lois et de patrie (2).

L'État peut encore être défini : une collection d'individus soumis au même pouvoir social et unis entre eux par une même communauté de sol, de mœurs, d'intérêts et de but.

L'État peut donc être considéré comme une personne morale, capable de droits et astreinte à des devoirs, ayant une existence et une action distincte et indépendante de toute autre existence et de toute autre action.

L'existence d'un État, c'est son *autonomie*, son *moi*.

Son action, soit au dedans, soit au dehors de lui-même, c'est la souveraineté.

La souveraineté, c'est la liberté d'un État.

Un État qui n'est pas souverain n'est pas un État. L'État, c'est la sou-

---

(1) Comparez l'art. 1583 C. Nap., avec la vieille maxime romaine : *Traditionibus et usucapionibus non nudis pactis dominia transferuntur.*

(2) Siméon, Rapport au Tribunat, 25 frimaire an X. Locré, *Législ. civil., commerc. et crimin. de la France*, t. II, p. 216.

veraineté. A nul autre qu'à lui, à nulle autre loi qu'à la sienne, l'empire et le commandement sur son territoire. — Il ne relève que de soi.

La souveraineté suppose l'existence et l'action propres d'un État en tant qu'État. Elle est sa personnalité.

L'État est régi par un droit *intérieur* et par un droit *extérieur*. Le premier s'appelle droit *public*, s'il gouverne les rapports de l'État avec ses membres; *civil*, s'il gouverne les rapports d'individu à individu du même Etat; — le second s'appelle droit *international*, *public* ou *privé*, et quelquefois aussi *droit des gens* (*v. sup.*) (1); suivant qu'il gouverne les rapports de nation à nation, — ou de membre d'une nation à membre d'une autre nation. (*V. sup.*)

Le droit international *privé* est le droit civil qui régit les nations entre elles (2). Il naît de la sociabilité humaine, des conventions, des transactions, de ces rapports infinis qui établissent entre nations différentes ou individus de nations différentes, une sorte de communauté ou communion générale.

Il y a entre ces deux droits un lien étroit, une intime parenté. Ils ont pour source commune le droit des gens entendu dans son sens le plus général (*v. sup.*). Mais leur identité d'origine n'implique pas leur identité de nature. — Le droit civil n'est pas le droit international, et le droit des gens n'est ni le droit international ni le droit civil.

Toute question de droit international *privé* doit se résoudre tout à la fois par les principes du droit *sensu stricto*, et par les principes du droit civil.

Les principes du premier doivent en général l'emporter sur les principes du second, ou leur céder, selon qu'ils sont plus ou moins conformes aux principes du droit des gens *sensu lato* (*v. sup.*); — à moins que la question à décider ne soit *toute* de droit civil, ou — *toute* de droit international purement *privé* — auquel cas, il faut, en général, appliquer exclusivement les règles de l'un — ou les règles de l'autre.

S'agit-il d'une question mixte, participant tout à la fois du droit civil et du droit international? Elle doit être résolue d'après les principes du droit des gens et d'après l'intention expresse, — tacite, ou — présumée des parties.

---

(1) Les auteurs l'appellent aussi *primaire*. *Jus gentium primævum*, par opposition du droit international proprement dit qu'ils nomment *Jus gentium secundarium*.

(2) C'est ce qui a fait dire aux rédacteurs du Code Nap. : « Les nations sont entre elles sous l'empire du droit naturel. » Locré, *ubi supra*, p. 341.

Mais le droit international privé est régi par des principes particuliers. Voyons quels sont ces principes.

Trois principes fondamentaux en matière de droit international privé :

1° Toute nation est maîtresse absolue, souveraine, indépendante chez elle, c'est-à-dire, dans les limites de son territoire et même — hors de son territoire, s'il s'agit de ses sujets; si bien que soit à l'égard des *choses*, soit à l'égard des *personnes*, soit à l'égard des *actions* qui ont pour but les choses ou les personnes, elle seule a la juridiction, elle seule a l'empire.

De là vient qu'en France les lois de police et de sûreté obligent tous ceux qui habitent le territoire; (art. 3, alin. 1, C. N.) que les lois concernant l'état et la capacité personnels régissent les Français, mais les Français seulement, en quelque pays qu'ils se trouvent; (*ibid.*, alin. 3) qu'en France que les choses, ou tout au moins les choses immobilières, sont régies par la loi française, quels qu'en soient leurs propriétaires; — qu'en général, la loi française règle, entre toutes personnes, les conditions de poursuite, devant les tribunaux français, d'actions nées d'engagements provenant du pur droit des gens ou du droit des gens simplement modifié, (*v. infra*) — avec ou sans convention (1);

2° Toute nation doit respecter l'indépendance d'une autre nation.

De là vient qu'en thèse générale, les lois civiles d'une nation ne peuvent atteindre ni les biens situés, ni les personnes habitant *extrà-territorium*, ni les actions exercées sur le territoire d'une autre nation (2);

3° Une loi civile étrangère n'a d'effet sur le territoire d'une nation qu'en vertu d'un consentement *exprès* — résultant de lois spéciales ou de traités, — ou *tacite* — résultant de la bienveillance et des convenances réci-

---

(1) Suivant une jurisprudence contraire qui a prévalu, bien que combattue par plusieurs auteurs et par les principes sainement entendus du droit des gens, un étranger qui aurait contracté en France avec un étranger ne peut forcer son adversaire à plaider devant les tribunaux français, si ce n'est en matière commerciale et maritime. Hors le cas de question d'état, nous ne croyons pas qu'il soit possible d'admettre cette jurisprudence. (Voy. dans la *Revue de Législation*, etc. t. 16, l'excellent article de M. le comte Portalis, sur le remarquable livre du jurisconsulte napolitain Rocco, *Dell'uso e autorità delle leggi del regno delle Due-Sicilie*, etc.) Le savant successeur d'Henrion de Pansey y prend parti pour la jurisprudence. Nous regrettons de ne pouvoir adopter son opinion.

(2) *Leges clauduntur territorio.*

proques (*consensus gentium*, *reciproca utilitas*) de cette nation — et en tant seulement qu'elle n'est contraire — ni à l'intérêt *public* de cette nation, — ni à l'intérêt *privé* de ses sujets.

De là vient — qu'aujourd'hui les étrangers peuvent succéder, disposer et recevoir en France, de la même manière que les Français dans toute l'étendue de l'empire. (Loi du 14 juillet 1819.) — qu'entre la France et la Sardaigne, il y a réciprocité d'hypothèque conventionnelle et judiciaire. (Traité du 24 août 1760.) — qu'en France, comme chez presque toutes les nations, l'étranger peut prendre hypothèque (1) ; — que la règle : *Locus regit actum*, est universellement admise dans toutes les législations pour établir la forme des contrats.

Donc, sauf le cas — de lois spéciales ou de décrets — de traités — ou de convenances particulières (*v. inf.*), tout ce qui dans la loi civile d'une nation atteint soit à la *souveraineté* — ou droit politique et personnel d'une nation, — soit à la *nationalité* — ou droit propre et personnel des membres de cette nation, — soit à l'ordre public ou aux bonnes mœurs, — soit aux avantages de pur droit civil accordés à ses sujets par la loi civile d'une autre nation, — soit enfin au droit naturel, est, et doit être réputé nul et de nul effet aux yeux de cette même nation.

Mais, pour nous former une idée plus nette encore du droit international privé, voyons en quoi il diffère essentiellement du droit civil et du droit des gens.

De toutes les différences qui distinguent le droit civil du droit des gens ou droit naturel des nations, et du droit international *privé*, la plus saillante est l'*incommunicabilité* du premier et la *communicabilité* des deux autres.

Le droit civil affecte tous les citoyens qui forment la nation ou la cité. Eux seuls peuvent en réclamer les avantages. Entre autres droits, celui d'être témoin dans un testament (Art. 980 C. N.) est un droit civil.

Le droit des gens affecte tous les hommes sans distinction de nationalité ou de cité. Ils peuvent exercer toutes les actions qui descendent de ce droit. Entre autres droits, celui de contracter est du droit des gens.

Le droit international privé affecte tous les membres d'une souveraineté dans leurs rapports avec les membres d'une autre souveraineté. Il se compose tout à la fois — des principes du droit des gens, — de certai-

---

(1) Il n'en est pas de même en Angleterre, dont le droit, dans les dispositions relatives à l'acquisition du sol, rappelle en quelque sorte l'*adversus hostem æterna autoritas esto*, du vieux droit romain.

nos dispositions du droit civil — et des stipulations des lois politiques — ou des traités.

Pour jouir du droit des gens, il suffit d'être homme. — Le droit des gens est le droit des hommes.

Pour jouir du droit civil, il faut être citoyen. — Le droit civil est le droit des citoyens.

Pour jouir du droit international privé, il faut, en même temps, être homme et citoyen.

Quelquefois, le droit civil se sacrifie et se concède au droit civil d'une autre nation. Mais presque toujours c'est à titre de réciprocité — *pure et simple*, si elle naît du pur droit des gens ; — *diplomatique*, si elle naît des traités ; — *gracieuse*, si elle naît de la pure libéralité d'une loi. (*Vid. suprà.*)

—

Mais il est temps de sortir des arides régions de la philosophie du droit. Elle nous a appris à quels signes nous pourrions reconnaître et distinguer entre eux le droit des gens ou le droit naturel — le droit civil et le droit international privé.

Or, avant de chercher ces signes dans l'étude des textes de notre droit concernant l'hypothèque, il ne sera pas inutile de les demander à l'histoire. Que nous enseigne-t-elle ?

Remontez aux temps les plus reculés ; consultez les plus antiques législations ; interrogez les monuments les plus vénérables des époques voisines de l'âge patriarcal ; étudiez les mœurs et les usages des peuples de l'antiquité les plus renommés par leurs lumières et le progrès de leur civilisation ; ouvrez le Pentateuque de Moïse, les lois de Manou, les livres de Confucius, les XII Tables ; lisez les historiens, parcourez les orateurs, et ne dédaignez même pas les poëtes ! Vous ne trouverez nulle part les traces de l'hypothèque ! Partout le gage, le pur gage, se réalisant de débiteur à créancier par la main-mise matérielle de celui-ci sur la chose de celui-là, par la tradition de la chose engagée, par le nantissement ! L'hypothèque, ou remise fictive (1) de l'héritage du débiteur au créancier, paraît être née dans la Grèce, quand déjà la race hellénique avait atteint l'apogée de sa civilisation ; c'est là qu'elle se révèle à nos yeux sous la forme la plus rudimentaire et la plus grossière. Plus tard, nous la retrouvons à Rome, dans l'Edit du Préteur (2), d'abord,

(1) Loyseau, *Déguerpissement*, liv. 3, chap. 1.

(2) *Hæc obligatio (hypotheca) efficax ex jure prætorio.* Cujac, in l. 5, *D. de just. et jur.*

comme à Sparte et Athènes, encore enveloppée des langes du berceau ; puis, se développant insensiblement sous le nom de *pignus conventionale, pignus prætorium, pignus judiciale*, et enfin, après plusieurs siècles de pénibles tâtonnements et d'infructueux essais, se transformant, grâce à l'influence bienfaisante et spiritualiste des idées chrétiennes, en hypothèque tacite ou légale (1), telle ou à peu près telle qu'elle existe dans notre législation. — Rien ne prouve, et l'on est même tenté d'affirmer le contraire, que les nations barbares qui envahirent l'empire romain l'aient jamais pratiquée. — Au moyen-âge, on en découvre à peine çà et là quelques vestiges informes.— Les Coutumes la consacrent, il est vrai ; — mais rien n'est divers comme leurs dispositions à cet égard. — Nous ne dirons rien des phases non moins diverses qu'elle a parcourues en France, depuis l'Edit d'Henri III, de 1581, jusqu'à la rédaction du Code Napoléon. Ajoutons seulement qu'à l'heure qu'il est, plusieurs nations de l'Europe (2) n'admettent point l'hypothèque légale, et que là où elle est admise, elle ne l'est ni pour les mêmes créances, ni sous les mêmes conditions, ni dans les mêmes circonstances.

Il y a plus : de tous les contrats de garantie, l'antichrèse est celui qui, de l'aveu de tous, présente le plus d'affinité avec le gage, parce qu'elle n'est que le gage immobilier. Eh bien ! l'histoire de ce droit démontre qu'elle n'a rien de commun avec les *jura quibus omnes gentes utuntur* de Gaius, et que l'antichrèse elle-même, à en juger par les caractères que nous avons assignés au droit des gens, doit être rangée parmi les droits dérivant du Droit civil (3).

Mais il ne suffit pas de savoir à quel genre de droit appartient l'hypothèque ; il faut encore examiner si, quel qu'il soit, le droit dont elle tire son origine et auquel elle emprunte son caractère, ses formes et ses règles, est ou n'est pas un de ces droits que la loi française entend accorder sans distinction au Français et à l'étranger.

---

(1) V. dans les *Institutes expliquées* de M. Etienne, un savant et complet résumé du droit hypothécaire à Rome. T. II, p. 66 et suiv.

(2) L'Écosse, l'Angleterre, la Hollande, la Morée, l'Autriche et plusieurs cantons suisses.

(3) V. *Répertoire général du Journal du Palais*, art. *Antichrèse*.

§ 2.

Nature des divers droits émanant de la loi civile.

Nous avons dit que le droit des gens est la substance du droit civil. Disons maintenant comment le droit civil émane du droit des gens, et, tout d'abord, pour compléter ce qui précède, prouvons :

Que tout droit émanant directement du droit des gens, est ou peut être consacré, organisé, règlementé par le droit civil,

Que tout droit émanant indirectement du droit des gens, ou institué par la loi civile d'une nation, n'est pas nécessairement et exclusivement réservé aux seuls membres ou citoyens de cette nation,

Que tout droit consacré, organisé, règlementé par le droit civil, n'émane pas toujours directement du droit des gens ; qu'il est certains droits intitués ou plutôt créés par la loi civile, qui sont le partage exclusif des sujets naturels ou nationaux de cette loi.

Pour ne pas trop nous éloigner de notre but, ne parlons que du *gage* et de l'*hypothèque*.

Il est des droits civils virtuellement compris dans le droit des gens -- simplement consacrés, réglés ou sanctionnés par la loi civile. — Ces droits descendent moins du droit civil que du droit des gens ; tel est le *gage*.

Il est des droits civils *suggérés* par le droit des gens, réglés et organisés par la loi civile ; tels sont l'hypothèque (*conventionnelle* ou *judiciaire*), et le *privilége*.

Il est des droits civils uniquement créés par la loi civile, sans autre suggestion ou inspiration que celle des besoins, des relations, des convenances ou des intérêts de la nation que cette loi régit ; telle est l'*hypothèque légale*.

Le gage, l'hypothèque et le privilége sont trois formes distinctes, bien qu'analogues entre elles, d'un seul et même objet juridique, qui est la *garantie* d'une convention ou d'un contrat,—d'une quasi-convention, ou d'un quasi-contrat -- ou de l'unique volonte de la loi.

Le gage, remise ou livraison, entre les mains du créancier, de la chose mobilière ou immobilière de son débiteur, est un fait purement physique, matériel, participant de la nature des transactions dont il assure l'exécution. -- Le gage est de droit des gens. — Le droit civil le reconnait et le sanctionne.

L'*hypothèque* en général,, ou affectation, sans remise réelle, sans dépossession matérielle, de l'immeuble du débiteur au paiement du créancier, espèce de *gage* sans *engagement*,— est une fiction de la loi, un fait purement juridique, tenant de l'abstraction plutôt que de la réalité, comme tout résultat de la loi purement civile. — L'hypothèque est de droit civil, — elle a sa racine et sa base dans le droit des gens, son organisation même et son couronnement dans le seul droit civil l'inst.

Le privilège, ou affectation par la loi civile de certains meubles ou immeubles au paiement de certaines créances d'une nature spéciale, puise le principe de son existence dans le droit des gens ; les conditions de son exercice dans le droit civil — Comme l'hypothèque conventionnelle et judiciaire, elle naît du concours de l'un et de l'autre.

L'hypothèque *légale*, ou garantie de l'exécution d'un contrat tacite, formé — non par l'intervention médiate ou immédiate du consentement des parties contractantes ou quasi-contractantes, et à l'instar de l'hypothèque conventionnelle et judiciaire et du privilège, — mais par la seule concession et la seule volonté de la loi, ne découle que du pur droit civil.

De la nécessité de consolider les transactions émanant du droit des gens, est née l'hypothèque conventionnelle et judiciaire.

De la faveur attachée par le droit civil à la nature particulière de certaines créances inspirées par le droit des gens et consacrées par le droit civil, est né le privilège.

De la seule volonté de la loi civile d'une nation, expression vivante des relations civiles des membres de cette nation entre eux ou avec des étrangers, est née l'hypothèque légale.

Donc, l'hypothèque conventionnelle et judiciaire, de même que le privilège, sont des droits d'institution ou plutôt d'organisation de droit civil.

Et l'hypothèque légale est un droit de création *purement* civile.

Vainement dirait-on que l'étranger, pouvant tout comme le Français, acquérir l'hypothèque conventionnelle et judiciaire en France, on ne voit pas pourquoi il ne pourrait pas également acquérir l'hypothèque légale.

En effet,

Autre chose est la faculté d'acquérir un droit : autre chose est l'acquisition de ce droit. Toute personne juridique, c'est-à-dire capable d'obliger et de s'obliger, jouit, en général, de la faculté d'acquérir un droit civil, émanant — du pur droit des gens, — ou du droit des gens *modifié*, ou du droit civil émanant directement du droit des gens, ou encore du droit civil en tant que droit des gens organisé.

La faculté d'acquérir un droit civil, en général, est du droit des gens.

L'acquisition de tel ou tel droit civil est, suivant les cas, de droit des gens ou de droit civil.

La faculté d'acquérir un droit civil ne peut être efficacement exercée qu'alors que l'acquisition de ce droit est uniquement et directement subordonnée au fait personnel, à la volonté personnelle de celui qui veut acquérir (par contrat ou quasi-contrat, (*v. suprà*) et non — à la seule volonté de la loi.

La volonté des contractants ou des quasi-contractants est du droit des gens, tout comme le contrat ou quasi-contrat, fruit de leur volonté ou de leur quasi volonté,

La volonté de la loi purement civile est de droit purement civil, tout comme la loi dont cette volonté est le principe.

L'hypothèque conventionnelle et judiciaire, de même que le privilége, peuvent être exercés par les créanciers ou plaideurs victorieux étrangers — sous la seule condition de remplir les prescriptions des art. 2123-2127, — par la raison universellement admise que l'hypothèque conventionnelle et judiciaire et le privilége, quoique de droit civil *in abstracto*, doivent cependant, soit comme accessoire ordinaire, soit comme conséquence immédiate de contrats de pur droit des gens, — résultant de la volonté des contractants, à l'instar du contrat principal lui-même, recevoir les mêmes impressions juridiques (1), et suivre les mêmes règles que le droit des gens modifié par le droit civil.

L'hypothèque légale ne peut être exercée que par la femme mariée — jouissant des droits purement civils, — à qui la loi a *voulu* l'accorder — par la raison que la volonté de la loi purement civile d'une nation étant limitée aux personnes et aux choses de son territoire, il est tout naturel de penser que cette volonté de la loi, qui est de droit purement civil, n'a d'effet qu'en faveur des personnes jouissant des droits purement civils.

On ne prétendrait pas avec plus de succès qu'au point de vue de notre question, il y a lieu d'assimiler l'hypothèque légale de la femme étrangère, soit avec l'hypothèque conventionnelle et judiciaire, soit avec le privilége sur les immeubles (2).

Rien ne nous paraît moins fondé qu'une pareille assimilation.

En effet,

---

(1) Siméon, *Loc. citat.*

(2) Merlin, *Loc. citat.* — Troplong, *Des Privil. et Hypothèq.*, n° 513 *ter* tome II, page 314.

Toute constitution de privilége suppose le concours d'une nature spéciale de créance— et d'une disposition légale qui reconnaît et consacre cette nature de créance.

Toute constitution d'hypothèque conventionnelle et judiciaire suppose: la première,— le concours de la volonté des parties contractantes, la seconde, —de la quasi-volonté des parties litigantes, et —d'une stipulation d'hypothèque ou—d'un jugement—revêtus des formes prescrites par la loi.

Toute convention d'hypothèque légale suppose le concours d'un fait purement juridique, la volonté de la loi, et d'un fait purement matériel (mariage, tutelle, administration des deniers publics).

Dans le premier cas, la volonté de la loi marche de pair avec la nature de la créance.— La nature de la créance fait le privilége,— la loi civile le consacre et le règle.

Dans le second cas, la volonté de la loi, subordonnée qu'elle est à la volonté des parties, ne marche, pour ainsi dire, qu'après elle. — En tant qu'accessoire du contrat ou quasi-contrat du droit des gens, l'hypothèque conventionnelle et judiciaire est du droit des gens; en tant qu'accessoire *conditionné* par la loi civile, elle appartient au droit civil. (*V. inf*).

Dans le troisième cas, la volonté de la loi, devenue la volonté des parties, remplace celle-ci (*v. suprà*) et l'absorbe.— L'hypothèque légale n'est ni simplement confirmée, ni simplement reconnue, ni simplement organisée par le droit civil. Elle est créée par lui,—elle est de pur droit civil.

S'agit-il de l'hypothèque légale? La volonté de la loi intervient directement et d'elle-même.

S'agit-il de l'hypothèque conventionnelle ou judiciaire? La loi n'intervient qu'indirectement et sur le seul appel des parties.

S'agit-il du privilége? La loi intervient indirectement encore, et comme sur l'appel de la nature particulière de la créance.

D'où il suit que l'hypothèque légale diffère de l'hypothèque conventionnelle et judiciaire et—du privilége, comme la volonté de la loi diffère de la volonté de l'homme ou de la nation, comme le pur droit civil ou le droit civil proprement dit diffère du droit des gens modifié par le droit civil, ou du droit civil improprement dit.

Concluons donc qu'il est des dispositions de droit civil tout à fait distinctes des préceptes du droit des gens, telles que celles relatives à l'hypothèque légale; qu'il en est d'autres qui leur sont simplement juxtà-posées, telles que celles relatives à l'hypothèque judiciaire et même à l'hypothèque conventionnelle; qu'il en est d'autres qui leur sont intimement unies, telles que celles qui concernent les privilèges sur les immeubles (1).

On ne serait pas mieux fondé à soutenir que l'hypothèque légale est attachée au seul *acte*, ou au seul *contrat* de mariage.

Autre chose est l'*acte* de mariage — autre chose est le *contrat* de mariage.

L'acte de mariage est la constatation par écrit (*instrumentum*) de l'union de l'homme et de la femme : — l'acte de mariage est le contrat *personnel* des époux.

Le contrat de mariage est la constatation des conventions des époux touchant leurs biens respectifs : — le contrat de mariage est le contrat *réel* des époux.

L'acte de mariage affecte leurs personnes, — le contrat de mariage leurs biens.

Entre toutes personnes, l'acte de mariage est régi — par le droit des gens modifié par la loi civile, et le contrat de mariage — par le droit civil modifié par le droit des gens.

De là, une différence profonde entre les effets de l'acte de mariage et les effets du contrat de mariage.

Les effets de l'acte de mariage sont : la paternité légitime ou légale — la légitimité des enfants — les droits et devoirs respectifs des époux entre eux et à l'égard de leurs enfants — les rapports de parenté ; — en un mot, tout ce qui se réfère à l'état juridique des personnes — ou de la famille des époux. — L'hypothèque légale n'est pas effet radical, direct de l'acte de mariage.

Les effets du contrat de mariage sont les effets ordinaires des conventions, et tout ce qui se rapporte à la situation juridique des biens, ou de la propriété des époux. — L'hypothèque légale n'est pas l'effet du contrat de mariage ; elle émane de la loi seule appliquant sa volonté au fait du mariage.

D'où la conséquence :

1° Que le mariage, au lieu d'être la cause de l'hypothèque légale, n'en est que l'occasion ;

---

(1) Quant aux privilèges sur les meubles dont l'exercice n'est pas soumis aux conditions des privilèges sur les immeubles, ils se rapprochent plus encore que ceux-ci de la nature de l'hypothèque légale. Mais il y a entre le privilège mobilier et l'hypothèque légale, cette différence essentielle que l'un est simplement reconnu, et l'autre créée par le droit civil.

2° Qu'en quelque lieu qu'ait été fait l'acte de mariage, cet acte n'ayant trait qu'aux personnes, n'exerce en général aucune influence directe sur le régime de leurs biens ;

3° Que, fidèle à la doctrine la plus autorisée et à la jurisprudence la plus constante sous l'ancien droit, la loi française assimile le contrat de mariage de l'étrangère passé à l'étranger aux contrats en général passés en pays étranger ; qu'ainsi, tout comme les contrats ordinaires, ce contrat de mariage n'emportera pas hypothèque en France (1) ;

4° Que soit que le contrat de mariage ait été passé entre étrangers en France ou en pays étrangers, l'hypothèque légale n'en découlera pas comme une suite nécessaire (2).

L'hypothèque légale ne naît donc ni de l'acte, ni du contrat de mariage.

Naît-elle de la seule qualité de femme mariée, ou, en d'autres termes, du seul fait du mariage ?

Nous avons dit (*v. suprà*) que l'hypothèque légale résulte de la seule volonté de la loi.

Or, en général, la volonté de la loi ne s'applique qu'aux personnes et aux choses soumises à son empire.

En effet,

La volonté de la loi est *adéquate* à son action, et son action est *adéquate* à sa nature.

S'agit-il de la loi naturelle ou droit des gens ? Elle n'est circonscrite ni dans le temps, ni dans l'espace, ni à certaines personnes, ni à certaines choses ; elle n'a pas de territoire, elle est universelle.

S'agit-il de la loi civile ou du droit civil ? Elle est limitée dans le temps et dans l'espace, à certaines personnes et à certaines choses ; elle a un territoire, elle est locale. (*V. suprà.*)

---

(1) Art. 1138 C. N. — Brodeau sur Louet, lettre H, § 5, t. 1er, p. 658. — sur Paris, art. 107 et 166. — Malicoste, sur l'art. 186, *Coutume du Maine*. — Rousseau-Lacombe, v° *hypothèque*. — Arrêt de la Grand'Chambre, 5 juin 1621. — Arrêt de Paris, de 1757. — Arrêt du Grand-Conseil, 18 mars 1718. — Arrêté de Lamoignon, tit. des Hypothèques, art. 25. — V. surtout art. 121, Ordonn. 1629, et cf. art. 2123 et 2128 C. Nap. et 546 C. pr. civ.

(2) Un contrat de mariage considéré en soi ne peut, comme tous les autres contrats, qu'engendrer une hypothèque *contractuelle* ou conventionnelle. (Art. 2127 C. Nap.)

En général, hors le cas de traité politique, elle s'arrête où s'arrête la souveraineté dont elle émane : elle finit où commence une autre souveraineté. — Fille d'un pouvoir social distinct et indépendant de tout autre pouvoir social, comme lui elle respecte toute souveraineté étrangère, et doit, comme lui, en être respecté.

Donc, en général, que la loi commande ou défende, qu'elle punisse ou qu'elle récompense, dès là qu'elle s'exerce dans la sphère du pur droit civil, dès là surtout qu'elle établit dans cette sphère une dérogation à la règle commune, elle doit être présumée *vouloir* ne s'occuper que de ses sujets ou nationaux, ne parler que pour eux, ne statuer que pour eux. (1)

Donc encore, l'hypothèque légale ne résultant ni — de l'acte de mariage, ni — du contrat de mariage, ni — du fait du mariage, mais — de la seule volonté de la loi, n'appartient à la femme mariée qu'en tant que celle-ci est comprise parmi les femmes à qui la loi a *voulu* l'accorder, qu'en tant qu'elle est nationale ou française.

—

Ici se présentent plusieurs objections, — tirées — soit de la communauté légale, soit de la servitude légale, soit de la réserve légale, soit de la caution légale, — établies par notre Code au profit de toutes personnes, abstraction faite de leur nationalité,

La première de ces objections est seule sérieuse.

La communauté légale, dit-on, est, *ipso jure*, le régime matrimonial de tous individus, Français ou étrangers, domiciliés de fait ou de droit en France, et mariés en France sans contrat de mariage. — Or, l'hypothèque légale de la femme frappe les immeubles du mari, quelque soit le régime adopté par les époux. Donc, la femme étrangère, par cela seul qu'elle sera commune en biens, jouira de cette hypothèque.

Nous répondons à la première objection :

La communauté légale peut être considérée ou — comme droit purement civil, ou — comme droit des gens simplement organisé, ou — comme pur droit des gens.

Dans la première hypothèse, la femme étrangère n'aura hypothèque légale sur les immeubles de son mari en France, qu'autant que celui-ci y

(1) Nous avouons qu'en général, l'argument *à silentio* ne nous touche pas plus que l'argument *à contrario*. Il nous serait facile de démontrer qu'en matière d'hypothèque légale, de même qu'en matière d'adoption, le silence de la loi à l'égard de l'étranger, ne prouve péremptoirement rien ni pour ni contre lui. Mais où la loi se tait, les principes parlent, et ce sont eux seuls qu'il faut interroger.

jouira de tous les droits civils, ou que l'hypothèque légale sera accordée aux étrangers par les traités internationaux. (Art. 11 et 13, C. Nap.)

Dans les deux autres hypothèses, la communauté légale étant réputée (1) partie du contrat d'association des époux quant aux biens, et conséquence nécessaire d'une convention tacite, l'hypothèque légale, qui n'est rien de cela (*v. suprà*), mais seulement le pur effet de la volonté de la loi, ne sera pas, et ne pourra pas être l'effet de la communauté légale.

Nous répondons à la seconde objection :

La servitude légale, qu'elle dérive de la situation naturelle des lieux — ou des obligations imposées par la loi, qu'elle ait pour objet l'utilité publique ou communale, — ou l'utilité des particuliers (art. 639 et 649, C. N.) est moins une création de droit purement civil que la règlementation par le droit civil de faits émanant — ou de la nature des choses, — ou d'une convention tacite, — ou de lois de police (art. 3, C. Nap.), et n'ayant rien de commun avec le fait générateur de l'hypothèque légale.

Nous répondons à la troisième objection : — La réserve légale, conséquence du droit de succession, et, comme ce droit, refusée en principe à l'étranger par la loi française avant la loi du 14 juillet 1819, ne lui est aujourd'hui accordée que par exception spéciale établie par un texte formel.

Nous répondons à la quatrième objection :

La caution légale n'est que la garantie de conventions ou de contrats tacites, confirmés et sanctionnés par la loi plutôt que créés par ; elle bien qu'organisée par le droit civil, elle n'en tire pas moins son origine du droit des gens.

—

Que si nous jetons un coup-d'œil rapide sur l'économie générale des textes, ou, de notre législation, nous y trouverons sans peine la confirmation de notre théorie sur la situation respective des Français et des étrangers à l'égard de la jouissance et de l'exercice des droits civils.

En principe, tout Français jouit des droits civils. (Art. 8 C. N. C. p. art. 4)

L'étranger n'en jouit que par exception. (Art. 8, 11 et 13 C. N.)

Mais quels sont ces droits civils ?

Les droits civils dont parle le Code sont les droits civils *proprement dits*, ou droits purement civils attachés à la seule qualité de régnicoles ou membres de l'Etat français, et résultant uniquement de la loi française. Tel était, avant la loi du 14 juillet 1819, le droit de succéder en France ;

---

(1) *Non tamquàm per modum legis, sed tamquàm pars contractùs et contrahentibus volita, inducta et disposita.* — Dumoulin. Cons. 53.

tel est, entre autres, le droit d'être témoin dans certains actes. — Ces droits sont une création de la loi civile.

Quant aux droits civils *improprement dits*, ou droits des gens organisés, attachés à la seule qualité d'homme ou membre du genre humain, et résultant du droit naturel ou des gens, plutôt que de la loi civile qui se contente de les régler et de les *formaliser*, ils sont également le partage du Français et de l'étranger. Tels sont les droits d'acquérir, de posséder, d'échanger, de vendre, etc. — Ces droits sont une création du droit naturel.

La jouissance des premiers découle pour l'étranger, — ou d'un texte formel de la loi française (loi du 14 juill. 1819), — ou d'une disposition expresse de convention diplomatique ou de traité politique entre la France et sa nation, — ou de son admission, par autorisation du chef de l'État, à établir son domicile en France. (Art. 11 et 13 C. N.)

La jouissance des seconds découle pour l'étranger des préceptes du droit naturel. (art. 3, alin. 2, arg., art. 25, C.N.)

La loi civile lui confère les uns à titre de concession ; — il ne commence à en jouir qu'autant qu'elle l'y autorise.

La loi naturelle lui donne les autres à titre de droit commun ; — il ne cesse d'en jouir qu'autant que la loi civile le lui défend. (Arg. art. 25.)

Cette distinction fondamentale entre les deux principales classes de droits civils repose non-seulement sur la nature des choses (*v. sup.*), mais encore sur l'esprit et la lettre du Code Napoléon (1).

Interrogeons l'art. 25 de ce Code.

Interprété d'après les principes que nous avons précédemment posés, cet article établit clairement deux classes de droits : 1° les droits civils *proprement dits*, droit de transmission, droit de succession, droit de donation (2), droit de témoignage dans un acte solennel ou authentique, etc., et 2° les droits civils *improprement* dits (droits de propriété, droit de témoigner et droit de procéder en justice, droit de contracter un mariage légal, etc.).

Les droits civils de la première classe n'appartiennent qu'aux Français ou — aux étrangers qui jouissent des droits civils français.

Incontestablement l'étranger jouit — ou a la faculté de jouir des droits civils de la seconde classe.

---

(1) Siméon, *Loc. cit.*, p, 247.

(2) Avant la loi précitée de 1819.

Incontestablement encore, l'étranger n'en jouit-- ou n'a la faculté d'en jouir que parce que ces droits dérivent du droit naturel ou du droit des gens.

Donc, la question de savoir si tel ou tel droit civil, accordé par la loi française, peut ou non être exercé par l'étranger comme par le Français, dépend entièrement de cette double question que nous avons déjà résolue : (*vid. sup*).

Ce droit est-il du droit des gens -- ou de pur droit des gens, de droit civil -- ou de pur droit civil?

Donc, induire avec raison de cet art. 25 qu'il est des droits civils accordés par la loi française aux étrangers, pour en induire à tort que l'hypothèque légale de la femme étrangère, est du nombre de ces droits, c'est faire un paralogisme, c'est, mettre, en fait ce qui est en question (1).

Jusqu'à présent, nous avons considéré l'hypothèque comme contrat *er se continens*. Considérons-la maintenant comme contrat *alteri accedens*, ou comme accessoire d'un autre contrat, et voyons si, sous l'un et l'autre point de vue, elle est gouvernée par les mêmes principes.

L'hypothèque conventionnelle est l'accessoire *volontaire* d'une convention. Elle est une convention réglée, organisée par le droit civil, mais participant de la nature du droit des gens,--parce qu'elle est une suite, ou conséquence volontaire d'un contrat.

L'hypothèque judiciaire est l'accessoire *quasi-volontaire* d'une quasi-convention, réglée et organisée par le droit civil comme l'hypothèque conventionnelle, participant comme elle de la nature du droit des gens,-- parce que, comme elle, elle est tout à la fois, et la suite et l'effet quasi-volontaire d'un quasi-contrat.

L'hypothèque légale est l'accessoire purement légal, *nécessaire*, d'une convention tacite,-- non-seulement réglée et organisée par la loi civile,-- mais encore présumée, imaginée, créée par elle seule,-- parce qu'elle est non-seulement une suite et une conséquence, mais encore un effet inévitable nécessaire de la volonté de la loi.

Donc, en tant que contrat accessoire, et en vertu de cette règle de droit et de raison : *l'accessoire suit le principal*, --, l'hypothèque conventionnelle--et judiciaire, est réglé par le droit des gens modifié et l'hypothèque légale par le pur droit civil.

Nous avons achevé les deux premières parties de notre tâche : abordons la troisième.

---

(1) Merlin, *Répert. de Jurisp.*, vo *Remploi*, § 2, n° 9.

§ III.

Du genre de statut qui régit l'hypothèque légale.

Sous le rapport du droit international, le seul sous lequel il soit possible aujourd'hui de poser la question de statut (1), quel est le caractère de la loi qui gouverne l'hypothèque légale?

Est-elle un statut réel ? Est-elle un statut personnel ?

La nature de l'objet d'un statut détermine la nature de ce statut lui-même.

Le statut *réel* est donc celui qui, abstraction faite de toute considération directe de personnes, a les *choses* — ou les biens — pour objet principal, immédiat, dominant, définitif,

Toute loi concernant les immeubles et les meubles est un statut *réel*.

Le statut *personnel* est celui qui, abstraction faite de toute considération directe des choses, a les *personnes* pour objet principal, immédiat, dominant, définitif.

Toute loi concernant l'état et la capacité des personnes est un statut *personnel*.

Le statut réel régit les choses, quels qu'en soient les possesseurs ou propriétaires.

Le statut personnel régit les personnes, en quelque lieu qu'elles se trouvent.

Le statut réel, c'est la loi appliquée aux choses de son territoire, l'effet du domaine éminent de l'Etat sur tout ce que contient ce territoire. — Le statut réel, c'est la *souveraineté*,

Le statut personnel, c'est l'existence civile d'un homme, son état, sa condition et sa qualité vis-à-vis de sa nation et des nations étrangères. — Le statut personnel, c'est la *nationalité*,

Le statut réel s'arrête à la frontière ; — le statut personnel devant l'in-

---

(1) La doctrine des statuts, très importante quand elle s'appliquait aux conflits naissant de coutumes diverses entre habitants de provinces diverses, mais sujets d'un seul et même État, ne peut plus aujourd'hui avoir d'application qu'entre membres d'Etats differents. — Or, cette application est soumise aux principes du droit des gens et aux règles du droit international privé. — Nous pensons même que destinée à s'effacer toujours davantage devant celle de la souveraineté de l'Etat et de la nationalité des individus, on pourra bientôt comparer cette doctrine à l'*imperfecta Latinorum libertas*, sous le règne de Justinien. Co l. de de lit. libert.

térêt public de la nation, ou même quelquefois devant l'intérêt privé des nationaux étrangers.

Rigoureusement, tout statut réel a quelque chose de personnel, et tout statut personnel a quelque chose de réel.

Bien que réel en soi, tout droit qui est la conséquence directe, la suite immédiate, l'effet nécessaire d'un statut personnel, appartient au statut personnel.

Or, considérée *in abstracto*, l'hypothèque est de toute évidence un statut réel; mais vue *in concreto*, elle est, suivant les cas, statut réel ou statut personnel.

En général, toutes les fois que l'exercice de l'hypothèque présuppose, de la part de la personne qui veut l'exercer, une capacité juridique dérivant simplement du droit des gens modifié, l'hypothèque conserve son caractère de réalité. — L'hypothèque conventionnelle et judiciaire est de statut réel.

En général aussi, toutes les fois que l'exercice d'une hypothèque présuppose, de la part de la personne qui veut l'exercer, une capacité juridique émanant de son état ou — d'une modification de son état, l'hypothèque revêt un caractère de personnalité. — L'hypothèque légale est de statut personnel.

Mais de ce que l'hypothèque légale est de statut personnel, ou, d'après quelques auteurs, est de statut réel, s'en suit-il que la femme étrangère puisse exercer sur des biens de France l'hypothèque légale de la femme française ?

Evidemment non. Soit que la loi étrangère donne à la femme étrangère hypothèque légale sur les biens de son mari situés dans son territoire, soit qu'elle la lui refuse, la personnalité — ou la réalité du statut hypothécaire ne peut avoir et n'a pas d'influence sur la question :

La personnalité du statut hypothécaire,

Entre autres raisons, parce que : 1° nul texte de notre droit civil n'accorde ou ne reconnaît le droit de suite, en France, du statut personnel de la femme étrangère, en tant du moins que ce droit de suite aurait pour résultat l'exercice sur un immeuble français d'une hypothèque autre que l'hypothèque conventionnelle et judiciaire; 2° parce que : le droit international privé, dans son application entre nations réciproquement indépendantes et souveraines, diffère essentiellement du droit statutaire qui régissait autrefois les provinces de France (1), et qui a

(1) Le conseil 53e de Dumoulin est donc à tort invoqué par les partisans

donné naissance à la distinction alors nécessaire et sans danger de la réalité et de la personnalité du statut.

La réalité du statut hypothécaire,

Entre autres raisons : parce que 1° la réalité d'un statut n'a rien de commun avec l'exercice du droit qu'il régit, et qu'il s'agit de savoir si, comme l'hypothèque conventionnelle et judiciaire accordée, par la loi française, à tous individus de toutes nations, l'hypothèque légale est accordée à la femme étrangère; parce que 2° sauf en matière de pur droit des gens ou de droit des gens modifié, ou, s'il s'agit de droit purement civil, hors le cas d'un texte formel ou de traités politiques, les lois respectives de souverainetés indépendantes entre elles expirant à leurs frontières respectives, la femme étrangère ne peut jouir des droits de la femme française.

Mais, dirons-nous avec un auteur que nous aimons à citer, et qui aurait pu dire en matière d'hypothèque légale ce qu'il a dit avec tant de raison en matière de communauté légale (1), il importe peu de rechercher si la loi qui établit l'hypothèque légale forme un statut réel ou un statut personnel. — Ce serait compliquer par une question très difficile (2) une question très simple en elle-même.

Il suffit de savoir qu'un droit n'existe comme droit vivant et non comme pure abstraction qu'à la condition d'avoir un *objet* sur lequel il s'exerce et un *sujet* qui l'exerce sur cet objet.

Qu'il soit réel ou personnel, l'exercice d'un droit présuppose nécessairement un rapport juridique entre la *chose*, objet de ce droit, et la *personne* qui en est le sujet.

---

du système qui ne refuse pas à la femme étrangère l'hypothèque légale de la femme française, quand la loi de sa nation la lui accorde : ce conseil, excellent de province à province d'un seul et même royaume, est, de toute évidence, inapplicable de nation à nation. — Voici le conseil *Quandò statutum principaliter primario et directe disponit in personas subjectas non est incouveniens quod in consequentiam.,. habeat effectum ubique, etiam in bonis... sitis extrà territorium* consuetudinis *et domicilii.*

(1) M. Troplong.

(2) Un jurisconsulte du dernier siècle, qui a composé tout un volume de *Mémoires* sur les statuts, est forcé d'avouer que ces questions sont si difficiles qu'il ne sait à quel autel se vouer pour parler juste sur cette matière. — Froland, *Mémoires sur les statuts*, p. 2, p. 129.

Ce rapport est le lien qui unit l'*activité* du sujet à la *passivité* de l'objet. De cette union naît le droit réalisé, ou l'exercice du droit.

Ce lien est-il formé par le pur droit des gens ? L'exercice du droit appartient à toute personne juridique.

Ce lien est-il formé par le droit des gens modifié ? L'exercice du droit appartient à tout individu remplissant les conditions imposées par ce droit.

Est-il formé par le pur droit civil ? L'exercice du droit n'appartient qu'au sujet naturel de ce droit, ou national.

Est-il formé par le droit des gens *sensu srticto*, ou droit international privé? L'exercice du droit appartient à tous les individus régis par ce droit.

Donc, si, entre la femme étrangère et l'immeuble français soumis à l'action d'une loi ou statut purement civils (hypothèque légale), il n'existe pas de lien purement civil, peu importera : 1° que la loi de son pays lui donne ou ne lui donne pas l'hypothèque légale ; 2° que cette hypothèque soit de statut réel ou de statut personnel.

Si, en présence du texte si formel et si précis de l'art. 2117 C. N. combiné avec les différents articles du même Code que nous avons examinés, un doute pouvait s'élever sur la sens de l'art. 2121, 2e alin., ce doute se dissiperait infailliblement devant l'esprit de cet article, tel qu'il résulte: 1° des travaux préparatoires du titre des *Priviléges* et *Hypothèques;* 2° des prescriptions de la loi touchant l'acte et le contrat de mariage ; 3° des conséquences nécessaires de l'admission de la femme étrangère au privilége de l'hypothèque légale.

En effet,

1° L'ensemble des discussions d'où est sortie la partie de notre législation, touchant l'hypothèque de la femme mariée, démontre que l'art. 2121 qui, de même que toutes les dispositions générales de la loi, statue de *eo quod plerumque fit,* ne concerne que la femme française — et la femme étrangère jouissant des droits civils ; que le législateur n'a entendu accorder l'hypothèque légale qu'en tant que — l'état de femme mariée sera complètement rendu *notoire* par les solennités qui l'accompagnent et par la cohabitation des époux (1) ; — que les tiers seront *inexcusables,* quand ils verront des personnes mariées, de n'avoir point prévu qu'il pouvait exister un contrat (2) ; qu'ils auront *dû s'instruire* de l'état de celui avec qui ils traitaient et *savoir* qu'il était marié (3).

(1) Bigot-Préameneu, V. Fenet, Cod. civ., t. 15, p. 303.

(2) Portalis, *ibid.* p. 305.

(3) Treilhard, *ibid.* 448.

Ajoutez à cela que ni au Conseil d'État, ni au Tribunat, ni au Corps législatif, il n'a été dit un seul mot des droits hypothécaires de la femme étrangère sur les biens de son mari en France (1).

2° L'ensemble des dispositions de la législation française concernant les formalités (notamment la publicité) du mariage, prouve, et par le nombre et par la rigueur de ses prescriptions, que le législateur a voulu prévenir entre Français et, à plus forte raison, entre Français et étrangers — les conséquences de la non-publicité de l'hypothèque de la femme mariée (2). (Art. 63, 64, 65, 74, 75, 76; C.N., 65, 70; C. comm.; loi du 18 juill. 1850.)

3° Admettre que la femme étrangère jouit en France du bénéfice des art. 2117 et 2121, ce serait — dans le cas où la loi nationale de cette femme refuserait cette hypothèque à la femme française, sans l'accorder à la femme étrangère, — créer au profit de la première et au détriment de la seconde, un privilége exorbitant, inconcevable, absurde; — dans le cas (le plus favorable) où la loi étrangère accorderait l'hypothèque légale à la femme française, non en vertu des traités politiques et de lois internationales, mais en vertu d'une loi émanant de son autonomie, ce serait — violer le principe tutélaire de récriprocité restreinte, diplomatique, écrit dans l'art. 11, C. Nap., et livrer, en quelque sorte, le droit civil fran-

---

(1) Qu'on n'objecte pas avec Merlin (*loc. citat.*) que le Code n'aurait pas manqué d'exclure textuellement la femme étrangère de l'hypothèque légale, si telle est la pensée de ses rédacteurs. — La réponse à cette objection se trouve tout entière dans le titre préliminaire, dans le tit. I, liv. 1, du Code civil, et dans la discussion de ce titre et du tit. 18, liv. 3.

(2) Comment! s'écrie avec raison l'auteur de l'art. *Statut*, dans le *Répert. de la jurisprudence du notariat*, par Rolland de Villargues, comment! « les femmes étrangères dont on ignore le mariage, souvent même l'existence, pourraient venir en France inopinément réclamer une hypothèque légale sur des biens que leurs maris auraient acquis, ou qui leur seraient échus par cession ou de toute autre manière, et cela au préjudice de tiers qui auraient contracté de bonne foi avec les propriétaires actuels ou précédents? Ces tiers se verraient à l'instant même privés par des hypothèques légales qui subsistaient sans inscription, et dépouillés des créances les plus légitimes! cela est inadmissible. » — La même observation doit s'appliquer à l'hypothèque du mineur étranger. — Or, ce que l'auteur dit de la femme étrangère en général, nous croyons pouvoir le dire, *mutatis mutandis*, de la femme israélite d'Alger, que son mariage soit antérieur ou postérieur à la conquête. Telle est la conséquence forcée de nos principes. (*V. sup.* — Voyez aussi Duranton, t. 14, n° 292. — Fœlix, *Revue étrangère*, t. 9, p. 33. et Soloman, *Essai sur la condition juridique des étrangers*, p. 62.

çais à la merci du droit civil étranger : — dans celui enfin où la loi étrangère accordant l'hypothèque à la femme étrangère, la refuserait à la femme française, ce serait — doter la femme étrangère d'un privilége d'autant plus irrationnel et inconcevable, que non seulement elle n'aurait pas *dû*, comme dans le premier cas, mais même qu'elle n'aurait pas *pu* y prétendre, — méconnaître les plus simples données du bon sens de la raison, de l'équité, et, par la fausse application d'une doctrine non moins difficile à comprendre qu'impossible à appliquer, — fouler aux pieds les plus élémentaires notions du droit civil, du droit public et du droit international. Ce serait enfin — dans les trois cas — aggraver, par une prodigalité sans nom dans les annales du droit, les inconvénients si nombreux, et les abus si généralement sentis de notre législation hypothécaire, — frapper d'interdiction et de main-morte la majeure partie du sol français, — porter atteinte au crédit foncier, — paralyser, par la juste crainte d'un droit occulte et toujours menaçant, les transactions immobilières ; en un mot, — manquer complétement le but économique que le législateur s'est proposé : « la conciliation du crédit le plus étendu avec la plus grande sûreté des transactions (1). »

Ces principes posés, il ne nous resterait plus qu'à les résumer, et à en déduire les conséquences, si, pour tenir toute notre promesse, nous ne devions auparavant nous assurer de leur applicabilité spéciale à la femme israélite en Algérie.

Quelle est, aux termes et suivant l'esprit de la loi métropolitaine et coloniale, la position de l'israélite algérien ? Est-il français ou étranger — ou simplement assimilé à l'étranger ou au Français ?

Aux termes de la loi métropolitaine,

On *naît français* — ou on le *devient* par un bienfait de la loi postérieur à la naissance ;

Naît français : tout individu né en France ou même en pays étranger d'un Français n'ayant jamais perdu cette qualité, (C. N. art. 10.)

Devient français : 1° tout individu qui, né en France, d'un étranger, remplit les conditions imposées par l'art. 9 du C. N. (2); 2° tout individu qui, né en pays étranger, d'un Français qui aurait perdu cette qualité, satisfait aux conditions de l'art. 10 du même Code ; 3° tout individu citoyen ou membre d'un état adjoint ou réuni à la France, par l'effet d'une conquête ou d'un traité, dans le cas *exceptionnel* où la loi particulière de

---

(1) Treilhard, Fenet., t. 15, p 448.

(2) Voir aussi loi du 23 mars 1849.

cet état a été abrogée par l'état auquel il est annexé (1); 4° tout individu naturalisé français (loi du 3 déc. 1849, art. 1 et 2); 5° toute femme étrangère qui épouse un individu français au moment du mariage, sans autre condition que ce mariage, — et, sous les conditions de l'art. 9 précité, si elle épouse un individu devenu français depuis le mariage.

Aux termes de la loi coloniale,

Aucun texte quelconque n'a ni implicitement ni explicitement dérogé ou innové en rien à la loi métropolitaine sur les moyens et les conditions de l'acquisition de la qualité de français.

Plusieurs textes, au contraire, démontrent directement — ou par voie de conséquence, — que les habitants de l'Algérie, à quelque nation, corporation ou communauté qu'ils appartiennent, maures, arabes, juifs, sans distinction, ne sont pas français, et que pour acquérir la qualité de français, ils doivent, suivant le cas, se conformer aux prescriptions de la loi française à l'égard des étrangers proprement dits, ou à l'égard des enfants d'étranger, nés sur le sol français (2).

---

(1) Cass., 7 mars 1834, — 16 mars 1841. — Merlin, *Quest.*, v° *Féodalité*, § 5.— *Revue de Législat.*, t. I. — Arg., Ordonn. 10 août 1834, art. 31; — Ordonn. 26 septembre 1842, art. 31. — Pour ce qui est de l'Algérie, l'opinion qui admettrait, en thèse générale, la transformation, ou plutôt l'absorption, par la loi civile du peuple conquérant, de la loi civile du peuple conquis, quand le premier diffère du second par tout ce qui peut établir la ligne de démarcation la plus profonde entre deux peuples, est tellement insoutenable en fait, en droit et en raison, que nous concevrions à peine qu'on osât s'en prévaloir dans l'intérêt de la femme juive d'Alger. — Evidemment, les auteurs qui enseignent cette opinion, n'ont point entendu l'émettre pour des cas analogues à celui de la conquête d'un peuple barbare ou demi-barbare par un peuple civilisé, et surtout par le peuple-roi de la civilisation moderne.— Si notre opinion avait besoin d'une autre autorité que celle de la nature même des choses, nous indiquerions celle de Grotius.— *Vid. Hug.* Grotius, *De Jure bell. et pac*, liv. III, chap. XV, § 9.

(2) Nous avons parcouru page par page la collection des *Actes du Gouvernement* en Algérie, depuis l'occupation d'Alger jusqu'à nos jours. Nous ne craignons pas d'affirmer que plus de cent arrêtés ou ordonnances prouvent la vérité de notre assertion.—On y rencontre à chaque pas la distinction des habitants de l'Algérie en Français, étrangers européens, indigènes soumis ou non soumis (Maures, Arabes, Turcs, Israélites, etc.), régis chacun par des lois ou règlements spéciaux qui laissent intacts leurs lois ou usages particuliers. Voyez entre autres les divers arrêtés relatifs — à l'organisation de la justice,—de la milice —et des troupes indigènes.—Voir aussi un arrêt de la

L'esprit des deux législations est un esprit de sage rapprochement, d'assimilation lente et progressive, et non de fusion précipitée et d'identification immédiate de l'étranger avec le national, du conquis avec le conquérant (1).

Or, il est de principe que tout ce qui tient à la qualité de Français (*caput*) se rattachant chez nous, comme chez les Romains, au droit public ou droit constitutionnel, doit expressément résulter d'un texte formel, et ne peut ni se présumer ni se suppléer.

Donc, tant qu'on ne prouvera pas que la qualité de Français s'acquiert,

---

Cour impériale d'Alger, du 4 déc. 1852, dans ce *Recueil*, 1re livr., pag. 10. —*Adde* Arg. art. 15 de l'arrêté des notaires (30 octobre 1842) combiné avec l'art. 980 du Code Nap.— Cette distinction n'est pas purement nominale, et elle repose sur la situation respective du Français et de l'indigène. — Pour ne parler ici que de l'israélite d'Alger, jusqu'au jour où la France leur octroiera un nouveau décret du 27 septembre 1791, nous ne croirons pas qu'il soit juridiquement impossible de les assimiler pleinement aux Français. — Au surplus, la France n'est pas avare de son droit civil. — Que les israélites d'Alger aillent à elle par l'une des voies qu'il leur est si facile de prendre, et la France viendra à eux !

(1) L'indigène algérien, quel qu'il soit, — arabe, maure, turc, israélite, et même certains kabyles,— est, suivant le génie et les mœurs de sa nation ou de sa race, suivant aussi le degré et la durée de notre domination sur son pays, plus ou moins assimilé au Français. C'est ainsi que l'israélite au point de vue de la juridiction en matière civile, lui est entièrement assimilé, tandis que les indigènes musulmans ne le sont que dans certains cas exceptionnels. — Mais autre chose est être plus ou moins assimilé au Français, autre chose est être Français.

Pour indiquer nettement la position des indigènes en général vis-à-vis des Français et des Européens en Algérie, nous dirions volontiers, en nous inspirant d'un mot pittoresque de Pothier : L'indigène algérien n'est ni étranger, comme l'Européen non Français,—ni *naturel* français comme le Français ou indigène de la métropole né de Français, — ni *naturalisé* Français comme l'étranger qui obtient des lettres de naturalisation ou de naturalité, — ni simplement *naturalisable* comme l'étranger européen. — Il est moins que le naturel dont il ne supporte pas toutes les charges (notamment le service militaire) et dont il ne partage ni les droits civiques ni certains droits civils. — Il est plus que le simple *naturalisable*, à qui, toutes choses égales, il est plus difficile d'arriver au titre de citoyen français. — Sa position est donc celle de l'étranger (art 9 C. N.) s'il est né avant la conquête de l'Algérie, et,—s'il est né après la conquête, il tient en quelque sorte le milieu entre l'étranger naturalisable, et l'étranger naturalisé. (Pothier, *des Personnes*, p. 1, t. 2, s. 1.)

non-seulement par les moyens sus-énumérés, mais encore par le seul fait de la célébration d'un mariage—ou de la passation d'un contrat de mariage entre indigènes algériens, et spécialement entre israélites algériens—devant un officier de l'état-civil,—ou devant un notaire français, la femme indigène, et spécialement la femme juive d'Alger, ne sera pas moins indigène, et n'en restera pas moins placée sous la seule protection de la loi rabbinique, à l'égard de son hypothèque. (*V. suprà*) (1)

Mais si la femme juive n'est pas française, n'est-elle pas du moins assimilée à la femme française par l'établissement de son domicile sur une terre française, et dès lors ne jouit-elle pas de tous les droits civils, et partant de l'hypothèque légale de la femme française ?

Demandons la réponse à l'art. 13 du Code Napoléon.

L'établissement par l'étranger de son domicile en France ne lui confère pas la jouissance des droits civils du national français (2).

Cette jouissance exige deux conditions : l'une *de fait*, la résidence en France ; l'autre *de droit*, l'autorisation gouvernementale de l'admission à cette jouissance.

La première, toute de droit des gens, n'engendre que des résultats du droit des gens.

L'autre, toute de droit politique, engendre des résultats de droit politique et par suite de droit civil.

L'obtention de l'autorisation requise par l'art. 13 du Code Nap., est un préliminaire de la demande de naturalisation (3).

---

(1) Nous apprenons que, guidés par un esprit de prudence dont nous ne saurions trop les louer, les notaires d'Algérie et principalement d'Alger, ont l'habitude de faire intervenir la femme israélite dans les actes de vente ou d'emprunt hypothécaire de son mari avec des Européens. L'intervention de la femme, en pareil cas, entraîne, d'après le droit mosaïque, renonciation à ses droits hypothécaires. Mais si la femme n'intervient pas, pourra-t-elle plus tard, elle ou ses ayant-droits, troubler les tiers européens qui auraient contracté de bonne foi avec son mari ? Répondre affirmativement, ce serait soutenir non-seulement que nul n'est censé ignorer sa propre loi, mais encore que nul n'est censé ignorer la loi des étrangers.

(2) Merlin, *Répert.* v. *étranger.* — Dalloz, *Répert. méth.*, nouv. édit., v. *Droit civil*, n. 384.—Zachariæ, *Cours de droit civil*, t. 1, p. 162. — Marcadé, *Cours élément.* t. 1, art. 13 et 17.

(3) L'autorisation de l'art. 13 équivaut aux anciennes lettres de *petite naturalisation.* — Elle est *la dénization* du droit anglais.

La demande en autorisation a presque toujours un sens politique.

Le seul fait de la résidence, quelqu'en soit le motif, volontaire ou non, n'en a pas et ne peut pas en avoir.

Sous quelque rapport qu'on examine, et de quelque manière qu'on interprète l'art. 13 du C. N., soit qu'on s'en réfère à la lettre et à l'esprit de son texte (1), soit qu'on l'explique d'après le droit ancien (2) et d'après les actes législatifs ou ordonnances, postérieurs au C. Civ. (3), tout démontre clairement, invinciblement, qu'aux termes de cet article, et sauf le cas de traités ou lois politiques, l'étranger qui veut être admis à la plénitude des droits civils français, doit avoir en France, un domicile légal, résultant de l'autorisation du chef de l'Etat (4).

---

(1) Il est certain que les rédacteurs du C. Nap., pour ne rien préjuger en faveur des principes de l'Assemblée constituante (décret du 6 août 1790 — 8 avril 1791), se sont conformés aux anciennes maximes sur l'état civil des étrangers.— Discussion au Conseil d'Etat, Locré, t. 2, p. 35, 36 et 37. — V. sur ces anciennes maximes, Merlin, *Répert.*, v° *aubaine*; *Répert. général du Journal du Palais*, v° *étranger*. — Voyez aussi le remarquable rapport de Rœderer au Conseil d'Etat, Locré, t. 11, p. 113.— *Premier Exposé des motifs au Corps législatif*, par Boulay (de la Meurthe), où on lit, entre autres choses « s'il est dans l'intérêt national et dans le véritable sens de la constitution, il est dans la nature des choses, qu'un étranger ne puisse devenir citoyen français, que quand il est admis par le gouvernement à le devenir; » *ibid.* p 224 et 225.— Or, ce qu'il dit de l'étranger qui veut devenir français, l'art. 13 le dit de l'étranger qui veut jouir des droits civils français. *Rapport au Tribunat*, par Siméon, *ibid.* p. 241. — *Nouvel exposé des motifs*, par Treilhard, *ibid.* p. 320. — *Discours* de Gary, devant le Corps législatif, *ibid.*, p. 342 343.

(2) Ordonnance de 1499, — déclaration de 1720, fév. — V. Dupuis, *Traité des droits du royaume*. — Bacquet, *Traité du droit d'aubaine*. — Pothier, *Traité des personnes*, part. 1, liv. 2, chap. 2, sect. 2, art. 1. *Traité de la communauté*, v. 21. — Le Cod. Nap. s'est écarté de plusieurs dispositions de l'ancien droit à l'égard des étrangers.

(3) Avis du conseil d'Etat, 20 prairial an XI, loi du 14 octobre 1814, loi du 3 décembre 1816.

(4) La raison en est que la demande d'autorisation, qui emporte nécessairement avec elle l'intention de s'établir en France, est un préliminaire de la naturalisation; par elle l'étranger commence à devenir français. Voilà pourquoi nous admettrons volontiers avec M. Marcadé que le service militaire équivaut à l'autorisation tacite de l'art. 1er du C. N. — Nimes, 22 décembre 1825, Besançon, 28 janvier 1829, Montpellier, 22 juin 1836, Paris, 25 août 1842.—Cass. 24 octobre 1824.— 29 janvier 1825. — 26 janvier 1835,

En ce qui concerne la jouissance ou l'acquisition des droits civils, la législation de l'Algérie n'a pas touché à l'art. 13 du C. N. (1)

La disposition finale de l'art 37 de l'ordonnance du 26 septembre 1842, portant que « dans les contestations entre français ou étrangers — et indigènes, la loi française ou celle du pays est appliquée, selon la nature de l'objet en litige, la teneur de la convention, et, à défaut de convention, selon les circonstances ou l'intention présumée des parties, » ne s'entend et ne peut s'entendre que des contestations nées à l'occasion de conventions ou contrats de droit des gens-- ou de droit civil improprement dit, passés depuis la conquête de l'Algérie entre Français ou étrangers -- et indigènes (2).

Sauf convention contraire, et hors le cas où la nature de l'objet en litige est naturellement et forcément réglée pas la loi du pays, tout Français ou étranger qui, n'étant pas l'ayant-droit d'un indigène, plaide sur les contestations nées à l'occasion de conventions ou de contrats antérieurs à la conquête, peut invoquer la loi française.

Dans le doute sur la véritable intention des parties, l'application de la loi française doit être préférée à celle de la loi du pays.

Or, il est facile de prouver, à l'aide des principes du droit international privé (*v. sup.* pag. 72), que dans l'espèce jugée par l'arrêt du 5 av. 1853, l'hypothèque légale accordée par la Cour d'Alger à la femme juive algérienne, devait lui être refusée, soit -- par application de la loi française, — soit par application de la loi du pays :

1° *Par application de la loi française*, entre autres raisons--parce

---

(1) L'ordonnance du 16 avril 1843 ne statue que sur le domicile considéré au point de vue de la procédure devant les tribunaux algériens.

(2) Evidemment l'art. 37 jeté, pour ainsi dire, en forme de parenthèse, dans une ordonnance sur *l'administration de la justice* et dans le titre de la *compétence des tribunaux français et indigènes*, n'a ni pu, ni voulu déroger aux principes généraux de notre droit civil, dans ses rapports avec le droit civil des étrangers. — Evidemment encore, ainsi que cela résulte, d'ailleurs, tant de l'esprit que du texte de cet article, il n'y a lieu à son application que dans le cas où il ne s'agit pas d'une disposition spéciale, *personnelle*, de la loi du pays ou de la loi française, et où par conséquent, il suffit d'interroger— ou le pur droit des gens,— ou le droit des gens organisé par le droit civil.—L'art. 37 est la traduction en langage législatif à l'usage des habitants de l'Algérie, de cette règle trop absolue de droit romain : *Qui cum alio contrahit vel est vel debet esse non ignarus conditionis ejus*,— et de cette maxime également trop absolue de Grotius : *Qui in loco aliquo contrahit, tanquàm subditus temporarius legibus loci subjicitur.*

que évidemment cette loi ne pouvant préjudicier au national au profit de l'indigène, alors qu'il s'agit d'un droit purement civil, l'art 37 de l'ordonn. précitée ne peut être interprété en ce sens que contrairement à toute convention, à toute ombre et à toute possibilité de présomption de convention, et par un effet rétroactif également contraire à la loi et à la raison, l'indigène bénéficie de cet article au détriment du national (1).

---

(1) On s'est demandé si la femme israélite indigène, mariée devant l'officier de l'état civil français, et dont le contrat de mariage a été passé devant un notaire français, en Algérie, jouit de l'hypothèque légale française. — Au nom de la logique, nous adoptons la négative (*V. sup.* pag. 73); ni la célébration du mariage devant l'officier civil, ni la passation du contrat de mariage devant le notaire, ne confèrent la qualité de française à la femme juive d'Alger. — On nous opposera sans doute que, si on considère d'une part la publicité d'un tel acte de mariage, l'authenticité et les garanties de bonne foi d'un tel contrat, l'intention expresse, solennelle, des époux de devenir français ou du moins semblable aux Français; — d'autre part, la position singulière d'indigènes vivant, sous la domination et la protection de la France, au milieu d'une terre aujourd'hui toute française, qui fût et est encore la leur, dans un perpétuel contact matériel, moral et juridique avec des Français, et enfin la prime d'encouragement qu'il convient de donner aux indigènes qui, par leur, soumission aux lois civiles françaises, s'assimilent eux-mêmes aux Français, on nous opposera, disons-nous, qu'on est invinciblement amené à penser que, sans une injustice et une dureté dignes d'un autre temps, il serait impossible de refuser à la femme juive le bénéfice accordé à la femme française, — *summum jus, summa injuria.* — Cette objection, dont nous ne pouvons nous dissimuler la force rationnelle, ne saurait, à notre avis, ébranler les assises juridiques sur lesquelles nous avons étayé l'opinion contraire, — Si l'israélite d'Alger veut jouir de la plénitude des droits civils français, qu'il se soumette à la plénitude des charges de la loi française, — qu'il devienne français! *ubi onus, ibi emolumentum*.

Mais *quid* du mariage célébré soit avant, soit depuis la conquête de l'Algérie, devant le seul rabbin? Nous venons de résoudre implicitement cette question: — Nous n'hésitons pas à répondre que la femme israélite n'aura hypothèque légale que contre les israélites. — Avant la conquête, la femme juive ne pouvait prétendre exercer son hypothèque contre les Turcs, dont les Français sont aujourd'hui les ayant-droits. Son acte ou contrat de mariage, en tant que contrat *réel*, reçu par un prêtre sans caractère public, toléré plutôt que reconnu par la loi du pays, — par un simple particulier à qui cette loi n'accordait ni ne reconnaissait aucune *manus publica*, était et devait être pour les musulmans comme pour nous *res inter alios acta*, — un acte ou contrat auquel, sauf à l'égard d'israélite, il est impossible d'appliquer l'adage: *In antiquis*, etc. - Depuis la conquête, quelque confiance que méritent

2° *Par application de la loi du pays*, entre autres raisons : 1° parce que — en admettant que la loi rabbinique accorde à la femme juive une hypothèque légale, — cette hypothèque qui, d'après la loi musulmane ou du pays, n'a jamais eu d'effet entre israélites et musulmans, ne saurait, sans un texte précis de la loi française (1), en avoir entre israélites et français, et qu'ainsi, sous ce point de vue, il y aurait lieu d'appliquer à cette hypothèque les principes qui régissent l'hypothèque légale de la femme étrangère en général ; 2° parce que — en admettant que la loi française reconnût aujourd'hui, même vis-à-vis des tiers non israélites (2), l'hypothèque légale de la femme juive mariée depuis la conquête, telle que la lui confère la loi rabbinique, cette reconnaissance ne pourrait rétroagir en faveur de la femme juive mariée avant la conquête ; 3° parce que la loi rabbinique n'étant autre chose qu'une collection d'usages en vigueur parmi les groupes ou corporations israélites, variant avec les temps, les lieux, les circonstances, et n'émanant d'aucun pouvoir social, d'aucune souveraineté, ne peut être considérée comme loi qu'entre les membres de ces groupes ou corporations (3). (*V. suprà*, p. 70 et 71.)

Ici pourrait se terminer notre travail. Mais à titre de complément, et comme confirmation de la réponse que la philosophie, l'histoire, le texte

---

les actes ou contrats de mariage entre israélites, reçus par un *magistrat religieux* institué par le gouvernement français, cependant de pareils actes ou contrats doivent, généralement, en vertu des principes de notre droit hypothécaire, et de la nature spéciale de l'hypothèque légale, être réputés ne pas exister à l'égard des tiers autres que les israélites.

(1) S'il est constant, en droit musulman, que la femme musulmane n'a pas et ne peut pas avoir d'hypothèque sur les biens de son mari musulman, il est non moins constant que la loi musulmane n'a jamais reconnu l'hypothèque légale de la femme juive à l'encontre d'un musulman.

(2) Tel que l'art. 9 du Cod. civ. de la Hollande: « le droit civil de Hollande s'applique indistinctement aux indigènes (nationaux), et aux étrangers, tant que la loi n'a pas expressément établi le contraire.

(3) Nous disons *groupes* ou *corporations*, et non *nation* ou *peuple*. — Tout le monde sait que, depuis près de dix-huit siècles, c'est-à-dire depuis le jour où *le sceptre est tombé des mains de Juda*, les enfants d'Israël ont perdu toute souveraineté et toute nationalité. On peut dire d'eux ce que Puffendorf (*De Jure nat. et gent.*, liv. VI. c. XII, § 9.) a dit de certains peuples : *Formale seu species populi interit*, etc. — « Nous avons un drapeau religieux, nous n'en avons pas d'autres, » disait, il y a peu de temps, M. Isidore, rabbin de Phalsbourg. (Discours dans le Temple consist. de Paris, 1844).

et l'esprit de notre droit civil et du droit comparé ont fourni à notre question, il convient de constater sommairement l'état de la jurisprudence et de la doctrine.

La jurisprudence s'est presque toujours prononcée pour la négative. Nous nous contenterons de citer quatre arrêts rendus — par la Cour de Bordeaux (17 mars 1834 (1), — par la Cour d'Amiens (18 août, même année), — par la Cour de Douai (24 juin 1844), — par la Cour de Rennes (30 août 1845), — et par un jugement du tribunal de Bourgoing, du 19 août 1848).

Ces arrêts et ce jugement décident :

L'arrêt de la Cour de Bordeaux — qu'à moins de disposition contraire dans les traités, l'étrangère qui a épousé un étranger n'a point hypothèque légale sur les biens de son mari situés en France, alors surtout que l'acte de mariage n'a point été contracté en France, conformément à l'art. 171 C. Nap. (2) — entre autres motifs : parce que la femme étrangère mariée en pays étranger ne peut se prévaloir de l'hypothèque légale qu'en invoquant le droit civil français dont elle n'a pas la jouissance.

L'arrêt de la Cour d'Amiens, — que l'hypothèque légale n'existe point au profit du mineur étranger, — pas même dans le cas où la tutelle a été reconnue par jugement émanant de tribunaux français, et où il s'agit d'un mineur étranger né en France, et qui, à sa majorité, réclame le titre de Français, — entre autres motifs : parce que les règles relatives à l'hypothèque légale n'étant pas, en général, susceptibles d'application aux tutelles étrangères, les tiers de bonne foi ne pourraient traiter avec des étrangers sans crainte d'être frustrés dans leurs droits par une hypothèque occulte contre les effets de laquelle ils n'auraient aucune garantie (3).

L'arrêt de la Cour de Douai — que la femme étrangère est exclue de l'hypothèque légale de la femme française, alors même qu'elle se serait

(1) V. autre arrêt de la même Cour, du 14 juillet 1845.

(2) Nous admettrions sans peine, avec plusieurs auteurs, que l'inaccomplissement de la formalité prescrite par cet article ne frappe pas le mariage d'une nullité qui n'est pas dans la loi. Mais ce que nous ne saurions admettre, c'est que l'accomplissement de cette formalité étant obligatoire pour le Français, ne le soit pas *à fortiori*, pour l'étranger, quand il s'agit de l'exercice d'une hypothèque occulte en soi, telle que l'hypothèque légale. — Montpellier, 15 janvier 1823 ; Cass., 6 janvier 1824.

(3) Inutile de rappeler que l'hypothèque légale de la femme est soumise aux mêmes règles que celle du mineur, et que le législateur dit exactement de l'une ce qu'il dit de l'autre.

mariée à une époque où le pays de son mari faisait partie du territoire français, -- entre autres motifs : 1° parce que peu importe que l'hypothèque légale soit de statut réel ou de statut personnel, et que, d'après l'art. 3 du Code Nap., tous les immeubles situés en France, même ceux possédés par des étrangers, soient régis par la loi française, cette double circonstance ne changeant pas le caractère de l'hypothèque légale, et ne pouvant pas faire que la femme étrangère qui n'a pas la jouissance des droits civils (1), en France, puisse y jouir de cette hypothèque ; 2° parce que les droits civils étant intimement liés à la qualité de régnicole leur existence est toujours subordonnée à l'existence de cette qualité.

La Cour de Rennes —que les enfants mineurs nés en France d'un père étranger, n'ont pas d'hypothèque légale sur les biens de leurs pères situés en France, lors même que leur mère est Française, que le mariage a été célébré en France, et qu'il a été nommé un subrogé-tuteur avec le concours de l'autorité française, conformément à l'art. 420 C. Nap.,-- entre autres motifs : parce que l'hypothèque légale est évidemment une institution de droit purement civil ; qu'elle procède immédiatement de la loi française, et que les étrangers ne jouissent des droits civils français que dans les cas déterminés par la loi.

Le tribunal de Bourgoing -- que ni la femme, ni le mineur étranger, n'ont hypothèque sur les biens de leur mari ou de leur tuteur, situés en France, quand même, entre leur pays et la France, il existerait un traité stipulant la réciprocité des hypothèques,-- si ce traité ne mentionne pas spécialement les hypothèques légales, -- entre autres motifs : parce que l'hypothèque n'est pas de droit des gens ; qu'elle émane directement et uniquement de la loi française : que la disposition de l'art. 3 du Code Nap. a pour objet de soustraire le sol de la patrie à toute domination venant de l'étranger ; qu'ainsi, toutes les hypothèques légales, créées par les lois des pays étrangers doivent, être absolument sans effet sur les immeubles situés en France (2).

Nous pourrions citer encore un arrêt de la Cour supérieure de Liège, du 1 mai 1823, qui décide;—qu'il ne suit nullement de la conformité dans deux États (France et Belgique), en matière d'hypothèque, que les sujets de

---

(1) Pour que cette proposition fut rigoureusement juste, la Cour de Douai aurait dû dire *purement* civils. (*V. sup.* p. 75 et 83).

(2) De toutes les décisions que nous venons de citer, nous n'en connaissons point, après l'arrêt de la Cour d'Amiens, qui soit plus clairement et plus fortement rédigé que cet arrêt qui résume, suivant nous, les vrais principes de la matière.

l'un puissent exercer le droit d'hypothèque légale sur les biens situés dans l'autre, par la raison que c'est là un droit civil, et qu'aux termes des lois également en vigueur dans les deux royaumes, l'étranger ne jouit pas des mêmes droits civils que ceux qui sont accordés aux indigènes par les traités de la nation à laquelle cet étranger appartient (1).

Un seul arrêt s'est prononcé pour l'affirmative--l'arrêt de la Cour de Grenoble, du 19 juillet 1849, infirmatif du jugement de Bourgoing.

Cet arrêt, au lieu de s'attacher à combattre l'argumentation du tribunal de Bourgoing, en prouvant que l'hypothèque légale n'est pas de droit civil, pose en principe que les obligations qui naissent de la qualité d'époux ou de tuteur, qualité qui est, à coup sûr, du droit des gens, doivent être exécutées en France contre quiconque est époux ou tuteur, par cela seul qu'il est l'un ou l'autre (2).

A peu de chose près, la doctrine, tant ancienne que contemporaine, présente, en faveur de notre thèse, la même unanimité de suffrages que la jurisprudence.

I.-- Les auteurs les plus distingués (3), Cujas, Godefroy, Mornac, Voët, Vinnius, Pothier,--les arrêtistes les plus recommandables (4), Brodeau, Mallcoste, Montholon, Rousseaud de Lacombe,-- deux des meilleurs commentateurs de la Coutume de Paris, Charondas et Tronçon (5), enseignent tous, directement ou indirectement, que l'hypothèque est de droit civil, -- et que les contrats de mariage, s'ils sont passés hors du

(1) V. encore arrêt de la Cour de Gand, 4 juin 1846, cité par M. Victor Hennequin. — *Revue de législ.*, etc., année 1852, t. III, p. 91.— *De la condition légale des étrangers en France.*

(2) *V. sup.*, pag. 79 et 80, la réfutation de cette erreur. La question n'est pas de savoir si les obligations de l'époux ou du tuteur sont du droit des gens, mais bien si la garantie particulière de ces obligations, l'hypothèque légale, émane du droit des gens ou du pur droit civil.

(3) Cujac. et Gothof. *in leg* D. 5 *de just. et jur.*—Mornac. *ad l. ult. in f.* D. *de jurisd.*, nº 11.—Voët. et Vinn. *ad Pand.* lib. 20, tit. 11, nº 16,—Pothier, *Introd.* au titre 20 *de la Coutume d'Orléans*.

(4) Brodeau sur Louet *loc. cit.* et la *Cout.* de Paris, art. 107,—Mallcoste, *loc. cit.* — Montholon, arrêt 136. — Rousseaud de Lacombe, *loc. cit.* et *Recueil des Arrêts, etc.*, de Paris, chap. XV.

(5) Sur Paris, art. 16. — V. encore *Arrêtés* de Lamoignon, *loc. cit.*

royaume entre Français et étrangers, et, à plus forte raison, entre étrangers (1), bien que du droit des gens, n'emportent point hypothèque sur les biens situés en France (2).

II.— Parmi les auteurs modernes, Grenier, Duranton, Battur, Aubry et Rau sur Zachariæ, Rolland de Villargues, Massé, Dalloz, Soloman, Fœlix, Gaudry, Devilleneuve et Carrette, Toulet, Gilbert (3), *excluent*

---

(1) V. en sens contraire Brillon, *Dict. des arrêts*, V° *Contrat*, et Basnage, *Hypoth.* c. 12.— « Mais, dit Monthólon, la faveur des contrats de mariage *nil muict*, étant opposés à icelle les droits de souveraineté, lesquels prépondèrent la faveur des particuliers, comme fait la faveur du public celle des personnes privées. » — C'est ce principe qu'ont successivement consacré l'art. 121 de l'ordonnance de 1629, l'art. 18 de la loi du 9 messidor an III et l'art. 2128, C. Nap. et 546 C. proc. Civ.

On retrouve la même doctrine dans Legrand, Coquille, Mourgues et de Cormis. Ces auteurs distinguent avec raison entre la convention d'hypothèque qui est de droit des gens, et l'exécution du contrat hypothécaire, qui est de droit public ou civil. — Leur doctrine est parfaitement résumée par Pothier, dans l'ouvrage déjà cité, tit. 20, n° 9, où ce grand jurisconsulte trace si nettement la différence qui existe entre l'autorité de *créance*, et l'autorité publique de *pouvoir* attachées l'une aux actes reçus en pays étranger, l'autre aux actes reçus en France.— Nous n'avons pas insisté sur cette partie de l'argumentation des adversaires de l'hypothèque légale de la femme étrangère, parce que, suivant nous, en l'état de notre droit, elle est entièrement dominée par la double question de la nature de cette hypothèque,—et l'extranéité examinée dans ses rapports avec l'exercice de certains droits civils en France.

(2) Boullenois (*Traité de la personnalité*, p. 650 et 651, etc.) paraît hésiter entre les deux opinions contraires sur le point de savoir si ou non l'hypothèque est attachée au contrat de mariage passé entre étrangers et même entre Français en pays étranger. — Le président de Lamoignon, dans ses *Arrêtés*, tit. des *Hypothèques*, art. 25, accorde l'hypothèque au seul fait de la célébration du mariage en pays étranger. Mais on sait que l'ordonnance de 1629 qui, se fondant sur l'indépendance et la souveraineté des États, refusait l'hypothèque à un contrat reçu, pour quelque cause que ce soit, ès souverainetés étrangères, ne fût jamais observé au parlement de Paris.— Troplong, *Comm. des hypothèques*, tom 11, n. 512. — Aujourd'hui l'art. 2128 C. Nap. a levé tous les doutes.

(3) Grenier, *Traité des hypoth.* t. 1, n. 13, — et n. 246 et 247.—Duranton, t. 19, n. 292, — Battur, *Traité des hypoth.* t. 2, n. 351, — Zachariæ, t. 2, §. 264, not. 13. — Rolland de Villargues, *Répert.* V° *statut*, p. 71.—Massé, *Droit Commercial*, t. 2, p. 422. — Dalloz, V° *hypoth.* p. 196. — Mais nous

de concert la femme étrangère du bénéfice de l'hypothèque légale, par ce double motif que l'hypothèque légale constitue un droit *exclusivement* réservé aux Français, et qu'on ne pourrait accorder ce bénéfice à la femme étrangère, sans jeter les nationaux dans une multitude d'inconvénients et de dangers auxquels il est constant que le législateur français n'a pas même voulu les exposer. Quant à MM. Cubain, Rapetti et Demangeot, induits en erreur par la fausse application de l'ancienne théorie statutaire, ils admettent l'hypothèque légale de la femme étrangère, quand sa loi nationale la lui accorde elle-même (1).

Trois auteurs, — dont deux occupent le premier rang parmi nos jurisconsultes modernes, — Merlin, Troplong — et Tessier (2), enseignent qu'à l'instar de la femme française, la femme étrangère a droit à l'hypothèque légale, le premier, — parce que l'hypothèque est un droit civil dont l'étranger n'est point exclus par sa seule qualité d'étranger ; le second et le troisième, — parce que l'hypothèque est du droit des gens, et que l'hypothèque légale est un statut réel (3).

---

devons dire qu'ailleurs il semble enseigner le contraire, V° *Loi*, p. 884, n. 36, § 1. — Soloman, *Essai sur la condition juridique des étrangers*, p. 61. — Fœlix, *Revue étrang.* t. 9, p. 125. — Gaudry, *Revue de législ.* t. 2, p. 300. — Devilleneuve et Carrette, *Dissert.* Collect. nouv. vol. 1822 — 1824, 2e part. p. 213. — Teulet, etc., *Codes français annotés*, t. 1, p. 8, n. 19. — Gilbert, *Codes annotés*, de Sirey. *Cod. civ.* p. 963, n. 14. — V. encore dans la *Gazette des Tribunaux*, du 14 sept. 1843, une délibération, dans notre sens, de la conférence des avocats de la Cour Impériale de Paris.

(1) Cubain, *Traité du droit des Femmes*, n. 679. — Rapetti, *Condition des Etrangers*, p. 121. — Demangeot, *Histoire de la condition civile des Etrangers en France*,

(2) Merlin, *Rép.* V° *Remploi*, § 2, n° 9. — Troplong, *Comm. des hypothèques*, t. 2, n. 429 et 513, *ter*. — Tessier, *Traité de la dot.* t. 2, n. 133.

(3) Nous pensons avec la Cour d'Alger, que le texte par elle reproduit dans l'arrêt, objet de ces *Observations*, démontre indubitablement l'existence, d'après le droit mosaïque, d'une véritable hypothèque légale avec droit de suite au profit de la femme juive sur les biens de son mari. Ce texte, tiré du Code matrimonial ou *Eben Haezer*, (traité des contrats de mariage, chap. 100, art. 8,) nous a paru plus explicite que les formules citées par *Selden* et les commentaires de cet auteur où le mot *hypotheca* n'a peut-être que le sens qu'avait celui de *pignus* chez les Romains. (Selden, *Uxor Hebraica* p. 120 et 260.) — Nous croyons devoir faire observer ici qu'au 17e siècle, comme aujourd'hui, dans tous les pays d'Europe, et notamment en Allemagne où les

Résumons-nous et concluons.

Aux yeux du droit français, qu'est-ce que l'hypothèque ?

L'hypothèque, en général, est un droit exceptionnel.

L'hypothèque légale, en particulier, est un droit plus exceptionnel encore.

Par la cause qui la constitue, par les effets qu'elle produit, par les principes qui la gouvernent, par la nature du Droit dont elle émane, l'hypothèque légale sort de la sphère du droit commun hypothécaire, et rentre dans cette catégorie de droits spéciaux et privilégiés qui ne découlent que de la loi civile.

Son origine, son histoire, son caractère, son action, mis en présence -- du *pur* droit des gens, avec lequel elle n'a rien de commun, -- du droit civil *improprement dit* ou droit des gens *modifié*, à qui elle n'emprunte que ses formes et son mode d'exercice,-- du droit international *public* ou *privé*, dont elle ne subit l'influence qu'en cas de traités, de lois politiques ou de lois spéciales, --tout prouve qu'elle n'est ni créée par le *pur* droit des gens, ni instituée par le droit civil *proprement dit*, ni régie par le droit international, mais qu'elle est créée, instituée, régie par le *pur* droit civil, par la *seule volonté de la loi purement civile*.

Si l'hypothèque légale est de *pur* droit civil, si elle procède directement de la loi civile, -- à la différence de l'hypothèque conventionnelle ou judiciaire qui, née du droit des gens, est simplement *organisée* par le droit civil, et, comme l'un et l'autre de ces droits, se laisse *constituer, acquérir* et exercer *immédiatement* ou *médiatement* par toute personne juridique, sans acception de territoire et de nationalité, -- elle ne se *communiquera* pas aux étrangers ;-- elle ne franchira pas les limites

---

israélites ne sont point, à l'instar de ceux de France, déclarés citoyens du pays qu'ils habitent, ils sont, pour tout ce qui tient aux dr[oi]ts purement civils, *jura civitatis*, *bürgerrecht* ou aux droits civiques, *staatsburgerrecht*, placés sous l'empire d'un droit exceptionnel, lequel, à l'égard de l'hypothèque légale, n'est autre que le droit des Novelles qui refusait à leurs femmes l'hypothèque légale, l. unic. C. de priv. dot. nov. 109, c. 2.— *Philip. Knipschildii Tractatus de jurib. et priv. civil. imperial.* C. XXX. *De recept. Judæor*, p. 569. — Thibaut, *Syst. des PandectRechts*, t. 2, p. 311, §. 789. — Mittermaier, *GrundSätze des gemein. Deutschen privatrechts.* t. 1er, § 117 et 118. — Notre opinion sur le droit hypothécaire de la femme juive d'Alger, n'est donc, à tout prendre, que l'application du droit commun qui régit les israélites partout où ils ne sont point membres de la cité ou de l'état.

de la *souveraineté* qui l'a créée,— elle restera l'apanage exclusif des sujets naturels ou nationaux de cette souveraineté; — elle sera *française*, et— sauf disposition formelle, en sens contraire, d'une *loi civile spéciale*, ou d'un *traité* ou *loi politique*, — quiconque ne sera ni Français, ni admis à jouir des droits civils français, ne pourra y prétendre.

Si l'hypothèque légale est de pur droit civil, si elle n'émane que de la seule volonté de la loi purement civile, pour savoir à qui cette loi l'accorde ou la refuse, peu importera l'*acte* de mariage,—le *contrat* de mariage, — le *fait* de mariage (ou la *qualité de femme mariée*) — trois choses régies par d'autres droits que le droit purement civil; peu importera encore— le *lieu* de la célébration du mariage,— le *magistrat* devant qui le mariage aura été célébré,— le *régime* adopté par les époux,— trois circonstances pleinement étrangères au principe générateur,— à la cause constitutive, — et, par suite, à l'application de l'hypothèque légale.— Sous quelque rapport qu'on la considère, création du droit civil proprement dit,— droit purement civil, elle n'appartiendra qu'à la femme à qui appartient la jouissance des droits civils proprement dits,— des droits purement civils.

Si l'hypothèque légale est de pur droit civil, si elle est intimement liée,— non à la seule qualité de femme mariée, — mais à celle de femme mariée et de femme *française*, qu'on la range parmi les *statuts réels* ou parmi les *statuts personnels*, la femme *étrangère*, que nul *lien purement civil* ne met en rapport juridique avec les immeubles de son mari situés en France, en demandera vainement le bénéfice à la loi française,— soit qu'elle habite ou qu'elle n'habite pas le territoire français,— soit que la loi de son pays lui confère ou lui dénie l'hypothèque légale.

Tels sont les trois principaux corollaires du principe qu'à l'aide de l'étude philosophique et historique du droit, de l'examen comparatif de notre législation civile et de la législation civile étrangère, des enseignements de la doctrine— et de l'autorité de la jurisprudence, nous avons essayé d'établir dans ces *Observations*.

Ces trois corollaires se réduisent en un seul qui se résume dans la réponse à cette question :

La femme d'un étranger qui ne jouit à aucun titre des droits purement civils des Français, a-t-elle,— sur les biens de son mari situés en France,— l'hypothèque légale accordée sur ces biens par la seule volonté de la loi française à la femme française ? — *NON!*

C. F.

Alger.— Imprimerie GUEYMARD, 37, rue de l'État-Major.

LOIS, DÉCRETS ET ARRÊTÉS.

FÉVRIER.

15 janv. 1853. — NAPOLÉON, etc.; — Vu l'ordonnance de 19 octobre 1841; — Vu les observations de notre garde-des-sceaux, ministre secrétaire d'Etat au département de la justice; — Sur le rapport de notre ministre secrétaire d'Etat au département des finances; — Avons décrété et décrétons ce qui suit :

Art. 1. — Le timbre des placards autorisés par les art. 699 et 700 du Code de procédure ne passera en taxe que sur un certificat délivré sans frais par le receveur du timbre et de l'enregistrement du bureau dans l'arrondissement duquel la vente a eu lieu, constatant que le nombre des exemplaires a été vérifié par lui et indiquant le montant total des droits de timbre.

La seconde disposition de l'art. 19 de l'ordonnance du 10 octobre 1841 est abrogée. (Mon. Alg., n. 1,243.)

---

31 janv. 1853.— Circulaire de M. le ministre de la guerre à M. le gouverneur-général de l'Algérie, qui comprend les papiers, dits *tue-mouches* ou arsenicaux, parmi les substances prohibées par l'art. 10 de l'ordonnance du 29 octobre 1846.

---

11 fév. 1853. — Le maréchal de France, etc.; — Vu le décret du 3 septembre 1850 sur l'organisation des corporations indigènes et l'arrêté ministériel qui y fait suite; — Sur la proposition du gouverneur-général de l'Algérie; — Arrête :

Art. 1. La population indigène flottante connue sous la dénomination de Berranis, est constituée en corporation dans chacune des villes de Mostaganem, Mascara et Tlemcen (département d'Oran).

La corporation de Tlemcen est divisée en trois sections; celles de Mostaganem et de Mascara en deux sections chacune.

La surveillance et la police intérieure de chaque section appartient, sous la direction d'un seul amin par corporation, à un mokaddem ou kébir.

L'organisation de ces services comprend un chaouch pour Mostaganem, un pour Mascara et deux pour Tlemcen.

2. Les traitements affectés aux emplois d'amin et de chaouch sont fixés ainsi qu'il suit :

1° Mostaganem et Mascara :		
Traitement de l'amin.		800 fr.
id. du chaouch.		400
Total. . . .		1,200
Soit pour les deux localités		2,400
2° Tlemcen :		
Traitement de l'amin.	900 fr.	1,860
Des chaouchs (480 fr. chacun) . .	960	
Total. . . .		4,260

(Mon. Alg., n. 1,244.)

25 fév. 1853.— *Circulaire de M. le procureur-général impérial, adressée à MM. les procureurs impériaux de son ressort, à l'effet de faciliter l'application du principe de l'avancement hiérarchique à établir parmi les officiers publics et ministériels en Algérie.*

Alger, le 25 février 1853.

« Monsieur le procureur impérial,

» Le gouvernement a depuis longtemps posé, dans des instructions ministérielles, le principe d'une sorte d'avancement hiérarchique à établir parmi les officiers publics et ministériels, en Algérie, de manière à appeler à un emploi plus lucratif ceux d'entre eux qui se seraient fait remarquer par leur probité, leur intelligence et leur activité.

» L'intention du gouvernement est de maintenir cette règle d'équité, qui doit entretenir une utile émulation et qui peut permettre de dédommager, par une meilleure position, ceux des officiers ministériels à qui la modicité des ressources offertes par des localités secondaires et une délicatesse scrupuleuse dans l'exercice de leurs fonctions, auraient imposé quelques sacrifices.

» Je viens vous demander votre concours, Monsieur le procureur impérial pour assurer à cette règle une exécution plus facile.

» Je vous prie de m'adresser des états périodiques constatant la manière dont chaque officier public ou ministériel de votre arrondissement, greffier, défenseur, notaire, commissaire-priseur, huissier ou garde-colonial, s'acquitte habituellement de ses fonctions et les titres particuliers qu'il pourrait avoir à la bienveillance du gouvernement.

» Ces états pourraient être dressés par catégories d'offices en cinq colonnes indiquant : 1° le nom de l'officier public ou ministériel ; — 2° le lieu de sa résidence ; — 3° le produit moyen ou approximatif de son office ; — 4° les demandes d'avancement qu'il aurait faites et la résidence qu'il solliciterait ; — 5° vos propres observations et les propositions que vous croirez devoir faire en sa faveur.

» Je vous invite à vous occuper sans retard de ce travail important qui m'éclairera pour les présentations que j'aurai à faire, je vous recommande d'y mettre tous vos soins.

» Je désire recevoir le premier état dans le courant du mois prochain. Vous m'en adresserez ensuite un semblable dans le courant du mois de janvier de chaque année.

» Recevez, etc.

» Le procureur-général impérial,

» LAGRANGE. » (Mon. Alg., n° 1,244.)

ALGER. — Typographie GUEYMARD, 37, rue de l'Etat-Major.

Année 1853. Janvier.

RECUEIL GÉNÉRAL
DE
LA JURISPRUDENCE
ALGÉRIENNE

PUBLIÉ SOUS LA DIRECTION DE

M. BRANTHOMME,
avocat.

F.

BUREAUX,
A Alger, 37, rue de l'État-Major.

Tome Ier. 1re livraison.

Voir la note à la fin de cette livr. pour la pagination

Année 1853. Avril.

RECUEIL GÉNÉRAL
DE
LA JURISPRUDENCE
ALGÉRIENNE

PUBLIÉ SOUS LA DIRECTION DE

M. BRANTHOMME,

avocat.

BUREAUX,

A Alger, 37, rue de l'État-Major.

Tome Ier. 4e livraison.

Le **Recueil général de la Jurisprudence algérienne** publiera, dans la prochaine livraison et dans les suivantes, les articles ci-après :

Des Habous, et des dispositions de la loi musulmane qui en règlent la constitution, par M. de Voulx, Conservateur des Archives arabes au Domaine, avec une notice sur leur origine et leurs principaux caractères, par M. Branthomme, avocat;

De l'Organisation actuelle des tribunaux indigènes;

Des Sources du droit musulman et des rapports comparés de la législation française avec la loi musulmane;

Des Emprunts à la grosse, et de la Jurisprudence du Tribunal de commerce d'Alger sur la matière, par M. Branthomme, avocat ;

De l'Etat actuel de l'organisation judiciaire en Algérie, avec le texte des divers arrêtés et ordonnances, par M. Branthomme, avocat ;

Les Jugements des cadis exerçant en territoire militaire sont-ils susceptibles d'appel? par le même;

De la Justice de paix en France et en Algérie, ce qu'elle est, ce qu'elle doit être, tant à l'égard de son organisation et de sa compétence que dans ses rapports avec les autres magistratures de l'ordre judiciaire (extraits d'un ouvrage inédit), par M. Frégier, juge de paix à Alger ;

Portrait de Vercingétorix, par M. Imberdis, Conseiller à la Cour impériale d'Alger ;

La Chose jugée existe-t-elle en droit musulman? etc., etc.

Année 1853. Mai et Juin.

RECUEIL GÉNÉRAL
DE
LA JURISPRUDENCE
ALGÉRIENNE

PUBLIÉ SOUS LA DIRECTION DE

M. BRANTHOMME,
avocat.

BUREAUX,
A Alger, 37, rue de l'Etat-Major.

Tome Ier. 5e et 6e livraisons.

Le **Recueil général de la Jurisprudence algérienne** publiera, dans la prochaine livraison et dans les suivantes, les articles ci-après :

Des Habous, et des dispositions de la loi musulmane qui en règlent la constitution, par M. DE VOULX, Conservateur des Archives arabes au Domaine, avec une notice sur leur origine et leurs principaux caractères, par M. BRANTHOMME, avocat;

De l'Organisation actuelle des tribunaux indigènes;

Des Sources du droit musulman et des rapports comparés de la législation française avec la loi musulmane;

Des Emprunts à la grosse, et de la Jurisprudence du Tribunal de commerce d'Alger sur la matière, par M. BRANTHOMME, avocat;

De l'Etat actuel de l'organisation judiciaire en Algérie, avec le texte des divers arrêtés et ordonnances, par M. BRANTHOMME, avocat;

De la Justice de paix en France et en Algérie, ce qu'elle est, ce qu'elle doit être, tant à l'égard de son organisation et de sa compétence que dans ses rapports avec les autres magistratures de l'ordre judiciaire (extraits d'un ouvrage inédit), par M. FRÉGIER, juge de paix à Alger;

Portrait de Vercingétorix, par M. IMBERDIS, Conseiller à la Cour impériale d'Alger;

La Chose jugée existe-t-elle en droit musulman? etc., etc.

www.ingramcontent.com/pod-product-compliance
Ingram Content Group UK Ltd.
Pitfield, Milton Keynes, MK11 3LW, UK
UKHW021503230726
13924UKWH00012B/1957

9 782019 677640